日教組
養護教員部70年史

日本教職員組合養護教員部　編

積み上げられた養護教員部の運動を後輩たちへ

日本教職員組合中央執行委員長
清水　秀行

日教組養護教員部結成七〇周年を迎え、二〇〇一年の五〇周年からの二〇年を振り返ると、まさに激動の二〇年でありました。第一次安倍政権によって〇六年一二月に教育基本法が「改正」されました。〇七年四月には「全国学力・学習状況調査」が始まり、民主党政権時に抽出調査に変更されたものの、第二次安倍政権以降、小学校六年生と中学校三年生の悉皆調査に戻され、事前練習や結果公表のあり方など、子ども・学校現場の負担や序列化、過度の競争の問題が指摘されています。また、安倍首相が設置した教育再生会議の提言を受けて「教育三法」が改正されました。学校教育法の「改正」によって、義務教育の目標に「規範意識、公共の精神、伝統と文化の尊重、我が国と郷土を愛する態度」が規定され、副校長や主幹教諭など「新しい職」が〇八年四月から設置されました。地方教育行政の組織及び運営に関する法律の「改正」によって、教育委員会の責任・体制の強化と、文科大臣が地方公共団体の長及び議会にたいして是正・改善の「指示・要求」ができることが規定されました。さらに、教育職員免許法の「改正」によって、「教員免許更新制」が〇九年四月から導入されました。

「教育再生」の名のもと、矢継ぎ早に実施された教育政策によって、学校現場は大きな影響を受け混乱しました。教育基本法と「教育三法」の「改正」によって、沖縄県八重山地区教科書採択問題（一一～一四年）など教科書検定・採択制度のあり方、学校教育法施行規則を改正（一三年）した「土曜授業」の実施、首長権限の強化と新教育長の任命（一五年四月）など教育委員会制度の変更、「義務教育学校（小中一貫教育学校）」の開校（一六年四月）、「特別の教科」道徳や小学校の外国語（英語）の教科化・早期化といった学習指導要領の改訂内容などが、第二次安倍政権以降の教育再生実行会議の提言や教育政策に引き継がれていきました。このことは、協力・協働による学校運営のあり方や教職員の働き方にも大きくかかわって、戦後築き上げてきた民主教育の危機ともいえる状況となっています。

〇二年四月から完全学校五日制が始まりました。〇五年一一月、日教組は「教育の危機宣言」を発し、義務教育費国庫負担制度の堅持を訴えましたが、国庫負担率は二分の一から三分の一に改悪され、総額裁量制の導入により学校現場に多くの臨時・非常勤教職員が配置される要因ともなりました。その後、〇六年に日教組は教育基本法改悪阻止の「教育の危機宣言」「非常事態宣言」を発し、大規模な中央行動を展開しました。そうした中で、〇九年九月に民主党による政権交代が実現し、教育政策などの改善の転機となりました。一〇年四月から高校授業料実質無償化が実施され、一一年四月から小学校一年生の三五人学級が実現しました。一一年八月には障害者基本法が改正され、一三年六月の障害者差別解消法の成立につながりました。しかし、一二年一二月の第二次安倍政権の発足により、そうした教育政策の転換は再び停滞することになりました。憲法「改正」を目論む安倍政権にたいして、一四年七月、日教組は「憲法の危機宣言」を発しましたが、一五年九月には、憲法違反と指摘される安保関連法案が強行採決されました。

一六年一二月、連合総合生活開発研究所（連合総研）は全国の教職員の勤務実態調査の結果を公表し、「とりもどせ！教職員の『生活時間』」として、これまで実施されたＴＡＬＩＳ２０１３調査（ＯＥＣＤ）や教職員の勤務実態調査（一六年、文科省）の結果を上回り、教職員が多忙な実態にあることを改めて示しました。とくに「過労死ライン相当の月六〇時間を超える時間外労働の割合が小学校で七二・九％、中学校では八六・九％」などの実態が明らかになりました。その後、日教組の粘り強いとりくみと社会的対話などを経て、一九年一月、中央教育審議会は「学校における働き方改革について」答申を行ないました。四月には改正労働基準法・改正労働安全衛生法が施行され、一二月には改正給特法が成立しました。二一年四月から改正義務標準法が施行され、小学校六年生までの三五人学級が順次進行していくことになりましたが、学校現場の長時間労働を是正するためには、教職員の定数改善や加配措置などの教育条件整備、業務量の大幅削減が必要不可欠となっています。

激動の二〇年の中、養護教員部の運動を振り返れば、改正学校保健安全法への対応、学校健診での色覚検査などの廃止、集団フッ素洗口・塗布の問題、食物アレルギー・子宮頸がんワクチン（ＨＰＶワクチン）・「がん教育」などの課題、東日本大震災・熊本地震でのとりくみ、ビッグデータをめぐる動き、そして新型インフルエンザ・新型コロナウイルスの感染症対策など、多くの問題・課題に対応してきました。それぞれの項目にかかわっては、本年史の各章の記載に委ねますが、養護教員部が全国各地で主体的・積極的にとりくまれたことに敬意を表します。

〇六年以降、世界同時不況のなか、リストラ・派遣切りなどによって家計状況が悪化し、子どもの就学・修学の希望や機会が奪われる状況が顕著になりました。給食費の未納や学用品を買えない子ども、高校の授業料滞納者や中途退学者が後を絶たないなど、「子どもの貧困」が深刻な社会問題となりました。子どもたちが「貧困の連鎖」を断ち切ることは容易ではありません。一〇年以上が経過しても、こうした子どもたちをとりまく環境は依然として厳しい状況が続いています。子どもたちの多くは何らかのストレスを抱えている状況が、各種調査からも明らかとなっています。二〇年度の児童虐待は、過去最多となった一九年度を上回り二〇万件を超えました。いじめの認知件数は、過去最多となった一九年度から一五%あまり減少したものの、二〇年度は五一万件を超えています。また、不登校は二〇年度は一九万人を超え過去最多となり、子どもや女性の自死の増加も深刻な問題となっています。すべての子どものいのちや権利が保障される、居場所のある家庭や学校、社会にしていかなければなりません。

こうした中、養護教員の果たす役割がより重要となっています。日教組は、子どもの権利条約を具現化し、インクルーシブな学校づくりにとりくんでいます。また、ジェンダー平等や多様性を尊重する社会の実現をめざしています。そうした観点に立って、学校保健のあり方や保健室の果たすべき役割を問い直していくことが重要であると考えます。日教組は、養護教員について学校に必要な重要な職、かけがえのない職として、分校も含めて、あらゆる校種への全校配置と複数配置の拡大を求めていきます。

子どもの健康権の確立と健康教育の充実など、今後の養護教員部のさらなる発展を祈念するとともに、これまでに積み上げられた養護教員部の運動を財産として後輩たちへ継承し、広めていただくことをお願いいたします。輝かしい歴史を築いてこられた歴代の役員並びに各単組の組合員の皆さまに心から感謝を申し上げ、本年史が職場や支部などで活用されることを願って、七〇年史発刊にあたってのあいさつといたします。

二〇二二年三月

日教組養護教員部七〇年史

日教組養護教員部 編

目次

第二章　よりよい子どもの育ちを願って……61

おわりに

寄稿

単組のとりくみ

序章

一八七二（明治五）年の学制以来、学校保健はその時代の社会の要請に応じた児童生徒の健康管理や衛生管理を求められてきた。

第二次世界大戦での敗戦を機に、日本国憲法・教育基本法（一九四七年）では基本的人権の享有や健康権の保障がうたわれているが、戦後七七年を経た今でも、それらが保障されている状況とはいえない。また、この間、「健康」にかかわる様々な法律が作られたが、多くが「自己責任・自助努力」を求めるものであり、「障害や病気」とともに生きるものとはなっていない。さらには、ＩＣＴやＡＩの開発により大量の情報収集や分析、あるいは遺伝子分野の新たな開発など、かつては考えられなかった時代が訪れている。それに伴い、学校保健にかかわる子どもたちの情報も様々な形で提供を求められるようになった。マイナンバーカードを利用して「国民一人ひとりが生まれてから死ぬまでの健康管理」をすべて国が行なう時代がすぐそこまで迫っている。

めまぐるしく変動する社会情勢の中で、子どもたちの「健康権とは何か」を改めて問い直し、どう保障していくのか、「誰の、何のための学校保健か」を考えていくことは非常に重要である。

かつての過ちを繰り返さないためにも、養護教員の先輩である千葉千代世さんが提案（一九五一年第一八回日教組中央委員会）し、採択された日教組の不滅のスローガン「教え子を再び戦場に送るな」を肝に銘じ、子どもたちのいのちと平和を守るべく、歩みをすすめていきたい。

○養護教員部結成から七〇年

◎職の確立、定数改善　～全校配置を求めて～

養護教員の歴史は、一九二九年「学校看護婦令」施行に始まる。しかし、職務は確立しておらず専門職とはほど遠いものであった。身分が確立していないための不合理、いわれのない不当な差別などを解決すべく各地の仲間がつながり「学校衛生婦会」を設立し、職制制定運動に立ち上がった。未曽有の国会闘争をはじめとする、様々な運動の展開が功を奏し、四一年「養護訓導令」が発布され、正規の教員として学校教育に位置づけられることとなった。しかし、その年は国をあげての戦争が拡大し、皇国民の錬成を目的とした「国民学校令」が出された年でもあり、皮肉にもお国のために強い体をもった兵隊・国民づくりの役割を養護訓導が担わされることとなった。戦争への協力が求められる軍国主義の下では、それに抗うことはできなかった。

四五年、食糧難・空爆・原爆・沖縄戦などで多くの子どもたちのいのちを奪った第二次世界大戦は終わりを迎えた。

四七年、戦後教育の民主的再建と、子ども、教職員の生活を守るため全国各地に誕生した教職員組合が統一され、日本教職員組合（日教組）が結成された。結成大会では今でも変わらない綱領を決定し、運動方針には賃金引上げ、身分の確立などが掲げられた。特筆すべきは、賃金の男女差別撤廃の運動であった。この運動は東京で口火が切られ、関東から全国へと波及し、他の産業に先がけて、男女同一労働・同一賃金が勝ちとられていった。また、第二次世界大戦で多くの子どもたちを戦場へ送った反省から、教育労働者として平和運動を強固にすすめたことであった。

結成当初、設置された専門部は青年部と婦人部（現女性部）だけであり、しばらくは婦人部に養護教員対策部が置かれていた。しかし、身分の確立、養成制度、恩給問題、全校配置など独自課題が差し迫っていたことから、一九五一年に養護教員部が設置され、三年後の五四年には専従部長が配置された。

養護教員部は結成直後から、身分の確立・差別賃金の解消・養成課程の充実・定数改善などを要求し、成果をあげてきた。

学校教育法（昭和二二年）が制定された当時、養護教員の配置率は有資格者不足もあって、わずか一〇％前後であった。養護教員のいない学校では他の教職員にしわ寄せがいく状況であり、文部省要請や国会対策は、遅々としてすすまない状況が続いた。一九六二年、国会で養護教員充足五か年計画（五年間で五千二百五十人の増員）が決議され、第二次定数配置改善計画がすすむこととなった。しかし、二千人増の予定であった初年度、財源不足や有資格者不足から実際の配置は四百人程度となり、逆に学校兼務の強要など、過重労働を強いられる結果となった。

一九六九年から始まった第三次標準定数法では、小学校は児童八五〇人に一人、中学校は生徒一〇五〇人に一人の配置というものであった。日教組は、大規模校中心の政策では小規模校を多く抱える県での定数増は前進できないとして、児童・生徒数による配置基準の枠を外すよう要求し、七四年からの第四次標準定数法では、小中学校数の四分の三に配置となった。

八〇年から一二年計画で始まった第五次教職員定数改善計画では、四学級以上の学校に一人、三学級以下の学校の四分の三に配置するとなっていたが、実際には、小規模校への配置は見送られ、兼務を強いられる状況も出てきた。定数法の説明のなかに、四学級以上の学校には「小・中隣接校は二校につき一人」との文言が加えられており、都道府県教委のなかには公然と辞令まで出して学校兼務を強要するところが出てきた。日教組は従来の中央動員や親書活動に加え、地域や保護者への働きかけとして全国で署名運動にとりくみ、衆議院議長、参議院議長へ宛て、請願書として提出した。この請願書には、「養護教諭の要請方策を速やかに確立し養成機関の増設を行うこと」をあげ、国・公立大学に四年制養成機関を設置するよう求めた。日教組は、連日全力をあげて波状的に中央行動を組織し文部省、関係省庁への交渉を続けた。八六年には衆議院文教委員会にて日教組要請・社会党提出の文教六法案の審議がすすめられるなか、日政連議員が教育荒廃のなかでの養護教員の任務の重要性を強調し、全校必置の障害である（旧法）学校教育法の附則一〇三条「当分の間置かないことができる」ということの不当性を指摘した。これにたいし文部大臣は「常識的には、当分とは一〇年くらい」と答弁した。大臣の答弁はこれまでに見られなかった前進的な発言だったが国会の会期切れで審議未了・廃案となった。しかし、日教組の五千万人署名や国会内の日政連議員の活躍で貫徹することができ、養護教員の配置率は九六％となった。

九三年度から六ヵ年計画で始まった第六次教職員定数改善計画では、養護教員の配置は三学級以上の学校は全校配置、三〇学級以上の学校は複数配置という内容であった。初めて複数配置が導入された第六次定数改善計画は二年間延長された末、二〇〇〇年に完成した。

文部科学省は、〇一年度から五ヵ年計画で第七次教職員定数改善計画をスタートさせた。養護教員の複数配置の基準が三〇学級以上の学校から、小学校八五一人以上・中学校八〇一人以上・特殊教育諸学校六一人以上の学校へと、学級数から児童・生徒数に大きく変えられた。複数配置基準に満たない学校においても、児童生徒の心身の健康への適切な対応を行なう学校への養護教員加配（心身加配）措置がとられることとなった。

しかし、社会の変化とともに子どもたちの心身の状況も変化している。また、複数配置基準は小中学校で違っているが、保健室（養護教員）の重要性は小学校も中学校、高等学校も同じである。さらに、新設された義務教育学校や中等教育学校などでは適切に養護教員が配置されないという課題も浮かび上がっている。

学校の規模にかかわらず、子どもは病気やけがをすることがある。悩みを抱えたり保健室で少し休みたかったりもする。学校教育法が制定された一九四七年とは違い養成課程も充実している現在、一日も早い学校教育法附則七条の撤廃が望まれる。また、併せて二七条（幼稚園）・六〇条（高校）の条文に「養護教諭」を挿入し、さらに、それぞれの二項にある「養護教諭・養護助教諭」の削除についても早急に実現されるよう運動の強化が必要である。

◎子どもの健康権保障にむけて

養護教員部は学校で行なわれている健康診断や予防接種、保健管理について「安全性・有効性・必要性」の観点から見直しを行ない、様々なとりくみを行なってきた。

八〇年代後半から九〇年代にかけて小中学校におけるエックス線間接撮影や学校におけるインフルエンザ集団予防接種などの中止にむけて、当時盛んであった市民運動とともに、とりくみをすすめてきた。

日教組は従来から学校における予防接種にかかわる業務を厚生行政に返上する運動をすすめていたが、特にインフルエンザ集団予防接種については、日政連議員による衆参両院の文教委員会、社会労働・予算の各委員会でその「安全性・有効性・必要性」の観点から、政府への追及を行なうとともに、自治労とともに厚生省に対して中止の申し入れを行なってきた。

また、予防接種を受けた子どもと受けない子どもとの発病率に差がないことを健康白書（一九八八年第六号「学校と厚生行政とのかかわり」）にまとめ公表した。さらには、「母と女性教職員の会」などの活動をすすめ、インフルエンザ予防接種の効果に対する疑問や副作用を心配する保護者・市民とともにとりくみをすすめてきた。このことにより、インフルエンザ集団予防接種反対の輪が全国に広がり、接種率が大幅に下がっていった。また、「前橋データ」※が出されたことも追い風となり、一九九四年には予防接種法が改正され、インフルエンザ集団予防接種は廃止されることとなった。

※前橋データ：群馬県前橋医師会が一九八〇～八六年の六年間、接種と非接種地域の欠席率・罹患状況を徹底的に研究し、まとめたもの。医療費、超過死亡、学童罹患率いずれも変わらなかったことが明らかとなった。

胸部エックス線間接撮影廃止のとりくみは、一九九一年岡山県教職員組合からの養護教員部総会、日教組定期大会における提案から始まった。日教組は同年一〇月、岡山県で開催した全国集会（「必要なの？子どものレントゲン撮影全国集会」）の様子を「日教組教育新聞」に掲載し、組合員全員の結核対策の見直しや当面の被曝防護、保護者への十分な説明と同意の必要性等について共通理解をはかった。また、文部省、厚生省へ集会アピールを提出し、廃止の申し入れを行なった。

このような動きを受け、一二月、文部省は小学校一年生に対する集団エックス線間接撮影廃止を発表した。

そして、九二年四月、小学校一年生全員を対象とした心臓検診等を目的とする集団エックス線間接撮影は廃止された。さらに九月、厚生省公衆衛生審議会予防部会は、小・中一年生のツベルクリン反応陽性者に一律実施していたエックス線間接撮影を廃止するよう答申した。これを受け、厚生省は結核予防法施行令及び施行規則を公布、文部省も学校保健法施行規則を改正し、九三年四月から小中学生への集団エックス線間接撮影は廃止されることとなった。

このことは、「子どものいのちと健康を守るため」に教職員組合と市民団体、医療関係者などが結集し、とりくみをすすめたことが大きな力となったことに他ならない。まさに、日教組が今も提唱している「社会的対話」の成果であった。

健康診断については「誰の、何のための健康診断か」を基本にとりくみをすすめてきた。特に色覚検査については、遺伝子にかかわる検査であることから人権の観点からも廃止の運動をすすめた。二〇〇一年労働安全衛生規則の一部改正（就職時の健康診断からの義務付け廃止）を受け、文科省が実施した「色覚検査に対するパブリックコメント」には多数の廃止を求める声が寄せられた。さらに、文科省の調査により、「『色覚異常』と診断されても、大半は支障なく学校生活を送っている」ことが明らかになったこともあり、〇三年度の健康診断必須項目から色覚検査が削除されることとなった。しかし、一四年、学校保健安全法改正以降、眼科医会等の動きもあり、各地で学校における色覚検査が復活している現状も報告されている。

また、健康診断については医師会等の要求により学校保健安全法にないものを現場が先行して行なってきた結果、後付けで法律に定められたものもある（尿糖検査、心電図検査等）ことから、新たな項目の導入に関しては今後も注視していく必要がある。

◎新たな課題（二〇〇〇年以降）

この間、日教組養護教員部は「学校は教育の場であり、医療の場ではない」として学校に厚生行政の「医療」が入ってくることに一貫して反対してきた。しかし、二〇〇〇年「健康日本21」策定、〇二年「健康増進法」制定以降、様々な形で学校に「医療」が導入されるようになった。一九七〇年代後半に新潟県から始まった集団フッ素洗口・塗布については、日弁連から出された「集団フッ素洗口・塗布の中止を求める意見書」を無視し、「むし歯は年々減少しており、子どもたちの集団としての健康課題ではない」という現場の声も聞き入れず、二〇一一年に制定された「歯科口腔保健の推進に関する法律」を盾に全国各地で強力にすすめられている。また、「がん対策」として、二〇一〇年には女子中高校生にＨＰＶワクチン接種の推奨が始められ、学校でもチラシの配付等が求められた。さらに、同意書をとるとはいえ、学校健診時の尿を使い、中学生に胃がん対策として「ピロリ菌検査」を実施する自治体も出ている。

また、生涯にわたる健康管理と称して就学前健康診断と学校における児童生徒の健康診断をつなげて管理しようという動きもある。このような動きが経済戦略の中で議論されていることから、「誰の、何のための健康診断か」「健康診断結果は子ども本人のものであること」を改めて確認する必要がある。

二〇二〇年、「新型コロナウイルス（COVID-19）」の流行によって、私たちはかつてない日常を過ごすこととなった。二〇年二月二七日の突然の全国一斉臨時休業要請により、二ヵ月以上もの間、子どもたちは学校に登校することができなかった。マスクの常時着用、体育大会や修学旅行等の学校行事の中止・縮小、部活動等の対外試合の中止、休業による授業時間確保のための夏休みの縮小等々、子どもたちは様々なことを我慢させられ諦めさせられてきた。また、度重なる緊急事態宣言等に学校も振り回された。次々と変異株が現れ、二年が経過しても感染者は減るどころか増え続けている。残念ながら、感染者や医療関係者への差別事象も起きており、「誰もが感染する可能性がある」と言いながら「感染した人が悪い」という風潮も生まれている。

養護教員部は、かつてハンセン病感染者を隔離・排除するという政府の誤った政策に学校も加担してきたという反省から、「うつる病気」について学習を深めてきた。新型コロナウイルス感染症が広がりを見せるなか、感染した子どもや保護者に辛く悲しい思いをさせることがないよう、今、私たち養護教員の姿勢が問われている。

一つひとつの運動については、各章で記述することとする。

第一章　養護教員部の旗の下に

第一節　養護教員の定数改善のとりくみ

日教組養護教員部が発足してから二〇二一年で七〇年が経つ。養護教員の全校配置は日教組養護教員部結成当初からの最重要課題であり、一九八四年からは複数配置についても中央への要請行動を粘り強く続けてきた。日教組は二〇〇〇年一一月、教育予算増額にむけた中央行動を実施し、第六次定数改善計画の完結と次期定数改善計画の策定を要求した。

文部科学省（以下、文科省）が打ち出した第七次（高校第六次）定数改善計画（〇一年～〇五年）では養護教員の複数配置の拡充がはかられ、それまでの三〇学級以上から児童生徒数へと配置基準が変更され、小学校八五一人以上、中学校・高校八〇一人以上、特殊教育諸学校六一人以上に拡充された。また、「児童生徒の心身の健康への適切な対応を行う学校」への加配が新たに設けられ、合計二二五一人の改善数となった。この頃、中央教育審議会（以下、中教審）では、〇五年の秋を目途に「義務教育における教育条件整備としての国庫負担制度の意義や役割、義務教育に係る経費負担の在り方」について審議が行なわれていた。公務員制度改革など、国の三位一体改革がすすめられ、義務教育費国庫負担制度の見直しや、財務省から計画の凍結など厳しい提起が再三されたが、文科省の懸命な努力もあり、第七次（高校第六次）定数改善計画は、当初の予定通り完成させることができた。

この間、日教組養護教員部は毎年、国家予算の概算要求期・政府案決定期などに合わせ文科省協議を行なうとともに、民主党・社会民主党・自民党・公明党の各政党と国会議員への要請行動を実施した。この定数改善計画では加配措置がとられることとなったが、加配のあり方に一部混乱が生じた。加配措置がされた学校によっては不登校の児童生徒の担当者と限定して位置づけたところもあり、仕事内容も不登校児童生徒の家庭訪問や相談業務に限定するなど、本来の養護教員の複数配置とは異なっていた。また、加配は申請された県に配置がされることになっているため、申請する県とそうでない県とで配置数に差が生じるなど課題を残した。

文科省は〇六年にむけ、第八次（高校第七次）定数改善計画を策定し公表した。養護教員の複数配置基準は、第七次定数改善計画より五〇人引き下げ、小学校八〇一人以上、中学校七五一人以上に、さらに加配措置もされるというものであった。しかし、〇六年「経済財政運営と構造改革に関する基本方針二〇〇六」（以下、骨太方針二〇〇六）が閣議決定され、今後五年間の改革の方向性が決定された。これにより文教政策については、教職員定数は子どもの数に応じた削減を行なうとして、一万人程度の純減を確保するとした。そのため、第七次定数改善以降の定数改善は行なわれなかった。

日教組は、その後も毎年、中央行動、国会議員への要請行動を行なってきた。文科省からは、「公務員削減が打ち出されている中で定数改善は行革推進法を変えない限りできない。非常勤講師の対応しかできないのが現状である」という回答であった。

そのような中、文科省は、養護教員の重要性を理解し、一五年に「養護教員の複数配置基準を中学校七〇〇人、小学校七五〇人以上」という方針を打ち出したが、財務省との折衝に敗れ、定数改善は見送られた。

日教組は一六年に再び文科省へ養護教員の全校配置、学校教育法附則七条の撤廃と複数配置基準の改善を要請した。文科省の「平成二九年度の概算要求で複数配置基準の引き下げを要求している。財務省と話をし、しっかりと形のあるものとしたい。全校配置をした場合どういう効果があるのか、反対に、配置しない場合のデメリットをしっかり説明していかなければならない。児童生徒の少ない学校でどれだけ配置ができるのか、現場の声を聞きながら検討していきたい」という回答にたいし、日教組養護教員部は養護教員が複数配置から一人配置となった高校の厳しい実態や、小中一貫校の小・中それぞれに配置が必要であること、また兼務の状況など、学校現場の実態を伝え、早急に法改正を行なうよう要請した。

一七年の要請にたいする文科省の回答は「私立高校の一部に養護教諭が未配置であることは承知している。小、中学校は必置となっているので、配置が促進されるよう養護教諭の役割や重要性について一層の理解がはかられるよう努めていきたい。また、特別支援学校の養護教諭の配置は、部ごとの算定ではなく、学校単位の算定となっている。義務教育標準法により、小、中学部で六一人以上の場合、複数配置にしているので、高等部がある場合も、高等学校標準法では算定しないという考えである。しかし、要望は聞いていきたい。さらに、複数配置基準の改善・加配増員の要請に関しては、これまでも計画的に改善をはかってきた。現状は加配の措置として定数改善をはかっている。厳しい状況であるが、定数の確保をはかっていきたい」というものであった。これにたいして、日教組養護教員部は日々の職務や特別支援学校の実態を伝え、養護教員の職務は具体的な数値では表せず、幼稚園から高校までどのような学校にも保健室があり、養護教員がいることが子どもたちや教職員の安全・安心につながることから、早急な法改正を行なうことを重ねて要請した。

一九年、義務標準法改正により公立小中学校などの教職員定数算定方法の基準が変更された。これにより、養護教員の配置は、三学級以上の学校に一人（第八条）となったが、複数配置については、これまでと同じく、小学校八五一人、中学校八〇一人以上のままであった。さらに、同第十五条二項により、いじめ、保健室登校など心身の健康への対応のための加配措置がとられることとなった。

一九年一一月の文科省への要請行動では、文科省から「養護教員は学校保健の中核であり、非常に重要な責務を担っていると考えているが、国や地方の財政、へき地における人材確保の困難さがある。また、幼稚園は教諭が幼児の健康に配慮すること、高等学校においては生徒が自主的に保健衛生の充実・向上をはかることができる発達段階に至っていることから必置としていない」との回答があった。

また、二〇年からの新型コロナウイルス感染症の流行により、全国の学校で消毒や検温などの膨大な感染予防対策を行なわざるを得ない状況の中、より一層養護教員の全校配置が望まれている。ここ数年の養護教員の加配は一〇人増にとどまっており、スクールカウンセラーやスクールソーシャルワーカーなど非常勤のスタッフ職の導入がすすめられている。そのような中、二一年の養護教員の加配は0人であった。

日教組養護教員部は小・中・高等学校への全校配置と一六学級以上への複数配置をすすめている。当面、八〇一人以上の小学校への複数配置実現をはかること、また、特別支援学校は複数配置、二一学級以上には一人の加算をすすめ、高等部には必ず一人配置とすること、さらに高等学校については課程別の全校配置とともに、学校により必要とされる場合は複数配置をすすめること、加えて、小中・中高一貫校にはそれぞれ校種ごとに一人配置されるべきとしてとりくみを強化している。

二〇二一年三月二二日、文部科学大臣に宛てた要請内容は以下の通りである。

（一）養護教員の全校配置を早期に実現すること。学校教育法附則第七条を撤廃すること。

・公立高等学校の適正配置及び教職員定数の標準等に関する法律第一八条の「小学部及び中学部の児童及び生徒の数が六一人以上のものを除く。」を削除すること。

・学校教育法第三七条第一七、一八項の養護助教諭制度を廃止すること。

・幼稚園、高等学校における養護教員を必置職員とするため、学校教育法第二七条、六〇条に『養護教諭』を挿入し、同条第二項の『養護教諭、養護助教諭』を削除すること。
・学校間及び幼稚園との兼務解消をはかること。

(二) 多様化している子どもの健康課題や保健室利用者増大に鑑み、複数配置基準の改善を行なうこと。また、新型コロナウイルス感染症等により業務が増えていることから、加配措置を行なうこと。

(三) 東日本大震災、各地で起こる災害等による子どもの心のケアのための養護教諭加配を配置すること。

(四) 看護師等免許取得の有無を理由に、養護教員の選考、採用、人事配置等を行なわないよう、都道府県教委にはたらきかけること。

第二節　養護教員の研修（新規採用者研修と一〇年経験者研修）

一九九八年九月二一日、中央教育審議会（以下、中教審）が「今後の地方教育行政の在り方について（答申）（抄）」のなかで、校長・教頭への適材の確保と教職員の資質向上のための、具体的な改善方策として「校長・教頭の任用資格の見直し」「校長・教頭の選考と人事の在り方等の見直し」「教職員の人事の在り方の見直し」「教職員の研修の見直しと研修休業制度の創設」などを挙げた。その中で、「養護教員、学校事務職員、学校栄養職員等の研修について、これらの職員の専門性を高め、学校運営への積極的な参画を促す観点から、研修内容を見直し、その充実に努めること」が示された。

教員の研修は、地方公務員法第三九条（研修）及び教育公務員特例法に定められている。一〇年経験者研修については、教育公務員特例法二四条に定められている。二〇〇二年二月二一日の中教審「今後の教員免許制度の在り方について（答申）」において、教職員の個々の能力・適正等に応じてその資質の向上をはかる観点から「一〇年経験者研修」を提言した。この提言をふまえ、教諭等の在職期間が一〇年に達した教員にたいする研修を実施するため、文部科学省（以下、文科省）は教育職員免許法「改正」と教育公務員特例法の一部を「改正」し、「一〇年経験者研修」を制度化した。各都道府県教育委員会は〇三年四月一日に研修を開始した。この法律の対象となる教諭等には養護教員は含まれていない。

同じ学校に働きながら、研修の機会が教諭のみに与えられることによる差別感から問題視する単組も出てきた。一方、研究団体である「全国養護教諭連絡協議会」が、ほかの教員との齟齬が生じるとして、養護教員への一〇年経験者研修制度の導入を文科省に要望する動き等も見られた。

養護教員の一〇年経験者研修については、文科省の「一〇年経験者研修関係通知」の中で、「これからの学校教育においては、様々な得意分野や専門分野を持った教職員が連携協力して教育効果を高めることが必要とされていることから、養護教諭、学校事務職員、学校栄養職員等についても、これらの専門性を高め、学校運営への積極的な参加を促す観点から研修内容の見直しや充実に努めること」と記述された。研修の詳細については文科省から事務連絡で養護教諭の一〇年経験者研修の実施及び研修内容のモデル案が示された。各都道府県は地方交付税措置により養護教員の一〇年経験者研修を実施することとなったが、研修日数や内容など、各都道府県一律ではなく差異が生じている現状も見られる。

しかし、「一〇年経験者研修」は、若年層から中堅層までの教職員を国が研修によって管理しようという流れの中で制度化された研修であり、その意図は導入された研修の流れを見るとよくわかる。これまでも一〇年を経験した教職員には「一〇年研修」があったが、それを廃止しての新設研修であった。この「一〇年経験者研修」が従来の「一〇年研修」と違う点は、事前に校長が個人の能力や適性を評価した上で個人に合わせ計画を立て実施すること、研修の事前事後に評価されること、その評価がその後の研修に反映されることであった。

校長がさせたい研修と、対象者がしたい研修とが一致するとは限らず、校長の評価に基づき計画される研修では自主的な研修とはならない。ましてや私たちが求める、「自主・民主・公開」の原則に反するものである。

研修をとりまく状況

二〇〇一年　省庁再編が行なわれ、文部省と科学技術庁が統合され文部科学省となった。その際、文部省

二〇〇二年　体育局はスポーツ青少年局と改称し、事業が引き継がれた。

中教審は「中間まとめ」で「一〇年経験者研修」を提起した。日教組養護教員部は、今後の動きを注視するとともに、養護教員の「一〇年経験者研修」のあり方等について検討した。

二〇〇三年　健康教育に関する研修のなかに養護教員・栄養教職員の「一〇年経験者研修」が位置づけられた。しかし、養護教員は教育公務員特例法の研修対象となっていないことから、「新規採用者研修」「一〇年経験者研修」についても各都道府県により研修内容や日数に差が生じた。

日教組は「一〇年経験者研修」導入にあたって教員の専門性の向上とニーズに応じた研修になること、「指導力不足教員」「指導不適切教員」を分別して実施するものではないこと等を文科省と確認した。

日教組養護教員部は、養護教員の「一〇年経験者研修」が該当者のニーズに合った研修になるよう養護教員の要望・意向を反映させるよう条件整備を求めた。また課題や問題点を把握し、改善させるとりくみをすすめることを総会で確認した。

二〇〇五年　養護教員の「新規採用者研修」と「一〇年経験者研修」への補助金が廃止となる。日養研で各都道府県の状況を交流し、養護教員にとって必要な研修になっているのか等、議論を行なった。県教委交渉で意見反映をはかった単組もあった。

二〇〇七年〜日教組養護教員部は、自主性・自律性を基盤とし、創造性に満ちた研修制度の確立と現場のニーズ・課題にこたえられるような改善を求めてとりくみをすすめた。

二〇〇八年　一月一七日、中教審「子どもの心身の健康を守り、安全・安心を確保するために学校全体としての取組を進めるための方策について」（答申）を出した。答申では、養護教諭が子どもの現代的な健康課題に適切に対応していくためには、常に新たな知識や技能等を習得していく必要があるとして、養護教諭の研修のあり方について次のような提言がされた。
・各都道府県が現在、地方交付税措置により実施している養護教諭の「新規採用研修会」「一〇年経験者研修会」は、子どもの心身の健康課題の多様化や養護教諭の役割の拡大に対応した、より体系的な研修をすすめるにあたり研修日数が少なく不十分
・国が研修内容のプログラム開発を行ない、実践的な研修内容のモデルを示す等、地方公共団体における研修体制の充実を推進するための方策を検討する必要がある
・教育公務員特例法上の初任者研修を養護教諭も対象とすることについては学校内において直ちに指導にあたる人材の確保が困難である等課題があるが、引き続き検討が求められる。当面は、退職後養護教諭や一部の地方公共団体で導入されている指導的な養護教諭による指導等の活用状況をふまえつつ、新たに採用された養護教諭にたいする研修の充実を検討していくことが求められる

二〇〇九年　三月、財団法人日本学校保健会に設置された養護教諭研修プログラム作成委員会は、文科省がまとめた「養護教諭研修プログラムの作成に当たっての方向性」をもとに、養護教諭の研修に関する具体的な事項について検討し、「養護教諭研修プログラム作成委員会報告書」をまとめ公表した。

二〇一五年　一〇月一日、文科省のスポーツ青少年局を母体に文科省の外局としてスポーツ庁が設置され、文科省の再編がされた。これまでスポーツ青少年局の管轄であった健康教育等が初等中等教育局に健康教育・食育課として改組された。これにより、学校保健にかかわる事業や研

修等も、中教審に統一され、それぞれの部会ごとに議論されることとなった。

二〇一六年　一一月二八日、文科省は「教育公務員特例法等の一部を改正する法律の公布について」（通知）を関係機関に発出した。改正の趣旨は「学校教育関係職員の資質の向上を図るため、公立の小学校等の校長及び教員の任命権者に校長及び教員としての資質の向上に関する指標及びそれを踏まえた教員研修計画の策定を義務付けるとともに、一〇年経験者研修を改めた中堅教諭等資質向上研修を創設するほか、学校教育関係職員としての職務を行うに当たり、必要な資質に関する調査研究等の業務を独立行政法人教員研修センターの業務に追加し、その名称を独立行政法人教職員支援機構に改める等の措置を講ずる」というものであった。

二〇一七年　文科省が「教育公務員特例法等の一部を改正する法律等の施行について」を通知した。留意事項として「教員の人事評価と趣旨・目的が異なるものであること」「教員の多忙化に拍車をかけるようなことにならぬよう」「研修の効率的な実施に当たって配慮すべき事項を教員研修計画に掲げること」等が書かれている。今後指標が管理強化となっていないか、人事評価に使用していないか、注視する必要がある。

養護教員の「一〇年経験者研修」は、中教審及び保健体育審議会答申に基づいた研修であり、その内容は、生活習慣の乱れ、いじめ、不登校等のメンタルヘルスに関する課題、アレルギー疾患、性の問題行動、薬物乱用、感染症等をとりあげ、健康教育の必要性を強調している。また、養護教員が保健の授業を実施することを前提とした流れの中で研修が導入された。さらに厚労省の健康施策（健康日本21、健康増進法）を学校教育のなかに位置づけさせるために養護教員の新たな役割としての研修が行なわれている。

私たちは学校現場を基軸に、教職員の主体性に基づいた相互性のある研修が民主的に運営されることを求めている。しかし、実際は参加を強制し、一方的な講義形式で学校保健の管理強化をすすめ、教職員のニーズに基づかない内容となっている。新規採用者研修、経験者研修、一〇年経験者研修、さらに免許更新制による定期的な研修で教職員の管理統制をはかろうとする意図を見抜き、「養護教員とは」「健康とは」を問い続けるとともに、私たちの求める研修となるようとりくむ必要がある。

養護教員にとっての「最善」とは～問い続けた日々～

馬場　町子

一九九八年四月から日教組養護教員部長（非専従）・翌九九年四月から日教組中央執行委員・養護教員部長（専従）となり、日教組に勤務することとなった。

九四年・九五年湯舟部長、九六年・九七年山里部長のもと副部長を経験した。まさに日教組養護教員部運動の大きな変わり目の時期であった。部長の苦労を十分に見てきた私にとって、自分が部長になるなんて、ましてや大分の地から単身赴任で東京に出ていくなんて考えることもなかった。しかし、残念なことに九八年、役員交代選挙の年、部長選出は困難を極め、養護教員部から中央執行委員を出すことができなかったのである。その時、「非専従でもいいから養護教員部長に」という声に押されて、それまでの責任感から、やむなく部長にだけ立候補することになった。当時、中規模の中学校に勤務していた私が、非専従とはいえ、日教組の養護教員部長の役をこなすのは本当に大変であった。その時養護教員部を担当してくださった西谷中央執行委員には大変なご尽力をいただいたことを、改めて感謝したい。

その間、家族や職場との調整を行ない、覚悟を決めた私は、九九年開催の日教組中央委員会で行なわれた補欠選挙に立候補し、中央執行委員になることになった。

養護教員部長八年・中央執行委員七年の経験は、苦しくもあったが、やりがいもあった。

専従になったばかりの九九年四月、厚生省の諮問機関である公衆衛生審議会結核部会が「二一世紀に向けての結核対策」をまとめるにあたって、審議会がもたれていた。幸いにも自治労の健康福祉局長が審議委員になっていて、日教組の考えを聞きたいと本部を訪ねてきた。早速対応せざるを得ず、日教組養護教員部の運動の方向性について伝え、それ以降審議会を毎回傍聴した。傍聴後は局長とともに厚生省担当者との意見交換を必ず行なった。時々余った弁当を提供していただいたこともあった。そのような中、厚生省担当者から「BCG問題検討作業班」での意見陳述を行なう機会を提案されたのである。学校で実施されているツベルクリン反応検査とBCG接種などについて、学校の現状と課題等を報告し、改善がはかられるよう意見陳述を行なうことができた。その後、WHOが国際結核会議（大阪）で「BCG接種は乳幼児期一回だけ」とする勧告を日本へむけ発表するなどの状況もあり、二〇〇二年十一月、「結核予防法施行令」が一部改正となり、小学一年及び中学一年に達する日の属する年度に行なう定期健診（ツベルクリン反応検査）が中止となった。施行期日は〇三（平成一五)年四月一日とした。しかし、結核予防法上必要ないとされた結核検診が、学校保健法上、児童生徒全員の「問診票」による検診として継続されることとなったのである。これには閉口したものである。

在任中、忘れられない出来事の一つに「神本美恵子参議院議員誕生」までのとりくみがある。日教組本部内から国会議員を誕生させることが決定し、当時教育文化局担当執行委員の神本美恵子さんに白羽の矢が立ったのである。神本さんが九州ブロック出身ということもあり、私は全国行脚の同行者に指名された。二〇〇〇年二月のことであった。全国を一緒に回りながらたくさんのことを学んだ。当選発表の日のことは今も鮮明に覚えている。

私が県や日教組の役員をした時期は、養護教員にかかわる施策が大きく変化する時期でもあった。インフルエンザ予防接種中止、エックス線間接撮影廃止、保健主事問題、養護教諭への兼職発令問題、ツ反・BCG接種廃止、色覚検査廃止、養護教諭の職務の見直し…等々、実に多彩であった。

日教組で過ごした七年間は、学校現場で働く養護教員にとって、「何が最善か」を問い続けた日々でもあった。

第三節　評価制度へのとりくみ

一九九一年のバブル経済崩壊以降長引く不況脱却にむけ、九六年、橋本内閣は行政改革の一環として「新たな人事評価制度」の導入を打ち出し、九八年には「公務員制度改革」をスタートさせた。それに連動する動きとして、文部科学省（以下、文科省）は、二〇〇〇年から「新しい教員の人事管理の在り方に関する調査研究」を実施し、「指導力不足教員」と評価制度を結びつけようとした。こうして、能力等級を基礎として昇級・昇任や賃金に直結する新人事評価制度を〇六年四月から国・地方公務員すべてに導入・実施したのである。

学校における人事評価制度は、個人を評価することで学校評価制度を効率よくすすめるためのものであり、学校評価制度とともに「自己申告書」による目標管理を行ない、校長の立てた学校経営目標に沿って、自らが立てた個人目標を達成するよう教職員の意識改革を促すものであった。また、年齢による昇格・昇任の制度から能力・業績主義へと改変し、縦組織を確立しようとするものでもあった。

日教組は、教職員評価制度の導入が避けられないのであれば、「教職員の力量の開発・向上という観点からの制度設計とするべき」とし、「評価の観点は多様性・多機能性を特徴とする教育活動にふさわしいものであり、同僚性が求められる学校組織に見合うものであること」などを課題として指摘した。

日教組養護教員部は、教職員評価制度を分析し、評価は私たちにとってなじまないものという立場で議論してきた。同時に、今後にむけて「養護をつかさどる」という仕事にたいする評価のあり方を検討することとした。

一．教職評価制度の経緯

一九五七〜一九五八年　愛媛県に「勤務評定」導入

一九九八年　公務員制度改革として「新たな人事評価制度」（バブル崩壊以来の不況のための行政改革の一環として）の導入

二〇〇〇年四月　東京都で教育職員の人事考課制度の導入

神奈川県、大阪府、広島県、香川県等でも全国実施に先行して教員評価制度の導入

二〇〇一年一二月　政府は「公務員制度改革大綱」を閣議決定

二〇〇六年　能力等級を基礎として昇級・昇任や賃金に直結する新人事評価制度を国・地方公務員すべてに導入・実施

二．保健研究委員会報告より

○六年六月から四年間、保健研究委員会では「評価制度から養護教員の職務を問う」というテーマで評価制度と向き合い、調査研究を行なった。

「評価制度から養護教員の職務を問う（その1）」

①養護教員が自己申告シートに何を書き、評価者の面接指導がどのように行なわれたかを知る。

②評価制度そのものへの不安を調査し、評価制度が養護教員のしごとの中身を変えさせる要因となっていないかを明らかにする。

③私たちが大事にしてきた養護教員のしごとがゆがめられたり、中身が変えさせられたりしないように「養護をつかさどる」の中身を言葉にし、養護教員の専門性を再度、確認し合う。

「評価制度から養護教員の職務を問う（その2）」

①各自治体が使用している多種多様な自己目標シートについての分析結果を整理し、その問題性を明らかにする。

②「養護をつかさどる」養護教員としてどのような形で評価制度に向き合い、どのように評価シートに記載していくのか一つの解答例を試案として示し、「評価の指針」をまとめる。

「評価制度から養護教員の職務を問う（その3）」

①その2でまとめた「評価の指針」が実際の場面にあてはめられることを実証するために、子どもたちとの対応場面を「評価の指針」と照らし合わせて振り返る。

②複数の事例検討を通して見えてくる養護教員の子どもへの向き合い方・かかわり方について「養護」の視点から問い直す。

③「評価の指針」を再考し、「養護」を実践するときに大事な視点を整理する。

（「評価制度から養護教員の職務を問う」一部抜粋）

• これまで私たちは、保健室で一人ひとりの子どもと向き合い、ありのままの子どもの姿を受け止め、必要とする支援をしてきた。調査結果では、養護教員として子どもの変化・成長を見ることができ、まわりの教職員や保護者と協働関係、信頼関係を築いてきたことなど、私たちが一番大事にしていることを読みとることができた。しかし、評価制度導入により、数値目標を求められることや、管理職の意向で目標を書き直させられるなどの、様々な問題が生じていることがわかった。

・評価を気にするあまり、子どもの目線に立って一緒に考え行動するよりも、定量化されたものや目立つこと、アピール性の高いものを求め、その結果、子どもを変えようと追いつめ、子どもの利益につながっていない実態も明らかになった。

・「子どもの現実」に学ぶことを原点に、評価制度の「評価」ではなく、「養護をつかさどる」養護教員として、自らの実践について振り返ることが重要であると考える。評価制度によって生じる問題を自分たちだけの問題としてとらえるのではなく、学校全体の問題としてとりくんでいくことが大切である。

三．養護教員部の運動のすすめ方

二〇〇九〜二〇一〇年

評価制度については五原則・二要件を確保し、養護教員の専門性が発揮されるよう一律画一的な制度設計を行なわないように次の二点を運動方針に掲げてとりくみをすすめた。

（一）学校教育法第三七条一二項「養護をつかさどる」をもとに養護教員の職務を見直し、明らかにする。

（二）日教組保健研究委員会報告「評価制度から養護教員の職務を問う」をもとに、養護教員の職務の確立をめざす。

これまで私たちは子どもから見えてくる現象を「現象」としてだけとらえるのではなく、その背景や生活をも含めて受け止めることを大切にしてきた。しかし、「評価のため」の成果を求められるようになると、成果をあげやすい表面的な現象ばかりが重要視されることになる。評価制度により、私たちが大切にしてきた「養護教員としての仕事」を変えさせてはならない。評価制度では、養護教員の専門性が問われているということに他ならないのである。数値目標や到達度にとらわれず、「子どもの側に立つ」ことや目の前にいる子どもたちを見失わないとりくみが必要である。養護教員として大切にしたいことを、自らがしっかりと把握し、惑わされることなく、毎日のしごとにとりくんでいく姿勢が重要である。評価制度によって生じる問題を教職員側だけの問題としてとらえるのではなく「子どもの最善の利益」とつながるような視点をもち、改めて何が課題かを見つめ直したうえで、保護者や地域の人々、他職種との協働を視野に入れたとりくみに広げていくことが重要である。

また、組合との合意のもと、評価の際には五原則・二要件（次表参照）が確保される必要がある。

評価制度の五原則・二要件

五原則	二要件
○公正・公平性 ○客観性 ○透明性 ○納得性 ○合目的性	○労使協議権 ○苦情処理システム

養護教員部誕生の頃と、バトンタッチされた一つの冊子

大谷　尚子

日教組の活動にかかわるようになって、ある時、広島県の組合員Aさんから一冊の冊子を受け取った。表紙の上段には「教育指導者講習會研究集録　養護教育」、下段には「一九五〇年　於　東京大學」「廣島縣教育委員會」とあり、一九五一年発行とあった。Aさんは尊敬する先輩養護教員から譲り受けた冊子を、「大谷さんが活用するならば」という条件のもと、私にバトンタッチしたのである。内容は、「教職員の一員であり、『養護』を専門とする私たち」が「真価を発揮するとは?」という問いを立てて養護教員が論じていたものであり、細かな執務についても記載されていた。

日教組養護教員部の誕生は、その「教育指導者講習會」が開催されていた頃のこと。日本国憲法・教育基本法の制定（四七年）後、その精神に基づく教育のあり方が論議された時代。その冊子の八頁には、「養護教育をすすめるためにはどのような諸機関と協力すればよいか」を説明する体系図が示されていた。その最上段に、文部省・厚生省と並んで、五つの機関が並んでいたが、その一つに日本教職員組合の名前が挙がっている。日教組は、「養護教育をすすめるために」、社会そして文部省から期待されていたことが窺える。

一方、五一年、「教え子を再び戦場に送るな」が日教組の運動方針に掲げられた。この言葉は、養護訓導時代の痛恨を教訓にしたものである。当時の朝鮮戦争を背景に、教職員は「子どもの命を守るため」の存在であることを鮮明に示したと言えよう。

六一年から日養研が開催された。その報告書を見ると、初期は教職員であることの養護教員の悩み等が吐露され、「自分たちはどうあるべきか」が論じられていた。養護教員になった（六六年）当時の私の姿と重なる。日養研は第二一回／八一年から「子どもたちの健康権をどう保障できるだろうか」という問いを掲げている。私が日教組養護教員部とのかかわりをもったのは、九二年の全国教研から。組合のこととか、「健康権」についての関心も低かった私は、会場から、あるいは夜の懇親会等で、長年の組合活動の苦労を含めて教えていただいた。現場の実態が語られる全国教研・日養研あるいは保健研究委員会の場で、「子どもの側に立つ」ことの困難さを痛感させられるようになっていった。また、子どもの側に立つ養護教員と連帯することの喜びを感じることにもなった。こうして築いた、困難を共有し互いに学び合える関係は、今の私にとっての財産である。昨年来の新型コロナウイルス感染症流行により、皆さんと直接会える機会がなくなってしまい、改めて、私にとっての日教組養護教員部の存在の大きさを知ったところである。

第四節　免許更新制度について

一．はじめに

免許更新制度は一九八三年の自民党文教制度調査会での「教員の養成、免許等に関する提言」が始まりである。

第一次安倍内閣時代の「教育再生会議」が提案し、二〇〇七年六月に「教育職員免許法」改正により原則一〇年の有効期限を設け、更新のための受講・受講後の更新手続きをしなければ免許が失効することが制度化された。そして、〇九年四月に導入となった。

当初は、「不適格教員の排除」が目的で政治主導により導入されたが、現在は制度上、「資質能力の向上」のための免許更新となっている。

二．経過と日教組のとりくみ

一九八三年	自民党文教制度調査会で「教員の養成、免許等に関する提言」が出る。
二〇〇〇年一二月	教育改革国民会議最終報告において「教師の意欲や努力が報われ評価される体制をつくる」観点からの提言の一つとして教員免許が終身有効であることを見直すべきとの意見が出され、「免許更新制度の可能性を検討する」ことを提言。
〇六年	制度設計・具体的な運用について検討会を実施。
〇七年一月	安倍首相肝煎りの教育再生会議が第一次報告の中で教員免許更新制について提

言。

○七年六月　「教育職員免許法」改正。

○七年一〇月　「教員免許更新制の運用についての検討経過（案）」が示される。日教組は拙速な導入に反対の趣旨で中教審に意見書を提出した。

○八年二月　文部科学省（以下、文科省）は「施行規則の一部を改正する省令案」「免許状更新講習規則案」を示した。日教組は「職場討議資料」を作成し、全国へ配布しパブリックコメントにとりくんだ。

○八年三月　文科省の「省令および講習規則」の告示を受け、日教組は大学側との意見交換の場として「教員免許更新制問題検討委員会」を立ち上げ検討を重ねた。また、六月には制度の見直しを求めて国会議員要請行動を実施。

○八年一一月　国会議員要請行動の実施と地元選出国会議員への「ジャンボはがき」行動を指示した。

○九年二月　各単組代表を含めた文科省要請を実施。離島・僻地の受講機会や費用面における教員の不公平感等、各都道府県の状況をふまえた具体的な問題点・課題を強く訴え、改善を求めた。またリーフレットを作成し学習会や地方議会対策への活用をはかった。

○九年四月　教員免許更新制が導入され、本格実施となった。

教員免許更新制が導入された年（〇九年）の九月、自民党の長期政権から民主党政権に代わった。民主党は、「教員制度を抜本的に見直す」ことをマニフェストに掲げており、日教組は、免許更新制の早期廃止を含む法改正を最優先に、政府・文科省との協議を精力的にすすめた。一方、法改正による廃止までの当面の間、講習の位置づけや受講対象者への具体的対応策を明らかにすることなどを求めた。

免許更新制が始まった当初、養護教員については講習開設数も少なく、講座が限定される等、現場実態に即したものではなかった。

残念なことに民主党政権に代わっても法改正はなされず、制度として残されたままとなった。そのような中、制度が十分理解できていないことにより、免許更新講習を修了できず、更新ができないまま免許を失効する者が出た。日教組は各単組・支部等でパブリックコメントへの積極的な意見反映や、失職者を出さないとりくみを強化・継続した。

一一年三月、日教組は、文科大臣にたいし「教員の資質向上方策の抜本的な見直しに関する意見書」を提出し、中教審の「教員の資質能力向上特別部会」への意見反映にとりくんだ。現行制度への対応として、失効・失職しないための手立てや教職員の負担軽減に関する文科省協議を継続。各単組は、都道府県教委との協議や大学との意見交換等を行ない、失効者を出さないとりくみを継続強化した。

一二年五月、中教審「教員の資質能力向上特別部会」への意見反映・パブリックコメントにとりくんだ。八月、中教審は「教職生活の全体を通じた教員の資質能力の総合的な向上方策について」の答申を出した。日教組はそれを受け、文科省に一体的改革の早期実現を求める要請書を提出し協議を行なった。一〇年経験者研修などとの整合性もふまえ、免許更新制の廃止とともに、研修制度全体の見直しを求めることを確認した。

一四年九月、「免許状更新講習規則の一部を改正する省令」が公布され、必修選択領域が創設されることとなったが「教員免許更新制度の改善に係る検討会議」に盛り込まれていた一〇年経験者研修の見直しについては見送られた。これにたいし、経験者研修との整合性や受講者の負担軽減、「改正」に関する周知を求めて文科省協議を行なうこととした。教員の養成・採用・研修のあり方に関する教育再生実行会議の提言を受け、免許制度の改革や養成と採用のあり方について、中教審では議論が行なわれていた。「開放性の担保、自主研修」の充実、教職員の負担軽減の観点から、現場実態に合った養成・採用・研修の一体改革や免許更新制の廃止を求めて、日教組は文科省協議を継続強化した。

一六年一一月、教育公務員特例法の一部が改正された。任命権者である教育委員会は大学等との協議会を設置し、指標を定め教員研修計画を策定することになった。日教組は附帯決議・施行通知に基づき、文科省・各教育委員会と協議を行なった。今後一年ごとに教員研修計画が策定されることから、引き続き継続した協議をすすめる必要性を確認した。一〇年経験者研修が中堅教諭等資質向上研修に改められ、実施期間が弾力化されたことから、更新講習との相互認定を強く求めていくことが重要となった。

一七年三月、文科省は「教育公務員特例法等の一部を改正する法律等の施行について」を通知した。留意事項として「教員の人事評価と趣旨・目的が異なるものであること」「教員等の多忙化に拍車をかけることにならぬよう」、「研修の効率的な実施に当たって配慮すべき事項を教員研修計画に掲げること」等が書かれていた。

一九年一月、文科省は「免許状更新講習を修了していない者に対する臨時免許状の授与について」を通知した。全国的に教員が不足しており、免許状の未更新により採用候補者を採用できないという実態があることが考えられるとして、日教組は文科省との協議を行なった。

1．目的

教員免許更新制は、その時々で教員として必要な資質能力が保持されるよう、定期的に最新の知識技能を身に付けることで、教員が自信と誇りを持って教壇に立ち、社会の尊敬と信頼を得ることを目指すものです。

※　不適格教員の排除を目的としたものではありません。

2．基本的な制度設計について

原則的に、有効期間満了日（修了確認期限）の2年2ヶ月から2ヶ月前までの2年間に、大学などが開設する30時間以上の免許状更新講習を受講・修了した後、免許管理者（都道府県教育委員会）に申請する必要があります。

また、有効期間の延長（修了確認期限の延期）が可能な理由に該当する場合や講習の免除対象者に該当する場合には、そのために必要な申請の手続きを行います。

6.4．免許状更新講習の内容

受講者は、本人の専門や課題意識に応じて、教職課程を持つ大学などが次の3つの領域で開設する講習の中から必要な講習を選択し、受講する必要があります。

（1）必修領域（6時間以上）
　　全ての受講者が受講する領域
（2）選択必修領域（6時間以上）
　　受講者が所有する免許状の種類、勤務する学校の種類又は教育職員としての経験に応じ、選択して受講する領域
（3）選択領域（18時間以上）
　　受講者が任意に選択して受講する領域

※https://www.mext.go.jp/a_menu/shotou/koushin/001/1316077.htm

四．教員免許更新制の問題点

教員免許更新制は、表面上は「適格性の確保」と「専門性向上」の両面からすすめられた。

しかし、その具体を出してきた教育再生会議は、〇七年に出した第一次報告の中で「三〇時間の講習受講のみで更新するのではなく、厳格な修了認定」「分限制度の活用により、不適格教員に厳しく対応」「不適格教員に免許を持たせない仕組み」とすることをはっきりと打ち出している。それにたいして中教審が「待った」をかけるという状況であった。

この制度の導入により、失職者が出てしまったことは大きな問題である。また、受講者の負担の大きさが課題としてあげられる。講習は三〇時間であるが、受講時間はもちろんのこと、受講のための移動時間も含め、その間の仕事は溜まったままとなり、免許更新のための手続きにも時間がとられることになる。そのほか、受講料や受講のための旅費、更新費用などはすべて自己負担となることから、経済的な負担も大きい。

また、多忙やストレス、介護など様々な状況の中で早期退職した教員が免許を更新していないために臨時採用として現場復帰することができないといったことも起きている。さらに教員免許を取得していても教職についていない人が更新制そのものについて知らなかったり、時間と費用をかけて免許更新をしていなかったりすることで、臨時採用者の確保が困難な状況にあり、学校現場の人員不足の一因にもなっている。

一一年一月三一日付けで中教審から「教職生活の全体を通じた教員の資質能力の総合的な向上方策について（審議経過報告）」が出され、日教組は、それについて各単組の意見を集約した。意見の中には、養護教員の専門性と合致しない、また専門性に特化しない内容の講習を受けざるを得ないなど、養護教員の免許更新に適していない講習・試験が行なわれている実態が数多く報告された。このことから、日教組養護教員部は「免許更新のための講習を実施するのであれば、養護教員の適性にみあった内容の講習を準備するべき。それができないということは、この免許更新制には問題がある」との見解を示し、文科省に訴えた。

五．今後にむけて

二一年八月二三日、中教審の「令和の日本型学校教育」を担う教師の在り方特別部会・教員免許更新制小委員会（以下、小委員会）は、「『令和の日本型教育』を担う新たな教師の学びの姿の実現に向けて審議まとめ（案）」（以下、「審議まとめ（案）」）を報告した。「審議まとめ（案）」では、「新たな教師の学びの姿」の実現にむけて「教員免許更新制を発展的に解消することを文科省において検討することが適当」とし、「教員免許更新制」の事実上廃止の方向性を示した。今後、「審議まとめ（案）」はパブリックコメントを経て、特別部会に報告されることになっている。文科省は、二二年の通常国会に教育職員免許法改正案を提出し、二三年四月からの新制度をめざしたいとしている。

日教組は、これまで様々な課題を指摘し、学校における働き方改革や子どもたちのゆたかな学びを保障するためには教員確保が何より重要との観点から、教員免許更新制の廃止を求めてとりくみをすすめてきた。

また、現在の免許制度には「免許更新講習を一度も受けていない免許」「〇九年以前に授与され、免許更新講習を受講した免許」「〇九年以降に授与された新免許」など様々ある。文科省は更新制が廃止された後の教員免許の有効期限の取り扱いについて今後検討をしていくとしていることから、更新制導入以前の制度と同じ扱いにしていく必要がある。

「審議まとめ（案）」では、教員免許更新制の代替となる研修や受講履歴等を管理するシステムの構築と充実が記載されており、教員の多忙化にますます拍車がかかることが懸念される。今後は教育職員免許法改正とあわせて、教育公務員特例法改正も行なわれる予定であり、学校における働き方改革の観点から研修の精選を行なうことや、「審議まとめ（案）」にも示された「現場の経験」をはじめとする自主的な研修機会が十分確保されるよう求めていく必要がある。

※なお、二〇二二年五月一一日「教育公務員特例法及び教育職員免許法の一部を改正する法律」が成立したことにより、二〇二二年七月一日に教員免許更新制は廃止された。

第五節　保健主事制度の撤廃にむけたとりくみ

〈『日教組養護教員部五〇年史』より（一部抜粋の上、書き換え）〉

一九四七年の学校教育法制定と五八年の学校保健法制定、七六年の主任制導入、九五年の学校教育法施行規則「改正」、これらの改正や導入は養護教員と保健主事の関係にかかわる変化であり、保健主事の役割の強化、管理体制強化の方向で変化してきた。

日教組養護教員部では、六三年度から保健主事制度は学校保健を専門に担当する養護教員の職務に屋上屋を架すものであること、管理強化であること、教職員の分断を招くものであることなどを理由に、一貫して保健主事制度の撤廃運動にとりくんできた。

しかしながら、撤廃運動の一方で次第に主任制度が職場に定着し、組織全体として撤廃運動にとりくむことができにくくなってきた面があった点は否定できない。

九四年一一月に、いじめによる子どもの自死という痛ましい事件が起きた。大きな社会問題となり文部省（現文部科学省）は、いじめ解決のために「いじめ対策緊急会議」を設置した。同会議は「児童・生徒の様子からいじめの兆候に気づくことが多い養護教諭を保健主事に充てる」という提言を出し、それを受けて、学校教育法施行規則第二二条の四第二項は「保健主事は、教諭又は養護教諭をもって、これに充てる」と「改正」されることになった。

日教組は、いじめ問題は養護教員を保健主事に充てることで解決されるものではなく、教職員全体が保護者や地域と連携していじめの解消にとりくむことが重要であるという立場に立ち、この「改正」に反対した。しかし、文部省は緊急対策であるとして学校教育法施行規則を「改正」し、九五年四月一日から施行となり、今日に至っている。

保健主事の設置とその変遷

一九四七年　学校教育法が制定された当時は、学校に必置しなければならない養護教員の有資格者は不足し、わずか一〇％前後の配置率だった。養護教員のいない学校では、学校保健に少しでも関連のある体育教員をはじめ一般教員が、校務分掌として担当せざるを得なかった。

五八年　学校保健法を制定する時に、保健主事の組織は、学校教育法第二八条にその身分を規定させようとしたが、日教組はこれに反対し、なおかつ国会法制局をはじめ文部省も学校教育法に明定化させることに反対の立場に立ったことで、保健主事の法制化は断念された。

六〇年　学校教育法施行規則の一部が「改正」され、「保健主事は、教諭をもってこれに充てる」と規定された。

七一年　中教審路線に基づく管理体制の総仕上げとして「主任制度化」の構想が明らかにされた。日教組は民主教育を守るために「非常事態宣言」を発し、主任制度化反対のたたかいにとりくんだ。

七六年　主任制度化の強行。県によっては管理規則に「保健主事は〜指導・助言にあたる」と明記された。

九四年「いじめ」の問題をめぐる中で、文部大臣の見解を受けて「保健主事には、教諭だけでなく養護教諭も充てる」ことが検討された。日教組は、これにたいし、職場討議資料の作成、文部省交渉などのとりくみを行なった。

九五年　学校教育法施行規則の中で「保健主事は、教諭又は養護教諭をもって、これに充てる」と「改正」された。

九五年一〇月、日教組養護教員部の学校保健制度検討委員会（中央執行委員会に設置）が実施した全国調査では、保健主事についての条例改正が行なわれた地方自治体は二〇県で、養護教員がすでに保健主事（主任、部長）になっていた県が四都府県（東京、神奈川、京都、大阪）、五政令指定都市（川崎市、横浜市、京都市、大阪市、神戸市）であった。日教組養護教員部は、九五年の定期総会で現実を見据えた運動とするため、運動方針を一部変更し提起した。しかし、それにたいして多くの県から修正案が出され、原案は否決された。その後、可決された修正案通りの運動方針に沿って、とりくみはすすめられることとなったが、日教組養護教員部の一部では混乱を生じさせた。

〈九五年度運動方針〉

一．保健主事の撤廃を含めて問題点を明らかにし、当面、職場の民主化をはかるなかで機能させないとりくみをすすめます。

《可決された修正案》

一．保健主事の撤廃をめざし、当面その形骸化をはかるとともに民主的な学校づくりをめざしてとりくみます。

一九九六年　日本学校保健会の保健主事資質向上委員会が「保健主事の手引」を作成し、全国の学校に配布した。

九七年　文部省は予算の概算要求に保健主事への手当支給の予算を計上したが、予算は見送られた。九月に出された保体審答申は「保健主事は指導体制の要のみならず、中心的存在としての新たな役割が必要」とし、保健主事の役割を重視し、主任手当支給の制度化を要求するなど、管理体制をさらに強化する内容であった。

九九年　日本学校保健会の保健主事資質向上委員会が「学校保健委員会マニュアル」を作成した。これと前後して、教育委員会等からの保健主事の役割強化や学校保健委員会開催の圧力が強まり、また、保健主事会の活動が活発化してきた地域もあった。

その後、保健主事制度の問題については次のようにとりくみをすすめてきた。

〔二〇〇〇年度運動方針〕

保健主事の撤廃をめざし、当面、その形骸化をはかるとともに、民主的な学校づくりにとりくみます。

（一）保健主事の任命にあたっては、次の要求を行なってとりくみます。

①学校保健法に関する組織の運営やその分担は、教職員の意見を尊重して決定する。

②保健主事は他の教職員との関係において、命令や監督を含まず、また、指導助言及び上下の関係でないこと。

（二）「保健主事への主任手当支給」には反対してとりくみます。

（三）保健主事については、今日までのとりくみの経過、現状、問題点などについてまとめた『学習シリーズ⑥保健主事もんだいにとりくむために』を活用し、今後のとりくみに活かします。

（四）学校教育法第二十八条「養護をつかさどる」をもとに養護教諭の職務を見直し、明らかにします。

二〇〇〇年三月の調査では、条例改正された県は二七県に増えた。

一方、文部科学省（以下、文科省）は月額約五千円の保健主事手当を概算要求に盛り込もうとしていたが、日教組養護教員部は「制度として必要ないものに予算はいらない」として文科省協議に臨み、阻止してきた。

日教組養護教員部は、保健主事制度の廃止をめざし、当面は「保健主事になって形骸化」をすすめようとした県と、「ならないで形骸化」をはかろうとした県とに運動が二分されていた。しかし法改正は難しく、学校現場では養護教員が積極的に保健主事になる県や、一方的に任命される県が出てくるなど実態に変化が見られるようになった。また、当時は中教審で教育制度の見直しや学校運営組織のあり方等が論議され、評価制度の導入や俸給体系の見直しがはかられる中、教職員を取り巻く状況にも変化が生じていた。

このような状況の中、〇五年七月に実施された日教組養護教員部総会で、保健主事制度について運動方針の一部変更が提起され承認されることとなった。

〔二〇〇五年度運動方針〕

保健主事制度については撤廃も含め検討をすすめます。当面その形骸化をはかります。

（一）　保健主事の任命にあたっては、次の要求を行なってとりくみます。

①学校保健に関する組織の運営やその分担は、教職員の意見を尊重して決定する。

②保健主事は他の教職員との関係において、命令や監督を含まず、また指導助言及び上下関係でないこと。

（二）　保健主事については、今日までのとりくみの経過、現状、問題点などについてまとめた『学習シリーズ⑥保健主事もんだいにとりくむために』を活用し、今後のとりくみに活かします。

日教組養護教員部は、運動方針の変更に基づき、「検討会を立ち上げて検討していく」こととした。

○六年度からのとりくみと法改正

日教組養護教員部は、「組織問題検討委員会」を設置し、再度保健主事制度について、これまでの運動の経過と「新たな職」の位置づけが保健主事制度とどうかかわってくるのかなど、検討を行なった。①各都道府県、市町村に保健主事がどのように位置づいているのか、②養護教員と保健主事の職務内容などについて検討した。あわせて手当の有無の実態把握も行なった。保健主事がまったく機能していないところや、実働化していない単組がある反面、保健主事と養護教員が上下関係となり、管理強化されていると ころもあった。これらの違いは主任制が職場でどのように位置づいているかによって生じていることから、保健主事は他の主任と同様に考えていくことの必要性が確認された。

○八年四月、学校教育法が改正され、「副校長、主幹教諭、指導教諭」という新しい職が設置された。

〈学校教育法三十七条〉

小学校には校長、教頭、教諭、養護教諭及び事務職員を置かなければならない。

（二）小学校には前項に規定するもののほか、副校長、主幹教諭、指導教諭、栄養教諭、その他必要な職員を置くことができる。

（三）第一項の規定にかかわらず、副校長を置くとき、その他特別の事情のあるときは教頭を、養護をつかさどる主幹教諭を置くときは養護教諭を、特別な事情のあるときは事務職員を、それぞれ置かないことができる。

〈中略〉

（一九）学校の実情に照らし必要があると認めるときは、第九項の規定にかかわらず、校長（副校長を置く小学校にあっては、校長及び副校長）及び教頭を助け、命を受けて校務の一部を整理し、並びに児童の養護又は栄養の指導及び管理をつかさどる主幹教諭を置くことができる。

文科省は〇八年一月、「学校教育法等の一部を改正する法律の施行に伴う関係政令等の整備について（通知）」の中で、主幹教諭に関する事項（三）では主幹教諭が校長から命を受けて担当することができる具体的な校務として「①学校管理運営に関する事項　②教育計画の立案・実施その他の教務に関する事項　③保健に関する事項　④学校の生徒指導計画の立案・実施その他の生徒指導に関する事項　⑤進路指導に関する学校の全体計画の立案その他の進路の指導に関する事項などが含まれるが、主幹教諭はこうした学校運営上基本的な校務のうち任されたものを整理すること」と任務を明確にしている。

また、同通知（四）では「主幹教諭の職務は主任等の職務を包含することとなる。このため、当該主任等の担当する校務を整理する主幹教諭が置かれている場合には、当該主幹教諭が主任等の職務を含めて担当することとなることから、当該主任等を置かなくてもよいこととした」と記されている。

新しい職「主幹教諭」と「主任」は位置づけ・選考・任用に大きな違いがある。主幹教諭は教諭とは異なる職であり、任命権者の（都道府県・指定都市教育委員会）の任命行為が必要であり、学校を異動しても主幹教諭の身分は変わらない。主任は職務命令による校務分掌であり、服務監督権者（市町村教育委員会または校長）が命じ、学校を異動すると、当該学校で担当する校務の内容をふまえ改めて主任を命じることとなっている。また、賃金は主幹教諭は別の級で処遇され、主任は手当で処遇されるとなっている。

日教組は、学校をとりまく情勢の変化から、一人ひとりの専門性や経験をより発揮できるような学校組織が必要であることや、組合員の生活を守るための賃金改善の観点から「賃金闘争検討委員会」等で新しい職についての検討をすすめ、「主幹教諭・指導教諭」については管理職化はさせないなど、一定の条件付きで認めることとした。また、これを機に主任制の見直しにつなげたいとした。この「改正」により、〇九年四月には養護教員の主幹教諭は東京・神奈川・大阪・兵庫で配置された。指導教諭は大阪のみであった。一〇年には広島でも主幹教諭が配置された。

日教組養護教員部は当分の間、各県の動向を注視し、保健主事制度撤廃にむけた全国的な交流をはかりながら、保健主事と主幹教諭・指導教諭がどのようにかかわってくるか、見極める必要があることを確認した。

また、この頃の日教組養護教員部研究集会では、「養護教員としての評価指標である自己申告書に、職種でもない保健主事としての内容を書くように指導された」「評価をちらつかせることで、より積極的に保健主事制度を実働化させようとしている」といった実態や、「職員会議では保健主事の許可がないと発言できない」など、民主的な職場となっていない現状が多く報告された。

一方、学校現場での保健主事制度定着にむけて、中央研修等では保健主事の役割を強調する講習も導入された。

私たちがめざすものは、「子どもの健康権の確立」であり、「子どもの視点にたった学校保健」の推進である。むろん学校保健は養護教員だけですすめていくものではないことから、組織の運営や分掌の決定については、教職員の意見が十分に反映されたものとなるよう、民主的な学校保健組織の確立にむけ、とりくみをすすめた。

〔二〇二〇年度運動方針〕

民主的な学校保健をすすめていくために、保健主事の撤廃を含め、管理強化とならないようにとりくみます。

（一）学校保健にかかわる組織の運営や分掌の決定にあたっては、教職員の意見が尊重されるようとりくみます。

（二）主幹教諭についてはスタッフ職としての位置づけを求め、管理強化とならないようにとりくみます。

（三）日教組養護教員部保健研究委員会報告「評価制度から養護教員の職務を問う」「同・その2」「同・その3」をもとに学校教育法第三十七条第十二項「養護をつかさどる」養護教員の職務の確立をめざします。

九五年に学校教育法施行規則の一部が「改正」され、「保健主事は、教諭又は養護教諭をもって、これに充てる」となったが、日教組養護教員部は、学校保健を専門的に学んできた養護教員がすべての学校に配置されれば、保健主事は必要ないとの観点から制度撤廃をめざしてとりくみをすすめてきた。さらに、保健主事は学校教育法にいう任用上の職種ではなく、単に職場における校務分掌を分担しているものと解してもきた。しかし、任用上新たな職「主幹教諭・指導教諭」ができた今、保健主事制度の可否にしっかりと向き合い議論をすすめるとともに、児童・生徒の「養護」をつかさどる養護教員の職務確立を早急にはかる必要がある。

第二章　よりよい子どもの育ちを願って

第一節　学校保健法の「改正」

一　学校保健安全法について

「学校保健法」は一九五八年に制定され、その後、七八年、安全管理、環境衛生、就学時健康診断について一部改正された。二〇〇八年六月、「学校保健法等の一部を改正する法律案」が可決、成立し、〇九年四月、「学校保健安全法」が施行となった。

学校保健については、養護教員を中心として関係教職員等との連携や保健管理の充実を想定し、学校安全については事件・事故・災害が喫緊の課題として法に盛り込まれた。

〇七年一一月、中央教育審議会（以下、中教審）スポーツ・青少年分科会（学校健康・安全部会）が「子どもの心身の健康を守り、安全・安心を確保するために学校全体としての取組を進めるための方策について」審議経過報告を出した。この審議経過報告（概要）には、養護教員の果たすべき役割を学校保健法上、より明確に位置づけることを検討する旨が書かれていたことから、日教組は「養護教員の職務内容を法に規定すべきではない」として、パブリックコメント（以下、パブコメ）にとりくんだ。また、子どものいのち・安全を守ることは、学校・地域の重要課題であるととらえ、学校保健、食育、学校安全の充実をはかるための条件整備を求めてきたことから、子どもの健康・安全を守るための基本的な考えとして、「学校保健の充実を図るための方策」「学校における食育の推進を図るための方策」「学校安全の充実を図るための方策」について、中教審にたいし意見書を提出した。パブコメの大部分は養護教員からのものので、学校保健法上で養護教員の職務内容を明確にすることへの反対意見や養護教員の全校配置、特別支援教育、児童虐待など、緊急課題に養護教員が大きくかかわっている現場の実態に即した内容だった。

○八年一月、日教組の意見書やパブコメの意見を受け、「子どもの心身の健康を守り、安全・安心を確保するために学校全体としての取組を進めるための方策について」が加筆・修正され、答申が出された。その後、日教組は文部科学省（以下、文科省）と答申や「学校保健法等の一部を改正する法律案」の問題点について交渉・協議をすすめた。また、民主党・日政連議員とも意見交換を行ない、国会審議において学校現場の実態と問題点について追及した。その後も法律案の修正と附帯決議について、文科省と交渉・協議を行なった。法律案の修正は法に盛り込むことはできなかったが、一九項目の附帯決議は盛り込まれ、同年六月、「学校保健安全法」は成立した。

「学校保健安全法」の骨子

○国及び地方公共団体の責務が規定され、財政上の措置及びその他の必要な施策を講ずるものと規定したこと。
○学校保健年間計画、学校安全年間計画をそれぞれに策定することを規定したこと。
○保健指導としての位置づけをし、養護教員を中心として、関係教職員の協力の下で実施されるべきことと規定したこと。
○健康相談について関係教職員による積極的な参画が求められたこと。
○文部科学大臣が学校環境衛生基準を定め、学校の設置者は適切に対処するため必要な措置を講ずるものと規定した。また、附帯決議で、学校安全対策が適切に円滑に行なわれるよう、専ら学校安全対策に従事する者などの配置が盛り込まれたこと。

○安全の確保をはかるために、地域の関係機関などとの連携を規定したこと。

○九年二月、文科省は「学校保健法等の一部を改正する法律の施行に伴う文部科学省関係省令の整備等に関する省令案」へのパブコメを募集した。日教組は、学校医などの「保健指導に従事する」の規定が、過度な健康管理につながるとして、従来通り「保健指導を行うこと」とするようパブコメのとりくみをすすめ、文科省と施行規則について交渉・協議をすすめた。同年三月、「学校保健法等の一部を改正する法律の施行に伴う文部科学省関係省令の整備等に関する省令」が公布された。

学校の健康診断などは、子どもたちが学校生活を送るうえで支障がないよう行なわれるべきもので、必要以上の検査などが学校へ導入され、健康管理をするものではない。○九年の施行令や施行規則に定められた児童生徒の健康診断・就学時健康診断の検査項目や医療券の対象疾病については改正されなかった。その後、三回にわたり学校保健安全法施行規則の一部改正があった。まず、一一年には、高等学校・高等専門学校・大学の一年生対象のエックス線間接撮影が、間接・直接の手法を問わないこととなった。次に、一二年には、結核問診票を保健調査などに統合してよいこととなり、さらに、結核対策委員会を開かずに学校医が直接精密検査を指示することが可能となった。そして、一四年の改正により、座高・寄生虫卵の有無の検査が必須項目から削除されたが、四肢の状態が必須項目に追加、保健調査は全学年実施、色覚検査については留意事項が記載された。

「学校保健安全法」は子どもたちや教職員が安心して、また安全に学校生活を送ることができるためのものである。そのために、国、自治体、教育委員会、学校の責務がそれぞれ明確にされ、地域の医療機関等と、また、安全についても連携していくことがこの法によって規定された。しかし、私たち養護教員が仕事をすすめていくときに、「養護をつかさどる」の内容を変えるものであってはならない。法律で職務内容や役割を規定され、仕事が一律的、形式的、画一的なものとならないよう学校現場では実態に沿った柔軟な対応が求められる。

資料　学校保健法等改正にいたる経過（★日教組のとりくみ）

二〇〇七年一一月
中教審「子どもの心身の健康を守り、安全・安心を確保するために学校全体としての取組を進めるための方策について」（審議経過報告）
★パブコメのとりくみ、意見書提出

二〇〇八年一月
中教審答申「子どもの心身の健康を守り、安全・安心を確保するために学校全体としての取組を進めるための方策について」
★文科省と答申について交渉・協議

二〇〇八年二月
文科省「学校保健法等の一部を改正する法律案」国会上程
★文科省と法律案の問題点について交渉・協議
★民主党・日政連議員と法律案について意見交換

二〇〇八年六月三日

衆議院本会議で法案可決
改正案に「財政上の措置」「責任の明確化」など附帯決議一七項目を盛り込む
★文科省と修正案、附帯決議について交渉・協議
二〇〇八年六月一一日
参議院本会議で法案可決・成立
附帯決議一九項目を盛り込む

【参考資料】

- 「日教組養護教員部ニュース」No.56、二〇〇八年
- 日本教職員組合養護教員部編『学習シリーズ⑱学校保健法の一部を改正する法律～子どもたちが安心・安全な学校生活を送るために～』アドバンテージサーバー、二〇〇九年七月

二　色覚検査の問題について

色覚検査は、一九五八年「学校保健法」制定により、就学時から全学年対象に色神検査として実施されることになった。その後、二〇〇二年の改正までに、学校保健法施行規則一部改正が四回行なわれ、検査結果のとらえ方や対象学年の変更後、検査の削除へと変遷してきた（資料①）。

この間、日教組養護教員部は、学校で行なう健康診断について、子どものプライバシーを守り、「安全

性・有効性・必要性」の観点から検証を行なうとともに、インフォームドコンセントの確立をはかるなどのとりくみをすすめており、色覚検査についても同様の観点から見直しを行なってきた。さらに、「日本色覚差別撤廃の会」「日本色覚差別撤廃の会大分」「障害者欠格条項をなくす会」「大分色覚に関わる学習会実行委員会」などが作成した色覚差別に関する学習資料をもとに、日養研などで学習をすすめ、それらの会と連携をはかり、文部科学省（以下、文科省）や厚生労働省（以下、厚労省）への要望も行なってきた。

〇一年、労働安全衛生法が改正され、就職時の健康診断項目の義務付けが廃止された。このことを受け、〇二年、文科省は〇三年度の定期健康診断から色覚検査を削除することを決め、パブリックコメント（以下、パブコメ）を募集した。日教組は、色覚検査については、「遺伝子情報の検査であること」「日常生活にほとんど支障がないにもかかわらず、スクリーニングであるはずの石原式検査表での検査で異常と判定し、レッテルを貼ることにつながったこと」「学校での健診結果のみで進学・進路指導が行なわれ、誤解や偏見をもたせてきたこと」など多くの問題があるとして、「色覚検査」の廃止を求め、パブコメにとりくんだ。これにより、色覚検査廃止に賛成のコメントが一〇四四件寄せられ、文科省はこれらパブコメにたいし見解を出した。〇二年、学校保健法施行規則の一部改正が行なわれ、色覚検査は定期健康診断必須項目から削除されることとなった。

そのときの通知は次のようになっている。

学校保健法施行規則の一部改正等について（一部抜粋）（二〇〇二年三月二九日）

（一）色覚異常についての知見の蓄積により、色覚検査において異常と判別される者であっても、大半は支障なく学校生活を送ることが可能であることが明らかになってきていること、これまで、色覚異常を有する児童生徒への配慮を指導してきていることを考慮し、色覚の検査を必須の項目から削除したこと。

その後も一部の眼科医からは削除反対の声が継続してあがっていた。日本眼科医会は、「平成二二・二三年度における先天色覚異常の受診者に関する実態調査」をまとめ、一三年、「今後の健康診断の在り方等に関する検討会（第七回）」において、色覚検査が行なわれていないことによる進学就職時や学校生活でのトラブルを報告した。

これを受け文科省は、一四年四月三〇日、「学校保健安全法施行規則の一部改正等について」において、「児童生徒等が自身の色覚の特性を知らないまま不利益を受けることがないよう…中略…より積極的に保護者等への周知を図る必要があること」との通知文を出した。それには以下のような「改正に係る留意事項」が付記された。

留意事項（抜粋）

①学校医による健康相談において、児童生徒や保護者の事前の同意を得て個別に検査、指導を行うなど、必要に応じ、適切な対応ができる体制を整えること。

②教職員が、色覚異常に関する正確な知識を持ち、学習指導、生徒指導、進路指導等において、色覚異常について配慮を行うとともに、適切な指導を行うよう取り計らうこと等を推進すること。

　また、続けて同年六月五日に出された「学校における色覚検査について」（文科省事務連絡）の中に「引き続き学校における色覚検査等が適切に実施されるよう御協力のほどよろしくお願いします」と記載されていたため、色覚検査が復活したかのような誤解が生じ、教職員が検査を実施する学校が増えてきた。

　一四年の通知・事務連絡により、児童生徒等が「不利益を受けることがないよう」の文言が独り歩きし、「不利益にならない」＝「学校で検査をしなければならない」かのようにとらえられたことは否めない事実であった。法的には必須項目から削除されているはずの色覚検査が、一部の眼科医の強い意向により実施を余儀なくされた状況は、全国各地で起きた。

　医師会や眼科医会が発行したポスター「色覚検査のすすめ！」（一五年一〇月）には、

・色覚の異常はおおよそ男子の二〇人に一人、女子の五〇〇人に一人に見られます
・色覚に異常を持つ生徒の約半数は、検査を受けるまで自覚がありませんでした（日本眼科医会調査）
・異常のタイプや程度により、一部の仕事に支障をきたすことがあります
・進路を決める前に検査を受けて自分の色覚を知ることが大切です

と書かれており、さらには、「色覚の異常の程度による業務への支障の目安」（困難が生じると予想される職業のリスト）が付記されている。

　日教組養護教員部は、このポスターには、ユニバーサルデザインの視点及び合理的配慮を求める動きや広がりなど、今日の状況について重要な情報が何一つ盛り込まれておらず「色覚検査とは『自制』のため

にするもの」という含意が読みとれるものとして問題視した。また、学校では、進路指導や職業選択の相談の際には、正確な資料にもとづいた情報提供を行ない、本人の「能力」や「適正」に応じた進路につながるように、また、当事者が自分のからだに関するインフォメーションの機会として、検査の必要がある場合には専門医につなげるよう、慎重に対応していくべきとの見解を示した。

日教組養護教員部は、一五年以降、文科省へ「色覚検査については、必須項目から削除された趣旨をふまえ、体制の整備、適切な対応を行なうものであることを関係機関に周知徹底すること」を要請している。それにたいし文科省は、「色覚については平成一四年四月の通知内容を踏襲して平成二六年四月に通知している。平成二六年四月の通知において、色覚検査が検査項目として復活したという誤解が一部にあるようである。平成一四年三月の、必須項目から削除していることに変わりはない」と回答した。また、各自治体にたいしても、文科省は「必要に応じ適切な対応を行うことが重要であるが、適切な対応としては、学校で色覚検査を行うのではなく、専門医（眼科医）に直接つなげることも含まれる」と回答している。

日教組養護教員部保健研究委員会では、一六年・一七年の二年間、「子どもの健康権を保障するための健康診断と養護教員～学校における色覚検査を中心に考える～」をテーマに調査研究を行なった。一八年三月発行の報告書では、色覚検査をとりまく養護教員の「子どもの側に立った健康診断」の考え方が明らかにされた。視点の第一は「子どもの人権」であり、第二は「適切な事後措置」、第三は「平常時の健康相談や健康観察の充実」であった。

これらの視点をもとに学習し、学校での健康診断・色覚検査等のあり様について検討し、問題点と今後の課題整理を行なう必要がある。今後も、学校の中で誰もが見やすい色環境（色のユニバーサルデザイン）を整えていくことが大切である。

※日本遺伝学会は二〇一七年に色覚に関する新たな概念として、これまでの「色覚異常」や「色弱」という表現ではなく「色覚多様性」という呼称を提案した。

資料①　色覚検査実施から削除までの変遷

一九五八年（昭和三三年）　学校保健法制定　就学時より全学年で色神（しきしん：色覚の意）検査を実施

一九六九年（昭和四四年）　学校保健法施行規則一部改正（小学一年、三年、六年、高校一年で実施に変更）色覚検査に改題

一九七三年（昭和四八年）　学校保健法施行規則一部改正（小学一年、四年、中学一年、高校一年、高専一年、四年で実施に変更）異常の程度まで検査

一九七八年（昭和五三年）　学校保健法施行規則一部改正（小学一年のみ実施に変更）異常の程度を削除し、学校では色覚異常の「有無」の検査に変更

一九九五年（平成七年）　学校保健法施行規則一部改正（学校での色覚検査は、小学四年のみ実施に変更）授業に差し支えるか否かを検査

二〇〇二年（平成一四年）　学校保健法施行規則一部改正（定期健康診断必須項目から色覚検査を削除）

二〇一四年（平成二六年）　学校保健安全法施行規則一部改正　色覚検査は必須項目から削除されたまま、「改正に係る留意事項」が付記

【参考資料】

- 日本教職員組合養護教員部編『学習シリーズ⑪色覚検査廃止から何を学ぶのか』アドバンテージサーバー、二〇〇三年七月
- 日本教職員組合養護教員部編『学習シリーズ㉑健康診断を見つめなおす!!―パート2―』アドバンテージサーバー、二〇一五年三月
- 日本教職員組合養護教員部編『学習シリーズ㉔人権の視点から学校での「色覚検査」を問い直す』アドバンテージサーバー、二〇一九年三月
- 日教組養護教員部保健研究委員会報告『子どもの健康権を保障するための健康診断と養護教員～学校における色覚検査を中心に考える～』二〇一八年三月
- 徳川直人『色覚差別と語りづらさの社会学　エピファニーと声と耳』生活書院、二〇一六年二月

「色覚検査」廃止のとりくみ――大分県教職員組合・大分県高等学校教職員組合

一．一九九三～二〇〇〇年（小四のみの検査に）

（一）大分県教組のとりくみ

大分県においては、子どもの人権やプライバシー保護の観点から、子どもの側に立って健康診断項目の見直しにとりくんできた。九三年に、健康診断の実施状況調査を行ない、必要性を見出せない健診項目等の検討課題を浮き彫りにし、各支部での論議や学習をすすめてきた。その結果、A支部は、九五年の学校保健法施行規則一部改正に先立ち、当時、文部省から依頼を受け、健康診断の内容等を検討していた日本学校保健会「健康診断調査研究委員会」に定期健康診断の意義や人権的な面から意見書を提出した。

九五年の学校保健法施行規則一部改正で、色覚検査は小学四年生のみの実施となったが、健康診断項目に残ることになった。大分県ではその後も健康診断項目に残った座高や色覚検査の問題点をあげ、とりくみをすすめた。九五年にはB支部で、眼科医より色覚検査についてアンケートの依頼が行なわれている。

C支部においては、九五年に支部養護教員部でアンケートを実施し、学校での配慮事項や進路指導、検査の事後措置、検査の必要性についてなど、意見交換する中で多くの悩みが出された。そこで学習の必要性を感じ、九六年、本郷眼科の高柳泰世さんと「日本色覚差別撤廃の会」の当時の会長であった永田凱彦さんを招き、「色覚問題を考える」講演会を計画した。開催については、保健だよりに載せたり、案内状を手渡したり、市報担当者や新聞社などにも連絡したりし、支部の養護教員部だけでなく教職員や保護者、他支部のなかま、関係職種にも呼びかけた。参加者は、色覚について、多くの問題点を学ぶとともに、「異常」という言葉の重みについても考えることとなった。その後、支部では、『大分県教育新聞』（大分県教組発行）や支部の情宣紙へ、講演会で学んだことやアンケート結果について投稿した。また、毛利子来・山田真・野辺明子『障害をもつ子のいる暮らし』（筑摩書房、一九九五年一〇月）から、「異常」「障害」という概念について学び、『庭師に憧れる少年』のドキュメンタリービデオ視聴で色覚問題の学習を深めた。

また、九六年の大分県教組養護教員部夏季研究集会において、「定期健康診断の実態」として、法改正に伴いとりくんだことや、色覚検査など改正後も残る問題点や実態、とりくみについて四支部から問題提起があり、意見交流した後に、八王子診療所の山田真さんの講演「定期健康診断について」で学習を深めた。

その後、教研活動でも健康観の見直しを通して健康診断について研究を深めた支部も多く、色覚問題についても討議を重ねた。高教組主催の九九年の「色覚問題の学習会」にも多くの養護教員が参加した。二〇〇〇年の第一回委員会（県教組養護教員部執行部と支部部長、副部長が参加し、運動の状況を交流し学習する会）において、色覚について資料を提示し「ＣＭＴ（カラーメイトテスト）」を紹介したり、「色覚対応チョーク」の購入を推進したりするなど各支部のとりくみを交流した。また、この年、大分県教組がすすめる夏季休暇中の地区懇談会である「ミニ懇談会」において、保護者に色覚の問題について語り、知識をもつことが大切という共通理解を得て、講演会を実施した支部もあった。

（二）大分高教組のとりくみ

九八年度、大分県内にある工業高校に送られてきた求人票の中で、色覚にかかわる制限が記載されていたものは、六三〇社中一一六社もあり、高校現場では、「色覚異常の疑い」のある子どもは「受験不可」と受け取り、受験前に色覚検査を実施する学校があった。また、受験できても、ほとんどの企業が石原式検査表で、「色覚異常」と決めつけ、「色を識別できない」＝「会社に不利益」として排除している実態があった。

九九年、四人の「少数色覚」の教員が集まり、「色覚問題を考える会」（Color Mate Society 大分）略して「CMSおいた」の準備委員会を発足し、以下の活動の柱を立てた。

・「正しい知識」の提供について。～教育現場での取り扱い方、本人・保護者へのかかわり方、養護教員と眼科医との連携～

・就職・進学における「進路保障」として。～教職員への情報提供、ハローワーク、企業へのはたらきかけ～

・「CMSおいた」のなかまを増やすこと。

そして、九九年一二月、高柳泰世さんを招いて「色覚問題の学習会」を企画した。案内パンフレットでは、Q&A方式で正しい知識に基づく情報を提供した。学習会には三〇〇人を超える参加者があった。この学習会は、大分県教組内で紹介しており、支部での学習会のとりくみにつながっている。

これらの活動は、当時大分県人権教育研究協議会の事務局長であり、「日本色覚差別撤廃の会」の幹事である尾家宏昭さん（現在「しきかく学習カラーメイト」代表）の発信が大きかった。

二．二〇〇二年、定期健康診断必須項目からの削除

〇二年、文科省が定期健康診断必須項目から色覚検査を削除することを決め、パブコメを募集した。日教組養護教員部が「色覚検査廃止に賛成」のとりくみを求めたことに応じ、大分県教組も、人権部会、障害児教育部、養護教員部と連携しパブコメにとりくみ、同年、学校保健法施行規則の一部改正により、色覚検査は定期健康診断必須項目から削除された。しかし、その後も、全国では一部の眼科医から削除反対の声があがっていた。

ここで、私たちは大きな反省をしなければならない。色覚検査が定期健康診断必須項目から削除されたものの、色覚についての様々な問題がなくなったわけではないにもかかわらず、削除されたことがゴールであるかのように、運動は急速に低迷していった。私たちは、色覚検査がなぜ削除されたのか、学校で留意することは何なのか、就業のための不必要な検査をなくす運動をどのようにすすめるかなど、運動を語り継ぐことを怠っていたのではないだろうか。

三．二〇一三年以降の運動（「改正に係る留意事項」が付記されて）

一三年、眼科医会からの報告を受け、一四年に学校保健安全法の一部が改正されると、色覚検査が復活したかのような動きが全国各地の学校で見られるようになった。

大分県においても、一五年に、翌年健康診断の見直しがあることから、一部の学校医の働きかけにより、眼科健診時に色覚検査と立体視検査が行なわれた学校があった。一六年には、眼科医が眼科健診時に希望者にたいして色覚検査をした学校が二校あり、地教委から色覚検査の調査が七支部に入った。調査が入ると、検査をしなければならないととらえるなかまや管理職もいるため、養護教員部において、一七年

四・三職場学習資料「健康診断のはなし　今、なぜ再び色覚検査なの?!」を作成し、全組合員による学習をすすめた。一七年七月には、活動者会議（大分県教組養護教員部の執行部と支部部長、副部長はじめ希望者による学習会）において、高柳泰世さんを招き、「色覚に対する正しい知識と色覚特性への理解について」の講演会を実施した。講演会後、尾家宏昭さんにも懇談会に参加してもらい、現状の交流を行ない、これまでの運動をつなげていく必要性を確認した。この講演会及び懇談会には大分高教組のなかまも参加した。一七年には二支部が希望者に色覚検査を実施、一支部が眼科医から検査についての問い合わせが入っていたが、一九年には、色覚検査をしていた学校も、相談は学校で受け付け、検査希望者は医療機関につなぐように変更した。この間、教研サークル「城島集会」でも、色覚についての資料の交流を行なっている。また、一九年、「大分教育新聞」で基本組織から色覚について問題提起があり、全組合員で学習をすすめた。

高校においては、職業系の高校を中心に希望者にたいして、スクリーニングとして検査を実施している現状がある。養護教員の知識が今後の検査のあり方を左右することもあるため、高教組においても、様々な機会をとらえて学習をすすめている。

私たちはこれからも、色覚検査が廃止となった経過や遺伝子にかかわる検査を学校で行なうことの問題点、学校でのユニバーサルデザイン等について、学校の全職員で学習を深める必要がある。また、今後も関係団体と連携し、学校における色覚検査の廃止、進学・就職等における不必要な就業規制をなくすよう、とりくみをすすめる必要がある。

三　結核予防法一部改正について

結核健康診断（以下、結核健診）については、一九七〇年代以降、児童生徒の結核患者発見の減少や、医療被曝による健康への影響が問題視されたことにより、その後法改正が行なわれ、実施対象や方法が大きく変化してきた。

一九九九年

厚生大臣の諮問機関である公衆衛生審議会は、六月、「21世紀に向けての結核対策」をまとめ厚生大臣に答申した。答申では、戦前・戦後期にかけて毎年一〇万人以上の死者を出した国民病であった結核は、医学の発展により過去の病と思われてきたが、患者数、罹患率の減少がこのところ鈍化していることや、院内感染等の医療機関での集団感染が社会問題になるなど、再興感染症として結核にたいする認識を改める必要があり、特別の対策が急務になったとされた。

日教組はこの公衆衛生審議会を毎回傍聴し、問題点の把握をするとともに、自治労の健康福祉局長が委員として参加していることから、自治労との連携をはかり意見反映につとめた。また、小学一年、中学一年で実施されているBCG接種にかかわって、「BCG問題検討作業班」のヒアリングに全国の学校現場の代表として日教組より馬場町子養護教員部長が呼ばれ、学校で行なわれているツベルクリン反応検査・BCG接種等について改善がはかられるよう意見陳述を行なった。

厚生大臣は、作業班の意見書をもとに「結核緊急事態宣言」を発し、結核の専門家、関係官庁、都道府県等の自治体、現場の医療関係者、結核の専門家を含め、国民一人ひとりが結核の問題を再認識し、一丸となって結核対策にとりくんでいくことを提言した。

厚生省は二〇〇〇年度の予算に乳幼児期のＢＣＧ接種の実態調査費を上げて、実態調査を行なうとともに、小学生のＢＣＧ接種に伴う局所反応を軽減するための接種方法等についてもあわせて検討していくこととした。

二〇〇二年

五月、厚生労働省（以下、厚労省）「厚生科学審議会感染症分科会」（感染症分科会と結核各部会の合同開催）は、結核健診について、「有症状時受診と家族等に患者が発生した場合の接触者健診を徹底。現在行われているツベルクリン反応による小学一年及び中学一年時の定期健診は中止」、六ヵ月までの乳幼児のＢＣＧ接種は、「ツベルクリン反応検査を省略したＢＣＧ直接接種を導入」などの最終報告を提出した。この背景には、三月に開催された結核部会による提言にある、ＢＣＧ再接種の有効性には根拠がなく、世界保健機構（ＷＨＯ）等も廃止を勧告していること、年一回の検診による患者発見の効率が悪すぎること、などが理由としてあげられた。

文部科学省（以下、文科省）はこの内容を受け、六月、「結核予防対策協力者会議」を発足し、九月、最終報告を各都道府県教育委員会に事務連絡として発出した。そして十一月、「結核予防法施行令」が一部改正となり、小学一年及び中学一年に達する日の属する年度に行なう定期検診（ツベルクリン反応検査）が中止となった。施行期日は〇三年四月一日とした。

しかし、新たに文科省は、万一罹患した場合、集団感染の危険性が高いこと、長期欠席による学習活動に影響を及ぼす可能性があること、全校児童生徒の問診票から精密検査の対象を抽出することによりリスクに応じた検診をする必要があることなどの見解から、小中学校における新しい定期健康診断の流れを打ち出した。主なものは、次の六点である。

①原則全員（小・中学生）への問診を行なうこと

②内科健診の充実をはかること

③教育委員会にたいして「学校結核対策委員会」の設置をするよう指導すること（保健所長、結核の専門家、学校医の代表、学校長および養護教諭の代表、教育委員会担当者）

④学校保健と地域保健の連携の強化をはかること

⑤就学時にＢＣＧ接種状況の把握をすること

⑥教職員の結核の早期発見・早期治療をすすめること

日教組養護教員部は、文科省による学校保健法施行規則一部改正のためのパブリックコメント（以下、パブコメ）にたいし「小・中学校で行なわれてきたツベルクリン反応検査中止は当然であること、小・中学生全員を対象とする問診は必要ないこと、接触者健診を重点に置くべきである」との意見を提出した。また、全国から同趣旨の意見を集中するようとりくみを行なった。

とくに、全員を対象とする問診にかかわっては、「設問が本人や家族のプライバシーにかかわるものであり、学校で扱うことに疑問があること、自覚症状は、毎年実施する保健調査や健康観察等で把握できること、学校医による判定にばらつきがあり、有効性に疑問があること、児童生徒に不必要な精密検査を強いることへつながること、問診票の有効性を示すデータがないこと」など、多くの問題点をあげた。また、高校入学時のエックス線撮影は、「接触者健診の徹底で十分対応できる」とした。さらに文科省が示した「定期健康診断における結核健診マニュアル」についての問題点も指摘した。

これらの指摘により、文科省からは、「来年度、厚生労働省で結核対策全般の見直しも検討されるとのことなので、その検討結果に基づいて文科省としても整合性をはかりたい」との答弁があった。

二〇〇三年

一月、文科省は、学校保健法施行規則の一部を改正した。その内容は、児童生徒の健康診断における結核の有無の調査の実施学年（規則第四条第三項）を小学校及び中学校の全学年とすること、検査方法及び技術的基準（規則第五条第五項）は問診によることとするものであった。これは、結核予防法施行令の一部改正と同じ、〇三年四月一日から施行されるものであった。

日教組養護教員部では、検査の実施上の留意点が記された「定期健康診断における結核健診マニュアル」にたいして、「学校で一律に実施する集団結核健診は、小児結核の現状からみても必要ない。結核健診を実施する時は当然選択権が保障されるべきである」との基本的な見解を示し、結核健診のあり方について各単組のとりくみの強化をはかった。単組は、この基本的な見解をもとに、問診票の簡素化について設置者との話し合いをもった。

また、日教組養護教員部は、学校保健法施行規則改正後、各単組にたいし結核健診の実態調査を行なった。その結果、人権やプライバシー保護の観点から生じる問題点や実務的負担など、課題があげられた。提出したすべての単組は「結核健診廃止」を求めた。この調査結果を受け、日教組は「職場討議資料：いらない学校での結核健診」をもとに、文科省にたいして「結核の有無の検査」について是正を求め、ジャンボはがき投函のとりくみを各単組に指示した。

しかし、厚労省が「学校の結核検診は廃止すべき」との見解を示したにもかかわらず、文科省は「廃止・変更・改善は現時点では考えていない」との相変わらずの回答であった。

二〇〇四年

三月、文科省は「感染症の予防及び感染症の患者に対する医療に関する法律」にかかわる学校保健法施行規則の一部改正についてパブコメの募集を行なった。一方、国は六月、「結核予防法の一部を改正する法律案」を成立させ、乳幼児へのツベルクリン反応検査を廃止し、直接ＢＣＧ接種を行なうことや、定期健康診断、定期外健康診断の対象者、方法等の見直しなどを示した。

二〇〇五年

結核予防法の一部が改正され、〇五年四月一日に施行された。しかし、小・中学校の児童生徒にたいしては、現行のまま続行されることとなった。高等学校・高等専門学校等の生徒・学生は、入学した年度に定期の健康診断（エックス線間接撮影）の対象となった。このことを受け、日教組養護教員部は再度、結核健診の廃止を求めたが、文科省は現行のまま継続することを明らかにした。これまで一律に行なわれてきた検診を、リスクに応じた健診へと転換させるとしたにもかかわらず、なぜ文科省は学校保健法施行規則を変えようとしないのか、疑問が残る結果となった。

二〇〇七年

四月、「感染症の予防及び感染症の患者に対する医療に関する法律等の一部改正」により、結核予防法が廃止された。厚労省は、関係政令を改正するためパブコメの募集を行なった。日教組養護教員部はこれにたいし、再度、高校生等にたいする結核健診を廃止するよう意見を提出した。

二〇〇九年

文科省は、「学校での集団感染の可能性は捨てきれない」としながらも、「学校における結核検診に関する検討会」を設置した。

二〇一〇年

日教組養護教員部はこの間、文科省に問診票の問題点として、①家族の既往歴等プライバシーに関する内容で、保健所はすでに罹患状況は知り得ている、②各学校で実施している保健調査票の項目に結核に関する内容が含まれている、③学校医により判定が異なり、問診票の有効性に疑問がある、④問診票の回収と報告書の作成に膨大な時間と労力がつぎ込まれている、⑤子どもたちに精密検査等の過剰な負担を強いている、⑥学校の定期健診に結核も包括されている、などについて繰り返し話し合いをしてきた。また、学校の保健調査票に結核健診問診票の内容を盛り込むよう意見を提出した。

二〇一一・二〇一二年

日教組養護教員部は、問診票が導入されて五年経過する間、問診票により結核がほとんど発見されていない実態から、問診票の廃止を含め抜本的な見直しを求めた。

一一年、文科省はようやく学校での結核検診のあり方について見直しを行ない、一二年三月に「学校における結核対策マニュアル」を作成、発行した。

また、この年の四月、学校保健安全法施行規則一部改正により、高校生・高等専門学校生等によるエックス線撮影は間接・直接の手法は問わない、問診票の内容を保健調査票に盛り込むことを可とし、各市町村の結核検討委員会を必須事項からはずし、学校医が直接精密検査を指示することが可能、とした。

一方、この年の日養研・高校交流会では、「エックス線撮影（間接・直接・デジタル撮影）についての被曝量等のデータが不十分である」など、多くの課題が出された。被曝から子どもを守るための運動は、引き続き重要であることが再確認された。

課題解決にむけて

長い時間がかかったが、学校保健安全法施行規則の一部改正は、これまでの日教組養護教員部および単組のとりくみが反映された内容であったといえる。しかし、結核健診の問診票の項目については、家族の罹患歴など、すでに保健福祉行政が把握し管理している内容を、学校において調査する必要性など、課題が残るものであり、私たち養護教員部の「学校においての結核健診は必要ない」という考えは変わっていない。一二年以降も、「結核対策については、『結核の有無の検査』を廃止し、子ども・地域の実態に応じた検診となるように求めます」「高校生の集団エックス線撮影については廃止の方向でとりくみます。当面、被曝量の少ない方法と対策を求めます」という二つの方針を掲げている。日教組養護教員部として「子どもたちにとって、何のための健康診断なのか」を明確にし、今後も引き続きとりくみをすすめていかなければならない。

学校では、何が大切なのか（結核対策の重点）
①日常の健康観察を重視し、児童生徒の健康状態を把握する。
②呼吸器等の有症状（二週間以上の咳や熱・痰・血痰）時に、医療機関での受診を勧める。
③結核について、教職員への周知徹底及び教職員自身の健康管理をする。
④結核患者発生時に冷静な対応をする。
⑤健康教育を充実させる。

＊用語解説　「健診」と「検診」について
（ア）「健診」……正常の確認のための検査。ある特定疾患の発見を目的とするわけではないため、対象とする集団の中から疾患が一名も発見されなくてもよい。
（イ）「検診」……自覚症のない集団を対象とし、ある特定の疾患を見つけ出すもの。その後の精密検査（二次検査）が必然的に存在する。
（久繁哲徳編『臨床判断学―臨床行為の科学的な選択と評価―』篠原出版、一九八九年一一月）
七〇年史における表記として、右記の考え方から日教組養護教員部は、結核健康診断を含めた定期健康診断を「健診」とし、右記（イ）に該当するものを「検診」としている。一方、文科省や厚労省などが使う用語については、原文表記で記載している。

【参考資料】
・日本教職員組合養護教員部編『学習シリーズ⑮「うつる」病気をどう考えるのか―結核健康診断をとおして―』アドバンテージサーバー、二〇〇五年七月
・二〇〇〇～二〇一一年度　日教組養護教員部　総会資料・委員会議案

仲間とともにとりくんだ組合運動

山本　春枝

二〇〇六年四月、養護教員部長として日教組に赴任した。当初は、学校の養護教員としての勤務経験しかなく、子どもの声も顔も見えない日教組でやっていけるかどうか不安ばかりであった。

養護教員の課題は山積していた。学校の保健関係の仕事は複雑多様化し、新たな課題にどのようにとりくんでいくかなど、常任委員と議論したことを昨日のように思い出す。

矢継ぎ早に出される健康施策は、誰のために、何のために、本当に必要なことなのかを考えるまもなく、学校現場に導入される現状であった。そのようななかで、長年養護教員部でとりくんできた「集団フッ素洗口・塗布」の中止について、日本弁護士連合会が中止を求める意見書を文科省、厚労省、環境省に提出した。学校等集団で行うことの問題性を訴え続けた私たちにとっては、この意見書は大きな収穫であった。残念ながら、学校等での「集団フッ素洗口・塗布」は増加しているが、粘り強く中止を求める運動をすすめてほしい。

〇九年四月に学校保健安全法が施行された。具体的な安全対策が盛り込まれ、国、自治体、教育委員会、学校の責務が規定され、より子どもの安全が強化された。学校保健については不十分な部分が多く、子どもの現状に即したものとはいえない。今後の法改正が必要である。

東日本大震災では全国から多くの退職・現職の教職員がボランティア活動に参加した。被災地からは組合があったからこそつながれた、支えられた、集まれたと組合の意義が語られた。全国連帯で教育復興にとりくむことが確認できた。東電福島第一原発事故後、「核と人類は共存できない」ことが改めて明確なものとなった。私たちは脱原発社会をめざし、この事故を風化させないためにも語り継いでいかなければならない。

子どもをとりまく状況は大変厳しく、心身の健康課題は多様化している。経済的に厳しい状況も一因となっている。そのような中で、私は全国の組合員から教えられ、支えられ、六年間を過ごすことができた。

今、組織状況については組合員の減少で、大変厳しい状況にある。多忙化解消、子どもと向き合う時間の確保、教育予算の拡充、学校現場に即した教育政策をすすめていくために、全国の養護教員とともに声をあげていくことが重要である。新型コロナウイルス感染症下で学校生活は今までに経験したことのない制限等があり、毎日、大変なとりくみがされていることと思う。感染防止と同時に子どもを守ることを最優先にした学校保健を実現するために、組織拡大をすすめ、日教組養護教員部に結集しよう。

ともに学んだ四〇年

山田　真

　はじめて日養研に参加したのは四〇数年前のことになります。「子どもの健康診断を考える」というテーマで記念講演をさせてもらいました。学校では無意味な健康診断、有害な健康診断が行なわれていると批判する内容でしたが、当時、健康診断の批判をする人などほとんどいない頃であったのに、養護教員のみなさんに共感をもって受け止められたのは驚きでした。

　わたしの娘に障害があることもあって障害児・者の運動にかかわってきたわたしは、「健康は善、病気や障害は悪」とする健康観について疑問を感じていましたが、養護教員のみなさんが一九七〇年代から八〇年代という時期に健康観の問い直しという難題にとりくんでおられるのにも感動したものです。

　みなさんが、現場で子どもたち・特に少数派である弱い立場の子どもたちに寄り添おうとすれば、文科省の命ずるところに唯々諾々と従っているわけにはいかず、はっきりとものを言い現状を考える運動もしなければならなかったはずです。そのようなみなさんの活動をわたしは近いところで見る機会をもって多くのことを学ばせてもらいました。

　この四〇数年、みなさんと意見交換し議論し、ともに学ぶという貴重な経験をわたしにさせてくれました。それはとても幸運なことだったと思います。

　この間、いろいろなことがありました。二〇一一年の大震災と原発事故、そしてその一〇年後に起こった新型コロナウイルス感染症の流行は、なかでもとても大きなことでした。

　原発事故に関しては子どもたちへの健康影響などを調査されることもないままに「健康被害はなかった」ことにされてしまいました。新型コロナウイルス感染症の流行ではこれをきっかけにオンライン授業がひろがるようですが、学校を教養の場というより生活の場ととらえ共学をめざしている障害児にとって、オンライン授業は意味のないものです。「ともに学びともに学ぶ場」としての学校は今後変貌していくのではないかとわたしは心配しています。保健室はどうなるのでしょう。養護教員はオンラインで健康観察をすることになるのでしょうか。「学校とは」「教育とは」を問い直さなければならない時だと思います。ともに考えていきましょう。

四　座高・寄生虫卵検査・四肢の状態について

二〇一四年四月、学校保健安全法施行規則の一部改正が行なわれ、一六年より健康診断から「座高の検査・寄生虫卵の有無の検査」が必須項目から削除され、新たに「四肢の状態」が追加された。

座高・寄生虫卵の有無の検査廃止について

文部科学省（以下、文科省）は、学校における児童生徒の健康診断について、一二年五月「今後の健康診断の在り方等に関する検討会」（以下、検討会）を設置し、六つの論点（①健康診断の目的・役割　②健康診断の実施体制　③関係者の連携と事後措置　④歯科健診　⑤健康に関する情報　⑥その他）を中心に検討を始めた。検討会では、座高・寄生虫卵・運動器検診・小児生活習慣病検査（血液検査）の四つについて見直しの必要性を提起し、九回の検討会を経て、議論のまとめとして意見書（一三年一二月）を出した。

日教組は長年、検査項目の結果が学校生活において活用の実態がないことから座高検査を廃止すべきとの見解を示して文科省と協議をすすめてきた。このことから、意見が反映されたことは一定評価した。しかし、「学校保健安全法施行規則の一部改正等について（通知）」（一四年四月）に「座高の検査を必須項目から削除したことに伴い、児童生徒等の発育を評価する上で、身長曲線・体重曲線等を積極的に活用することが重要となる」と記述された。これまで日教組は、子どもの個々の成長は平均値などを用いて比較・評価するものではなく、それぞれの個性としてとらえることを大切にしてきた。成長曲線の活用については、今回の意見書を十分に吟味し、「人間のからだや成長は『評価』の対象になるのか」再度検討する必要がある。また、「何を大切にして子どもの成長を考えていくのか」という課題が残った。

寄生虫卵検査については、一九九四年に「寄生虫病予防法」が廃止されたが、寄生虫卵の有無の検査のみ継続されていた。検討会においては「衛生状態の良い現代において、医学的・疫学的には、学校で寄生虫卵の検査をする意義はかなり乏しい。実際に、寄生虫卵の検査の検出率は極めて低く、ここ十年間、一%以下で推移している」。また、「ぎょう虫は、通常の衛生教育で十分に対応できる病気とされている」との意見がまとめられ、廃止されることとなった。一方、省令への明記はされなかったが、改正に関する留意事項として、「寄生虫卵検査の検出率には地域性があり、一定数の陽性者が存在する地域もあるため、それらの地域においては、今後も検査の実施や衛生教育の徹底などを通して、引き続き寄生虫への対応に取り組む必要がある」と示された。日教組は、①「陽性者が多い地域」については、陽性者や地域の実態を十分に分析、理解した上での対策とすること、②過剰な排除や差別を助長する対応としないこと、③子どもの貧困が深刻化する中で、子どもの衛生の問題は新たな課題であり、一人ひとりに寄り添いながら慎重に対応すること、の三点を確認し、共通理解をはかった。

新たに加わった四肢の状態（運動器検診）の検査について

二〇〇〇年から二〇一〇年を「運動器の一〇年」とする世界運動が始まった。この運動は「終生すこやかに身体を動かすことができる『生活・人生の質（ＱＯＬ）』の保証される社会の実現」をめざすものである。日本においても、「世界各国と連携して、種々の原因による運動機能障害からの開放《原文ママ》を目指す」として、〇五年から、「学校における運動器検診体制の整備・充実事業に関わるモデル事業」が各地（一〇地域）で行なわれるようになった。一一年「第四回今後の健康診断の在り方等に関する検討会」にて、

「運動器の一〇年・日本協会」(現在　公益財団法人　運動器の健康日本協会)の資料が出された。さらに一三年「今後の健康診断の在り方等に関する意見」の中で、「現代の子どもたちには、過剰な運動にかかわる問題や、運動が不足していることにかかわる問題など、運動器に関する様々な課題が増加している。その対応の一つとして、学校の健康診断において、運動器に関する検診を行うことが考えられる。その際には保健調査票等を活用し、家庭における観察を踏まえた上で、(略)学校医が診察するという対応が適当である」とまとめている。

しかし、モデル事業の一環としてすでに運動器検診が行なわれている現場からは、「検診でスポーツ障害を指摘されたときには、すでに受診、治療している場合が多い。また、要観察と診断された場合でも、保護者は受診することが多く、受診にかかる費用が個人負担となることから、保護者の経済的・時間的・精神的な負担が大きい」「検診には多くの時間を要し、スクリーンなどを使用してもプライバシーを十分に確保できない」「緊張などでうまく動作ができない場合、要観察・要精密検査と誤診断される場合がある」など問題点が多く報告されていた。

さらに、学校保健安全法改正が一四年四月であったにもかかわらず、文科省事務連絡「児童、生徒、学生、幼児及び職員の健康診断の方法及び技術的基準の補足的事項及び健康診断票の様式例の取り扱いについて」や、日本学校保健会の『児童生徒等の健康診断マニュアル』が示されたのは一五年九月だった。多くの地域では、教育委員会からの説明や学校現場との協議もなく、また学校医にも周知徹底がされないまま、運動器検診は一六年四月からの実施となった。問診票の作成や具体的な実施手順、周知方法等の検討が不十分であったため、学校によって実施方法が異なるなどの状況も生じた。また、教職員に説明する材料がほとんどない中で養護教員が説明しなければならないなど、学校現場に大きな混乱をもたらした。

これにたいして、文科省は一六年、今後の改善にむけて全国の小・中・高等学校に実態調査を行なった。一七年二月には「児童生徒等の健康診断の『四肢の検査のポイント』について」を発出したが、専門医ではない学校医が四肢の状態（運動器検診）の検査を行なうことへの抜本的な課題解決には至っていない。

また健診結果や事後措置においても、ほとんどの子どもは学校生活の制限はなく、「経過観察」となっている場合が多い。本来、健康診断の目的・役割とされている「学校生活を送るに当たり支障があるかどうかについて、疾病をスクリーニングし健康状態を把握する」ものとの視点から考えても「四肢の状態の検査」は子どもや学校の実態に即したものとはなっていない。

一六年九月、日教組養護教員部は「四肢の状態（運動器検診）の検査」について全国調査を行なった。その結果、教職員の時間的・労力的負担や過剰な医療、保護者の金銭的負担などの実態が明らかになった。この実態調査結果をもとに文科省との協議・要請を行ない、四肢の状態（運動器検診）の検査の廃止を求め、とりくみ強化をはかっている。

「誰のため、何のための健康診断か」、改めて問い直し、子どもの人権・プライバシーが守られるよう、また現場の実態に即した健康診断となるよう、今後もとりくむ必要がある。

【参考資料】

・日本教職員組合養護教員部編『学習シリーズ㉑健康診断を見つめなおす!!―パート２―』アドバンテージサーバー、二〇一五年三月

「四肢の状態」検査についての一考察
～大阪A市の実態調査より～

大阪府教職員組合養護教職員部

　大阪教組養護教職員部では「四肢の状態」検査発足当初より、その意図は何か、真の意味で子どもの学習権を保障するためのものなのか、という疑問を常々抱いていた。そのような折、二〇一七年度第五七回日養研第三分科会および講座三において、研究協力者の里見宏氏の「おかしいと思うことは声をあげよう、養護教員としてできることは現場でのデータをもとにした追跡調査である」という助言に共感し、まずA市において調査と考察を実施することとした。

一．はじめに

　二〇一四年、学校保健安全法施行規則の一部改正により、座高の検査・寄生虫卵の有無の検査が必須項目から削除され、「四肢の状態」を必須項目として加えることが文科省より通知された。大阪府A市では一六年四月より「四肢の状態」問診票による事前アンケートを行ない、そこで保護者の所見があった児童生徒にたいして内科検診時に校医による診察を実施している。実施にあたっては、市学校保健会事務局（市教委）、市養護教諭部会とで問診票の内容や実施にあたっての留意点等の協議を重ね、医師会とも確認しながら準備した。しかし、実際に実施してみると、現場では圧倒的多数の養護教員、さらには多くの校医からも「四肢の状態」検査についての疑問の声があがった。この「四肢の状態」検査が子どもたちの学校生活における健康診断として適切であるのかということについて考えたい。

二．「四肢の状態」検査の実際～A市の場合～

(一) 初年度

A市では、①背骨 ②腰 ③股関節 ④下肢 ⑤肘 ⑥肩 の六項目の問診をとることになっている。まず、初年度の自校の様子は、特に③の項目において、発達課題のある児童の「できない」チェックが多くあがってきた。何らかの発達課題をもつ児童は、手足やからだの動かし方のバランスがとれないことも多い。検診の際、校医とともに立ち会っている養護教員も声かけしながら再度姿勢をとらせてみると、チェックのあがった一一人中一〇人の児童ができた。②では、問診チェック通り検診時も「腰が痛い」と訴える児童もいたが、受診依頼の結果を見てみると、②にチェックした二〇人中一七人が異常なし、診断名がついた三人は「腰痛」一人、「筋筋膜性腰痛症」二人で、日常生活には何ら支障のないものだった。

初年度の「四肢の状態」検査を実施した時点で、自校で計四五人チェックがあがったうち最終的に四一人が異常なし、受診依頼の結果、診断名がついた四人も診断名のみで治療の必要はないものだった。「この検診に意味があるのだろうか。この検診の意図はなんだろう」という疑問だけが残った。市内の養護教員も同様の感想をもっていたので、協力を依頼して、抽出でアンケート調査を実施した。

(二) 抽出アンケート結果より

アンケート結果は資料①として提示する。まず保護者の問診票チェック率は次年度には軒並み下がった。これは、初めてという緊張感がなくなったことや、問診項目に慣れた保護者が増えたためではないかと思われる。また、校医の受診指示率も下がっている。一中学校では問診で四六人あがったが、校医からの受診指示は0人だった。検診する校医も受検する児童生徒も問診項目に慣れてきたことが要因の一つとして考えられる。受診指示の結果、異常なし率が大幅に上がったのは自校のみだった。小学校他校で軽症診断名ありの率が上がったことについての様子を聞いてみると、一小学校で生活圏内に整形外科が二軒あり、どちらも診断名あり・配慮不要で返ってくるということだった。ちなみに装具や手術等の治療が必要という重症状の診断結果は抽出校では0％、市内の情報交換でも聞いていない。

（三）実施してみての率直な意見

・校医にも専門があり（内科、泌尿器科等）、「四肢の状態」の判断に困っている様子がある。
・学校健診で実施することに違和感がある。早期発見が目的なのであれば、自治体が行なう乳幼児健診で実施する方が適しているのではないか。
・文科省監修・日本学校保健会発行の『児童生徒等の健康診断マニュアル』には検査の意義として「生涯にわたる健康づくりに結び付けられる」とあるが、他の学校健診の意義と違い、とってつけた感が強く、不自然に感じる。
・校医の声より「（専門外で）わからないので本人がそう言っているなら受診指示してください」「（専門医ではないため）この検診が意味のあるものになっていくのか疑問に思う」「検診が始まることは知っていたが、医師会から検診についての説明はまったく受けていない」。

三．おわりに

一九三七（昭和一二）年に制定公布された学校身体検査規程で「骨及び関節の異常、四肢運動障害」が

資料①　「四肢の状態」検査に関する抽出アンケート結果

	問診票（保護者回答）チェック率		校医受診指示率		受診した結果			
					異常なし率		軽症診断名あり※率	
	2016	2017	2016	2017	2016	2017	2016	2017
自校	16%	8%	25%	23%	56%	89%	44%	11%
小学校抽出平均	12%	7%	22%	19%	75%	41%	25%	59%
中学校抽出平均	22%	16%	40%	29%	52%	57%	48%	43%

※「軽症診断名あり」は日常生活に支障なし

加わったが、その後整理されて「身体検査」から健康診断になり、「学校保健とは『学校における保健教育と保健管理』をいう」と定められたとの経緯を知った。現在の「四肢の状態」検査は昭和初期の「身体検査」に逆戻りしているのではないかと危惧されてならない。あるいは特定の経済効果のために学校が巻き込まれているのではないかとも考えられる。私たちは、子どもの最善の利益を考えることが大切だということ、学校での健康診断は子どもの人権・プライバシー・学習権を保障するためのものだということを改めて丁寧に考えていかなければならない。今後の「四肢の状態」検査の動向について注視する必要があると強く感じている。

第二節　感染症と学校保健

一　予防接種法「改正」の変遷

一九四八（昭和二三）年に制定された「予防接種法」は、九四年に大きく改正された。この改正の直接のきっかけとなったのは、九二年一二月に東京高等裁判所において予防接種による健康被害にたいする集団訴訟（後の東京集団訴訟）の判決が下され、国が損失補償責任を認めたことにあった。日教組養護教員部では、六〇年代から学校を会場としたインフルエンザの集団予防接種が行なわれるようになったことから集団予防接種等の問題点を明らかにし、厚生行政に返上する運動と公費負担の要求にとりくんできた。

そのなかで、七七年に不幸にも福岡県で予防接種後の死亡事故が発生。その後も各地で健康被害が報告された。インフルエンザ予防接種は有効とする厚生省にたいし、日教組は、有効性への疑問から、日本消費者連盟・インフルエンザ全国ネットワークとの共闘体制を確立し、各県における反対運動を行なった。

これを受けて厚生省は予防接種を「義務」から「任意」とする方針転換を打ち出したが、日教組養護教員部では、インフルエンザ予防接種など、その有効性に疑問があるものについては、集団予防接種の廃止を一貫して要求してきた。九四年の予防接種法改正で、インフルエンザが接種対象疾病から削除されて、義務規定が努力規定となり、個別接種が原則となり、健康被害の救済措置が改善されたことは、長年、着実にとりくんできた運動が実った大きな成果であったといえる。

予防接種時における事故や健康被害を受けてから九四年の予防接種法改正まで、成果につながった単組のとりくみについてその主なものをまとめる。

福岡県

一九七七年、福岡市でインフルエンザ予防接種後に小三女子が死亡する事故が発生。

福岡県教組養護教員部は、インフルエンザの予防接種について各支部内の接種率や問題点を確認。また、職場討議資料を作成し、養護教員部を中心に支部・分会で学習。小児科医等が中心となって結成した「福岡・健康をつくる会」での学習会、「九州地区予防接種禍裁判」支援、「母と女性教職員の会」集会でのアピール・提起を行なった。さらに校長・地教委への働きかけを行なうとともに県衛生部保健対策課への要請行動にとりくんだ。ここで「実施責任者は学校ではなく、市町村である」という回答を得る。八六年の福岡県の接種率七九・三％が八八年には一五・〇％に減少し、徐々に各市町村での集団接種の中止を勝ち得た。その後、「インフルエンザネットワーク福岡」と連帯し予防接種問題が市民運動へと大きな広がりをみせ、「やめさせようインフルエンザ予防接種」全国集会が開かれた。九三年、福岡県下の接種率は一桁まで減少。翌年、予防接種法の改正で個別接種となった。

岡山県

一九八七年、笠岡市でインフルエンザ集団予防接種を受けた小二の児童が数時間後に死亡する事故が発生。翌年四月、子どもたちのいのちと健康を守るため、インフルエンザの集団予防接種を止めさせることを目的として、「インフルエンザ岡山ネットワーク」が発足した。岡山県教職員組合（岡山県教組）だけでなく、日本消費者連盟岡山グループ、草の根市民センター、インフルエンザの予防接種に反対する親の会などの団体と個人で構成され、他の市民団体などとも手をつなぎとりくみをすすめた。さらに、この年の九月、「インフルエンザネットワーク」全国集会が岡山市で開催され、全国各地から医師や教職員、保護者らおよそ三百人（五十団体）が参加し、学習・交流を行なった。参加者の半数以上は全国から結集した日教組組合員で、岡山県教組からも養護教員を中心に一一五人が参加した。

その後も、岡山県教組は、集団予防接種反対運動に組織をあげてとりくみ、日政連議員とともに市町村申し入れ行動、「ほけんだより」の作成や学級での指導など、様々なとりくみに多くの組合員が力を合わせた。その結果、八七年に三〇％であった接種率を、八八年に一六％、八九年に七・一％、九二年に五・四％と確実に下げ、九三年は三二市町村で個別接種となった。

熊本県

一九八六年、インフルエンザの集団接種の危険性について県衛生部と交渉したが、十分な回答を得るには至らず、組織内の意思統一の不十分さを反省し、そこから学習会や組合員への情宣活動に積極的にとりくんだ。

養護教員部は予防接種についての実態調査をまとめ、県養護教員部学習会、教育祭パネルの発表など、教職員へのアピール活動を積極的に行なった。また、広く運動をすすめるためにスタッフ会を組織し、自治労、県民の会、地区労、生協へ協力を要請、市会議員との話し合い、「インフルエンザ予防接種ボイコット全国統一デー」に大型店舗でビラを配布した。市教育委員会と市衛生部との交渉を続けた結果、八九年には「接種率が二〇％以下になったら集団接種をやめる」という回答を得た。この年、「インフルエンザ予防接種を考える会」を結成。熊本市の接種率の高い小中学校にたいし重点的にビラを配布するなど地道な活動を行なった。翌年、熊本市の小中学校の集団接種率が著しく低下したとして、集団接種をやめ、保健所への移行と個別接種をするとの回答を得た。さらに、九〇年九月に熊本県教育会館において

「やめよう、やめさせよう！　インフルエンザ予防接種全国集会」で、各県の教育関係団体のほか、被害者家族、一般人など一八〇人を超える参加者が集まり、意見交換が行なわれた。八三年に小二で健康被害を受け、以来生死をさまよっている当時中二の女子の父親からの集団予防接種中止への強い願いと訴えを共有した。

九二年、熊本県の接種率は一五・七％となり、ついにインフルエンザ予防接種が学校現場から消えていった。

法改正後の日教組養護教員部のとりくみ

九四年の法改正後、日教組は、個別接種を要求する運動を全国各地ですすめてきた。しかし、費用がかかる、医師が不足しているなどを理由に集団接種が継続されている地域も多かった。養護教員部では、実態調査や個別接種化への条件整備のため、厚生省・文部省との交渉を強化した。二〇〇一年には、徐々に個別接種がすすみ、養護教員部としての運動は「子どもにとって本当に安全であり、必要なのか、正確な情報がきちんと伝えられているのか」という論点に変わっていく。

〇七年、一〇代を中心に麻しんの流行があり、東京近辺の大学がすべて休校措置をとったことで大きな話題となった。個別接種であるにもかかわらず、国は、接種状況の調査を学校に求めたり、場当たり的な措置をとったりして、希望者に同意を得て予防接種が行なわれた中学校もあり、現場では混乱が起きた。

〇八年には「学校における麻しん対策ガイドライン」が文部科学省（以下、文科省）から出され、予防接種の積極的な勧奨や発生時の対策が掲載された。

〇九年、メキシコを起源とする新型インフルエンザが大流行し、国内最初の感染者として兵庫・大阪の高校生が確認された。マスコミの報道が過熱し社会全体が過剰反応したことで、風評被害や人権侵害と思われる対応が一部地域で見られた。このような状況に日教組養護教員部研究集会第一分科会では、「うつる病気と予防接種」について全国の現状を交流した。その後の講座では研究協力者の里見宏さんから、「あふれる健康情報をどう読み取るか~インフルエンザとは闘うのか、共存するのか~」と題した講義を受け、過去にインフルエンザワクチン集団接種が廃止となった経緯について再学習する場をもった。改めて「病気を防ぐためには、〝ワクチンが一番良い方法〟という思い込みを捨てること」「科学的根拠がきちんと公表されていること、そのうえでワクチンの是非を判断できる大人になれるように子どもたちを育てること」などが確認された。また、一〇年には『学習シリーズ⑲「うつる」病気をどう考えるのか―新型インフルエンザをとおして―』を作成した。

一四年、国は「予防接種に関する基本的な計画」を策定し、「予防接種・ワクチンで防げる疾病は予防すること」「ワクチンギャップの解消」を打ち出した。この中では接種者及び保護者の役割として「予防接種による感染症予防の効果及び副反応のリスクの双方に関する正しい知識を持った上で自らの意思で接種することについて、十分に認識し、理解する必要がある」としながらも、麻しん・風しんの「特定感染症予防指針」も策定され、撲滅することを目標に予防接種強化がすすめられた。また、就学時健康診断時においても、罹患状況や予防接種歴の確認を強要している。現在、生活環境や栄養状態が良くなり、感染症による子どもの死亡数は激減した。しかし、ワクチンの接種や接種回数は増加している。二〇年は、生まれてから一歳までに受ける接種は一三回となり、〇一年の二倍、八五年の四倍以上となった。

二〇年、国は「新型コロナウイルス感染症に係る予防接種に関する特例」として予防接種法及び検疫法の一部改正案を可決し、臨時の予防接種をすすめた。

日教組養護教員部はこの間、日政連議員と連携して複数回にわたり、一五歳以下の子どもの予防接種にかかわっては、「接種は勧奨されるが、あくまで安全性、有効性をふまえ、個人の意思で判断することが基本であること、学校は同調圧力が働きやすい場所であり、そういう場所では集団接種ではなく、予防接種法の原則である個別接種が基本であること」等、国会質疑を行ない確認してきた。二一年六月二二日には、文科省・厚生労働省（以下、厚労省）が連名の事務連絡として「新型コロナウイルス感染症に係る予防接種を生徒に対して集団で実施することについての考え方及び留意点等について」を通知した。学校での集団接種は、保護者への説明の機会が乏しくなる、同調圧力を生みがちである、接種後の体調不良にたいするきめ細やかな対応が難しいといったことから「推奨しないこと」が示されている。また、地域の事情により、学校での集団接種を行なう場合であっても、丁寧な情報提供を行ない、本人・保護者の同意を得ることや保護者の同伴、接種したか否かでの差別やいじめが起きないように、ワクチン接種は強制でないこと、接種を強制してはいけないこと、できない人や望まない人もいること、その判断を尊重することなどを説明し、理解を求めることとしている。また、接種が事実上の強制にならないために留意すべき点として、教育活動の実施時間に実施しないこと、行事への参加条件としないこと、教職員に過度な負担が生じ、教育活動の実施に支障が生じるような業務を求めないこと等についても、明記されている。

今後は、各自治体でこの通知が実効あるものとなり、「希望制」「個別接種」を基本に、もし集団接種が行なわれる場合であっても、子どもが安心して安全に接種を受けられる環境を整備することが求められる。

日教組養護教員部は、これまで「うつる」病気をどう考えるかをテーマに、〇五年に結核の問題を、一〇年に新型インフルエンザの問題を、そして二〇年に「うつる」病気と予防接種についての問題などを『学習シリーズ』として発刊し、学びの共有化にとりくんできた。

養護教員部では、今後も「安全性・有効性・必要性」の観点から、予防接種の責任主体を明確にし、子ども・保護者への正しい情報提供や副反応の課題等について学習を深めるとともに、厚労省・文科省との協議をすすめていく。

最後に、『学習シリーズ㉕「うつる」病気をどう考えるのか～養護教員として大切にしたいこと～』より、ここに改めて、おわりの文章を一部抜粋しておく（22ページより抜粋）。

今後、「新型」と言われるインフルエンザや未知の感染症が流行したときにパニックとならないために、日常的に「うつる」病気について養護教員のなかまと共通理解をはかる必要があります。～中略～「『うつる』病気をどう考えるか」は、私たちが「どう『養護をつかさどるか』」とつながります。「うつる」病気と子どもたちの人権を守ること、学習権を保障することは、非常に難しい問題ですが、かつてと同じ過ちを繰り返さないためにも、単組や支部での学習を深めましょう。

九四年から現在まで、疾病対象の見直しをはかるために行なわれた予防接種法「改正」の主要なものは次の通り。

一九九四年（平成六年）　予防接種法改正（第一四次改正）　義務接種から努力義務接種へ、集団接種から個別接種へ
「予防接種ガイドライン」が作成される。
インフルエンザ等の一般臨時の予防接種廃止。集団接種の規制が緩和される。

二〇〇一年（平成一三年）　予防接種法改正（第一九次改正）　対象疾病を一類と二類に区分

高齢者のインフルエンザによる死亡や重篤事例が社会問題化したことを受け、高齢者にたいしてインフルエンザを二類疾病として追加。

○四年（平成一六年）結核予防法改正により、小一、中一のツ反、ＢＣＧ接種
○五年（平成一七年）日本脳炎ワクチンの積極的接種推奨の中止（二〇一〇年に再開）
○六年（平成一八年）予防接種法改正（第二一次改正）　感染症法の改正と結核予防法の廃止に伴い、一類疾病に結核が追加される。
○七年（平成一九年）麻しんに関する特定感染症予防指針策定
○八年（平成二〇年）学校における麻しん対策ガイドライン作成
　　　　　　　　　　ＭＲワクチンの中一、高三の接種開始（一二年まで）
○九年（平成二一年）厚労省内で感染症分科会予防接種部会が発足
　　　　　　　　　　新型インフルエンザ発生の流行を受け、新たな臨時接種の創設が必要とされ、予防接種の抜本的な見直しが開始された。
一〇年（平成二二年）「予防接種制度の見直しについて（第一次提言）」
　　　　　　　　　　「ヒブ、小児肺炎球菌、ＨＰＶワクチン接種緊急促進臨時特例交付金」設立
一一年（平成二三年）予防接種法改正（第二二次改正）
　　　　　　　　　　新型インフルエンザの臨時接種の創設
一二年（平成二四年）新型インフルエンザ対策特別措置法
一三年（平成二五年）予防接種法改正（第二三次改正）
　　　　　　　　　　ヒブ、小児肺炎球菌、ＨＰＶ感染症がＡ類疾病に追加される。

他の先進諸国との「ワクチンギャップ」解消のため、厚労省は、予防接種・ワクチン分科会、予防接種基本方針部会、副反応検討部会、研究開発及び生産流通部会を設立し、予防接種を国策と位置づける。

一四年（平成二六年）「予防接種基本計画策定」

二〇年（令和二年）予防接種法改正

新型コロナウイルスワクチンの接種無料化を柱とする改正予防接種法が成立（接種費用は無料、接種は努力義務で強制せず、実施主体は市区町村、健康被害の補償は国が肩代わり）。

【参考資料】

- 日教組養護教員部編『日教組養護教員部五〇年史』アドバンテージサーバー、二〇〇一年一〇月
- 日教組養護教員部常任委員会「予防接種について」二〇一四年三月
- 日教組養護教員部編『学習シリーズ⑲「うつる」病気をどう考えるのか―新型インフルエンザをとおして―』アドバンテージサーバー、二〇一〇年四月
- 日教組養護教員部編『学習シリーズ㉕「うつる」病気をどう考えるのか～養護教員として大切にしたいこと～』アドバンテージサーバー、二〇二〇年三月
- 米国研究製薬工業協会　日本医師会「ワクチンの価値　The Value of VACCINE」（改訂版）二〇一四年九月

二　麻しん・新型インフルエンザについて

麻しんの流行

二〇〇六〜〇七年五月、関東地方を中心に一〇〜二〇代に麻しんが流行し、高校や大学などでは休校・休学措置や緊急の予防接種など、過剰ともいえる動きがあった。この年の日教組養護教員部研究集会では、第一分科会「子どもの健康権保障のために」において、東京都高等学校教職員組合から、「行政から罹患率・未罹患率の報告をするように言われ、町によっては予防接種を学校で行なったところもあった」と報告があった。

繰り返す麻しんの流行を抑制し、麻しんの罹患と死亡をさらに減少させるために、WHOは「西太平洋地域麻疹排除行動計画」を承認し、一二年までに西太平洋地域における麻しんの排除を目標に掲げた。また、〇七年に麻しんが流行したことから、同年一二月、厚生労働省（以下、厚労省）は「麻しんに関する特定感染症予防指針」を告示し、九五％以上の予防接種率達成・維持のためのとりくみを示した。しかし、一回しか予防接種を行なっていない年代への二回目の接種の機会を設けるため、〇八〜一二年度の五年間に限り、中一および高三を対象に実施すること、麻しん風しん混合ワクチンを使用すること、接種しやすい環境づくりとして、保護者の同伴要件の緩和や学校等で接種を行なうことも可能とするなど、学校現場での混乱が予想される内容であった。

〇八年一月、日教組は「予防接種実施規則の一部を改正する省令」に関する厚労省のパブリックコメント募集にたいし、「安全性・有効性・必要性」の観点から、「個別接種となるように関係機関に指導すべき」であり、「麻しん及び風しんの既罹患者であっても麻しん風しん混合ワクチンでの接種を行なうことは安全性に問題がある」との基本的な考え方を示し、単組へとりくみを指示した。さらに、一二月、文部科学省（以下、文科省）・厚労省への要請行動を行なったが、予防接種の実施は市町村が主体であることから、各地でのとりくみの強化が重要となった。

〇八年四月、文科省は「学校における麻しん対策ガイドライン」を公表した。文科省・厚労省は直接集団接種をすすめてはいないが、「麻しんに関する特定感染症予防指針」においては、接種目標を九五％にしていることから、集団接種を実施する自治体が出てきた。そのなかでも、大阪府では接種率が低迷していたことから、医師会内で「出張集団予防接種マニュアル」が提案され、事故時の責任が不明なまま医師会主導による「集団的個別接種」が、一部の学校で実施された。また、集団的個別接種のための接種率の目標が示され、接種勧奨を強力にすすめられたところもあった。

このような実態がある中で、〇八年一二月の日教組養護教員部による厚労省交渉において「麻しんの予防接種は原則、個別接種とする。やむを得ず個人で負担がかかる場合は、例外的に集団接種とするが、集団接種＝学校ではない。医療機関以外で実施する場合には、①経過観察措置、②応急治療措置、③医療機関への搬送、が実施できるよう厳しく指導している。学校の情報は知りたい」との回答を得た。しかしながら、予防接種率を高めることを目標としている厚労省と学校現場との認識の違いは大きく、さらなる協議をしていくことが確認された。

一二年一〇月の感染症分科会感染症部会においては、感染者が大幅に減少したこと、時限措置を延長することで得られる効果が限定的と予想されることなどの意見が出された。国内の感染拡大は抑えられたとして、一二年一二月、予防指針の一部改正が行なわれた。そして、①第三期および第四期の定期接種の時限措置の終了と今後の新たな対策、②就学時健康診断における予防接種歴の確認及び接種勧奨、③児童生徒の健康診断における予防接種歴の確認及び接種勧奨、④職員の健康診断における予防接種歴の確認及び接種勧奨、などが示された。

日教組は、「麻しんに関する特定感染症予防指針の一部改正」について、就学時健康診断時の予防接種歴確認や接種勧奨に反対し、個別接種を求める観点から、文科省・厚労省と協議し、パブリックコメントにたいするとりくみも行なった。

一三年、予防接種法が「改正」され、一四年「予防接種に関する基本的な計画」が策定された。「予防接種・ワクチンで防げる疾病は予防すること」を理念に、ワクチンギャップの解消もめざし、予防接種が推進されるようになった。ＷＨＯは一五年三月、日本が麻しんについて、土着株が存在しない「排除状態」にあると認定したが、厚生科学審議会感染症部会は排除状態を維持し輸入感染例による流行を防ぐため、対策は維持する方針を示した。また、風しんの流行や先天性風しん症候群の発生を受け、二〇年までに風しんの排除の達成をめざした「風しんに関する特定感染症予防指針」が施行され（一四年四月）、麻しんと同様、就学時健康診断等において予防接種歴の確認と接種の推奨等の対応が求められることになった。

そのような中で一六年八月、関西国際空港での海外帰国者から麻しんが発生し患者数が拡大した。また、一八年三月、沖縄県で海外由来の麻しんが流行し、各地への感染が拡大したことから、修学旅行の中止などの影響が出ることとなった。「集団での感染を防ぐ」「予防対策の必要性から」という名のもと、麻しんにかかった人の個人情報が報道されたり、過剰と思われる対応が行なわれたりする事例が出てきたことから、麻しん風しんに関する予防指針の課題について、調査や接種の強制につながらないように動向を注視した。

新型インフルエンザについて

〇九年四月、メキシコを起源とする新型インフルエンザ（A（H1N1）pdm2009型）による世界的大流行（パンデミック）が起こり、日本でも国内最初の発症者が同年五月に確認された。その後、感染者数が拡大したことから、大阪・兵庫両府県は集団感染を食い止めるため、五日間から一四日間程度の休校措置をとった。

五月二二日、新型インフルエンザ対策本部から基本的対処方針が出された。それによると、「感染力は強いが、多くの感染者は軽症のまま回復しており」、「季節性インフルエンザと類似する点が多」く、「①国民生活や経済への影響を最小限に抑えつつ、感染拡大を防ぐとともに、②基礎疾患を有する者等を守るという目標を掲げ、対策を講じることが適当である」とされたが、この基本方針は十分周知されず、〇九年二月一七日厚労省の「新型インフルエンザ対策行動計画」が対応基準になっていた。教育委員会は学校にたいして、様々な予防対策の指示と報告を求め、長期間にわたって予防対策に終始した。また、多くの学校では、修学旅行等の学校行事を延期・中止するなどの措置が行なわれた。

そのような中で、厚労省は九月、新型インフルエンザのワクチン接種について、都道府県や政令都市などの担当者を集めた会議で、学校や福祉施設での集団接種を認める方針を出した。

これにたいして、日教組は文科省・厚労省と次の五点について日政連議員とともに交渉・協議にとりくんだ。

①新型インフルエンザ予防接種については任意で個別接種とすること
②子どもたちの接種においては国内で製造されたものを使用すること

③できるだけ、家庭の経済負担を軽くすること
④ワクチン接種後、副反応の出た子どもたちに救済措置を行なうこと
⑤学校での新型インフルエンザの対応における事務負担の軽減を行なうこと

また一〇月の「日教組養護教員部ニュース」№64には、次のように各行政機関の対応について報告されている。

人事院
・五月、人事院通知で職員が新型インフルエンザ様症状を呈する場合は、特別休暇が取得できる

内閣府
・五月、新型インフルエンザに伴い、修学旅行を中止する場合に発生するキャンセル料については、自治体が負担することもある（「地域活性化・経済危機対策臨時交付金」を充てることも可能）

文科省
・「新型インフルエンザ対策に関する文部科学省行動計画」に基づき、対策本部を設置。政府「基本的対処方針」をふまえて、文科省は各都道府県等に新型インフルエンザに関する対応について報告する
（一〇月一日までに一五回報告されている）
・新型インフルエンザワクチン接種の基本方針（一〇月一日）
ワクチン接種の目的として、「死亡者や重症者の発生をできる限り減らすこと、及びそのために必

要な医療を確保すること」を挙げる
・平成二二年度大学入学者選抜に係る新型インフルエンザ対応方針（一〇月七日）
大学入試センター日程は平成二二（一〇）年一月一六～一七日とするが、受験できなかった学生の救済措置として追試験を二週間後の一月三〇～三一日に実施

二〇一〇年、日教組養護教員部は『学習シリーズ⑲「うつる」病気をどう考えるのか―新型インフルエンザをとおして―』を作成し、各単組において組合員による学習を要請した。

一二年三月、日教組養護教員部保健研究委員会から「『うつる』病気と養護教員とのかかわりについて」の調査報告書が出された。報告書は、学校現場における「うつる」病気とのかかわりの困難さを浮き彫りにし、過去に学んできた感染症について再度振り返ることで、今後も発生するであろう「うつる」病気で同じような状況を生まないよう、その困難を乗り越える方策を探り、養護教員の職務を問い直している。

一二年四月、「新型インフルエンザ等対策特別措置法」が成立した。「特措法」は、〇九年の新型インフルエンザの流行をふまえ、新型インフルエンザ等にたいする対策の強化をはかり、国民の生命及び健康を保護し、国民生活及び国民経済に及ぼす影響を最小限にすることを目的としている。国内で新型インフルエンザ等が発生し、全国的かつ急速なまん延により、国民生活及び国民経済に甚大な影響を及ぼすおそれがあると認められたときに、政府が「新型インフルエンザ等緊急事態宣言」を出すとしている。それを受け、都道府県知事は、国民にたいする不要不急の外出自粛の要請や、学校・集会場等の使用制限などを要請・指示することができるとしている。日教組は、この「特措法」について、子どものいのちと健康を守る観点から、予防接種については、必要な財政負担をした上でパンデミック下のワクチン接種は推奨にと

どめ、強制はしない旨を確認した。

かつて「ハンセン病」にかかっただけで、患者は十分な治療を受けることもできないまま、社会での生活が強制的に断ち切られ、家族とのきずなや故郷を奪われ、終生隔離させられていたという残酷な歴史が日本にはある。〇五年に出された「ハンセン病問題に関する検証会議」の最終報告では、「感染症患者の人権を保障し感染を防ぐ唯一の方法は、患者に最良の治療を行うことであって、隔離や排除ではないとの認識を普及させること」（七七九頁）と書かれている。また、「病気を理由とした差別は許されないという立場を徹底するのでなければ、いくら正しい医学的知識の普及に努めたとしても、病気に対する差別・偏見は決してなくならない」（七八一頁）と警鐘も鳴らしている。新型インフルエンザや二〇年から広がっている新型コロナウイルス感染症での対応は、まさに、すべての子どもたちのいのちと人権を守るとはどういうことなのかを私たちに突きつけている。「うつる」病気をどう考えるかは、「養護をつかさどる」とはどういうことなのかにつながっているのではないだろうか。歴史を振り返り、私たちが学んできたこと、感じたことを意見交流する中で、運動を継承し、なかまとともに、学びを深めていきたい。

【参考資料】

- 『学習シリーズ⑲「うつる」病気をどう考えるのか—新型インフルエンザをとおして—』アドバンテージサーバー、二〇一〇年四月

新型インフルエンザのとりくみ——兵庫県教職員組合養護教員部

一．はじめに

二〇〇九年五月、兵庫県において高校の部活動の大会で新型インフルエンザの感染が確認されたことで、高校だけでなく義務教育諸学校においても、感染防止対策等の対応に追われた。当時の記録をたどり、現場で何が起こっていたのか、どのようなことに困っていたのか、そこから県教委および各地教委との交渉・協議を通した、養護教員部のとりくみを振り返る。

二．とりくみの実際

（一）第一回（〇九年一一月一二日）対県要請行動の記録より（抜粋）

◆兵庫県教組本部　趣旨説明

・五月一六日に発生した新型インフルエンザにより、緊急対応がなされてきた。その後も新型インフルエンザの猛威は衰えておらず、収束することなく、現在もその対応に追われている。
・日々の欠席者の確認は勿論のこと、罹患状況の把握、各種報告物の煩雑さ。

・医師による出席停止期間の指示にばらつきがあり、極端に短いところもある。
・別室対応する場所も、人員もなく、保健室で養護教員が対応せざるを得ない現状がある。
・各種通知の周知徹底が不十分で学校任せになっている。学校体制の中で管理職が行なうべきサーベイランス報告を、養護教員に負わせる管理職がいる。
・部活動大会での感染拡大は、危機管理意識の低さに課題がある。

◆要求内容

●子どもの「健康・安全」に配慮した学校環境整備を行なうこと。
感染症予防のため、手洗い場等の水道設備の充実をはかるよう地教委を指導すること。
●「新型インフルエンザ対応行動計画Ｖｅｒ．１」や「新型インフルエンザ」にかかわる県教委通知を地教委・管理職も含め、すべての教職員に周知すること。

◆県内各地区・支部養護教員部代表より

感染が拡大し、警報レベルに達するほど猛威を振るっている。現在、本校でも学年閉鎖をしており、他学年への広がりが懸念される中、家庭と連携をしながら必死に拡大を防いでいる。

感染防止には、手洗い、うがい、そして消毒等の薬品が必要だ。しかしながら、H支部でも医薬材料費等の予算確保が十分ではなく、予防のための必要な数が確保できなかったり、対策が後手になったりしている。また、手洗い場や水道栓の数が不足している。文書で危機意識を喚起するだけでは、功を奏しない。学校保健安全法が今年度から施行された。子どもにとって安心・安全・快適な学校環境づくりにかかわる予算確保をお願いしたい。特に、感染症を考慮した学校環境整備として、新型インフルエンザ、ノロウイルスの流行に対応できるような水道栓の増設、自動水栓への切り替えなど、手洗い場の設備が必要である。

◆県教委回答

これまで、県立学校における新型インフルエンザの対応については、各教育事務所を通じ、県教委や文部科学省、健康福祉事務所からの通知について、各地教委宛てに情報として発信している。今後も、臨時休校や学校行事、部活動等の取り扱いについて、県教委の考え方が変更になった場合には、各地教委に迅速に情報提供していくとともに、これまでの通知を含め、各学校への周知とともに教職員への周知徹底がはかられるよう依頼していく。また、兵庫県新型インフルエンザ対策検証委員会による検証結果に基づき、感染症の正しい知識や感染時の適切な対処方法等の啓発を行なうとともに、校長のリーダーシップのもと学校内の関係組織が十分に機能するよう、感染症の予防にとりくむ体制を整備するなど、適切な対応がなされるよう各地教委及び学校にたいし助言する。

これらの記録から、一一月段階では、今後も流行の拡大が懸念される中での交渉、発言であったことがわかる。未知の「うつる病気」にたいする不安も県教委、本部、養護教員部の発言から感じられる。学校での対応について養護教員には、児童生徒にかかわりながら情報の収集や指導にあたることができる時間が必要である。そのため、事務的業務が大きな負担とならないよう、組織的なとりくみが求められる。とりわけ、県教委をはじめとする各地教委には、情報の周知徹底や管理職への指導など、リーダーシップを発揮してもらいたい。

（二）第二回（二〇年一月二一日）対県要請行動の記録より（抜粋）

◆支部養護教員部代表

●サーベイランス報告を管理職ではなく、養護教員が毎日行なっている学校があり、保健室対応はもちろんのこと、学級・学年閉鎖になれば事務的な報告処理にも追われている。学級閉鎖の基準によれば、二人の感染者や疑いによる欠席者が確認されれば学級（学年）閉鎖になるが、本当にこの基準が必要か。

●一二月七日に地教委経由で健康課から各中学校に突然プリントと予診票と、この同意書があれば生徒だけでも予防接種が受けられるという通知がおりてきて、増刷し、今日、明日中に配るよう言われた。そのプリントには、金額や保険証の持参、どの医療機関で接種するのか、問い合わせ先なども明記されていない。新型インフルエンザにかかると、一部は重症化して死亡する人もあるとか、ワクチン接種を行なうと感染しても重症化しにくいなどと書かれていた。S町健康課と小さい字で記載されているが、学校から配付すると「無料なので是非受けるように」と受け止める保護者がいるかもしれない。学校で配れば手間が省けるが、もっと慎重になってほしい。それでなくても、マスコミ報道等では、保護者の不安を駆り立てている。

◆県教委　体育保健課　回答

市町から直接学校へ予防接種の問診票を配付する依頼がないよう注意を促し、指導していく。今後ウイルスの変異が気になる。今回の経験を生かしながら、毒性が強くなってきた場合についての対応にむけとりくみをすすめたい。学校全体、組織的にとりくんでいけるよう指導していく。

◆本部まとめ

季節と関係なく流行していく間は、油断できない。対応は、学校全体でとりくみ、流行に敏感でありたい。

一月にはインフルエンザの予防接種が推奨され始めていたことが読みとれる。兵庫県においては、完全個別接種となってはいるが、問診票や啓発リーフレットなどを学校から配付するような働きかけがあったことがわかる。学校からの配付物には、立場上の強制力が意図せずとも加わることを忘れずに運動をすすめていかなければならない。

三．おわりに

現在の新型コロナウイルス感染症における学校での対応にあたり、国や地方自治体でマニュアル化されたこと、人権を守るための内容が盛り込まれたことは、過去の教訓がいかされている。しかし、学校設備については感染症対策には不十分で、現場の知恵と努力で何とかもちこたえているのが現状である。今後も、「うつる病気」は繰り返されることを前提に、養護教員としての基本理念を大切に、仲間とともにとりくみをすすめていきたい。

新型インフルエンザ（二〇〇九年H1N1型）騒動を振り返って

――大阪府教職員組合養護教職員部

〈休校は突然に…〉

二〇〇九年五月九日、成田空港検疫でカナダからの帰国者三人に、初めて新型インフルエンザの感染が確認された。国内では、五月一六日に、海外渡航歴のない兵庫県の高校生が、日本国内初の新型インフルエンザ感染者と確認され、同日、大阪府の私立高校でも確認された。その後、兵庫・大阪の両校で、複数の感染者と一〇〇人を超える濃厚接触者が確認・特定された。さらに一七日には、大阪府内の小学生の感染を確認。同日深夜、大阪府では、知事をはじめとする幹部職員による緊急会議が開催され、府内全域の学校休業の是非について話し合われた。一八日未明、厚労省より大阪府内全域の中学・高校の臨時休校の要請を受け、一八日午前一時半、緊急の記者会見において、知事は、「流行警戒宣言」を発し、一八日（月）から二四日（日）まで府内全域の中学校及び高校の休業要請及び、感染者が確認された八市町の小学校・幼稚園・保育所・支援学校の休業・イベント等の自粛を要請した。

ところが、要請を発出する直前に報道が先行し、一八日朝から学校現場は大混乱となる。保護者や生徒からの問い合わせの電話が鳴りやまない中、教委からの指示は現場に一向に届かず、学校現場は朝のニュースの情報のみで立ち往生。知らずに登校してくる生徒への対応も必要となった。休校中の指示や注意事項の指導もできないままの休校突入となった。幼・小の休校は市町村で異なり、多くの問い合わせが殺到した。一方、休校とならない幼・小では登校していない子どもの状況確認等に追われることとなる。現場では、休校期間中の家庭学習課題を急遽準備し、家庭訪問等で届ける、健康観察や学習指導等のため電話にて連絡するなどの負担がのしかかった。電話は、学校の回線だけでは不十分で、個人の携帯電話や公衆電話・勤務時間後に自宅の電話を使用するなど、費用負担・時間外勤務・個人情報保護の面からも課題が浮き彫りとなった。また、慌ただしい休校施策にあって、感染予防のため、不要不急の外出を自粛することが伝わりきらず、カラオケボックスで過ごす中高生の姿が報道されるなど不十分な生活指導面も指摘を受けた。

〈山積する課題〉

一学期半ば、新年度がスタートし、クラスや学習にも慣れ、様々な活動が本格的に始まる頃で、健康診断や泊を伴う学習や体育祭など、各校予定されていた行事がすべて中止や延期となった。現場としては、変更の段どりも大きな負担となった。修学旅行等の校外での活動は、変更によるキャンセル料が必要となり、予約のとり直しも大きな課題であった。そのような中で学期末を迎えたが、休校中の授業時数確保のため、夏休み期間の短縮を行なう市町村も少なくなかった。

このような休校中や学校再開後の現場の課題について、大阪教組の要請・協議により、教員が個人負担した電話料金の給付が決定された。しかし、修学旅行等のキャンセル料や旅行中に感染が判明した児童生徒を迎えに来るための保護者への救援者費用の補償は認められないままであった。一方では、健康状態の把握のため、毎朝の検温とともに健康観察カードの記入が求められたり、感染予防のため、手洗い・うがい、咳エチケットの指導・啓発について強化されたりした。

休校後は、市町村で様式や方法の違いこそあれ、欠席や罹患状況等の報告を毎日求められた。午前一〇時までなどの時間指定を課した市もあり、学校現場は忙殺されることになる。また、国の通知でクラスターサーベイランスのみが求められるようになった後も、対応が変更されない市町村もあり、混乱極まりない状況が続いた。報告内容を精選し事務処理を軽減することや、素早い情報提供がなされることが課題となり、組合の要求活動の柱となった。

また、感染予防の保健指導や啓発活動の強化とともに、市から手指用消毒薬（アルコール）、手洗い用石けん、マスク等が支給されたところも多くあり、その上アレルギー等様々な配慮が欠かせない学校現場に、空間除菌剤まで一方的に送られたところもあった。流行が始まった当初は、皆が試行錯誤であったとはいえ、現場の実態や要望を吸い上げることなく、行政や管理職が守りの発想で指示する対策に振り回されたという印象が拭いきれない。

感染者発生にたいする臨時休業・出席停止の措置は、当初は、地域単位で広域に対策が講じられたため、五月一八日からの府下全域の中学・高校は一斉休校となったが、休業解除後は、ウイルスの感染力や臨床症状の実態が考慮され、自粛要請が緩和されていくことになる。しかし、通知が一転三転する上に、市町村間の判断の違いもあって、混乱はなお続いた。また、感染者だけでなく、感染者の家族等は濃厚接触者として七日間の出席停止を求められたため、解熱後二日で登校再開が可能となる感染者より、濃厚接触者の方が出席停止の期間が長くなるなど、家庭にも負担が大きかった。

感染者にたいして、登校再開時に求められていた主治医の「登校意見書（治癒証明書）」は、医療現場や保護者の負担が大きいこともあって、後に提出を求めないこととなった。府教委は、臨時休業の基準を作成し、ほとんどの市町村も府の通知同様の運用をすることになった。そして二学期以降は、府教委作成のマニュアルに沿うことになった。

〈仲間とともに〉

大阪教組や各単組支部では、府教委や市教委に現場実態の共有や課題解決にむけて要望や申し入れ、協議等を重ねた。

大阪教組養護教職員部としては、一〇月一七日大阪教組教研保健体育分科会で「『新型インフルエンザ・麻疹』大阪の現状と課題」と題して、単組アンケートをリポート報告し、養護教職員だけでなく、参加組合員と意見交流を行なった。この間の実態や課題の交流に加えて、私たちが「うつる病気（感染症）」について、どう考え、子どもたちにどう伝えていくのかについてもみんなで考えたいと投げかけた。行政や管理職が指示する対策に振り回されている実態や泊行事中の発病者の対応、マスコミによる過剰反応的な報道、ワクチン接種勧奨を含む偏った情報提供にたいする問題点など、多くの意見が出された。かつて、学童にたいして行なわれていたインフルエンザ集団予防接種が、市民運動と共闘した日教組運動により廃止となった歴史を振り返り、今後も過ちを繰り返さないとりくみが必要だと再確認し、有意義な交流ができた。

〇九年度の近畿ブロック養護教員部交流学習会が大阪で開催（一〇年二月二七日）されるにあたり、大阪教組養護教職員部の実行委員会と常任委員会は、「新型インフルエンザ」や「うつる病気」に私たちはどう向き合うのか、今一度、考えたい、伝えたい、共有したいと、講演会とパネルディスカッションを実施することを決定した。参加要請を大幅に超える参加希望があり、関心の高さが感じられた。講演会は、ワクチントークや医療問題研究会でも活躍されていた山本英彦医師（当時、大阪府赤十字病院救急救命センター救急部長）を招き、「『新型』インフルエンザ騒動を検証する」と題し、医療現場の立場から講演いただいた。過剰報道された事実とは異なり、新型インフルエンザは通常のインフルエンザと変わらないか、むしろ軽いこと、また、タミフルやワクチンの危険性についてもデータとともに指摘され、冷静で科学的な対応が必要だと話された。続いて、近畿各県代表者をパネリストに、助言者として山本医師と山本春枝日教組養護教員部長（当時）を招き、「うつる病気とどうつきあうか～新型インフルエンザ・麻疹のとりくみを検証する～」をテーマにパネルディスカッションが行なわれた。各県から、実態調査を交えてとりくみが報告され、新型インフルエンザと麻しんについて、教委からの指示や対策等の現状、課題を確認し合い、テーマに迫る交流の場となった。また、温度差はあるものの、混乱し、養護教員が大きな負担を強いられた実態を検証し、今後の感染症対策、運動にいかしていく必要性を皆で共有した。最後に、部長から「新型インフルエンザについては、教職員へのワクチン接種を要望する声が校長会から上がったこと、感染者は迷惑な存在だという考えが根強いことが今回の流行でわかった。うつる病気にたいして人権に配慮したとりくみが必要。情報交流を大切にしながら、さらにみんなで考えていくべきである」との助言を受けた。

一〇年五月二八日、大阪教組定期大会で養護教職員部として討論に立ち、〇九年のインフルエンザ騒動を振り返り、うつる病気にたいする養護教職員部の考え方や今後の課題について意見表明するとともに、大阪教組に結集する単組からの参加代議員にアピールした。

一〇年七月一〇日、大阪教組養護教職員部定期大会後の学習会では、「今後も起きる感染症にどう向き合うのか」と題し、九六年に起こった堺市の病原性大腸菌O157食中毒事件で大阪教組と養護教職員部がどうとりくんだのか、当時の大阪教組養護教職員部長から話を聞き、人権感覚、情報収集力、判断力を磨き、冷静に行動していくことの重要さを改めて感じるとともに、組合でのつながりや運動に学ぶことが大きな力になることを実感した。

〇九年の新型インフルエンザ騒動では、多くの風評被害や人権侵害とも思える過剰反応も含め、多岐にわたる非常に多くの問題点が浮き彫りになった。うつる病気が学校で発生した時、子どもたちを守るつもりで行なう指導や措置の中に、無意識に学校や自分を守ろうとするものがないか。例えば、「出席停止」は「他の人にうつると迷惑だから治るまで来ないで」という無言のメッセージを子どもたちに突き付けていることにならないか。偏った健康意識は、感染症流行時の人権侵害や風評被害につながらないか。人権に配慮した感染症対策や危機管理システムの確立を求めつつ、うつる病気をどう考え、どう向き合うのかについて、広く意見交流しながら、とりくみをすすめていくことが必要であるとの思いから、〇九年から一〇年は機会あるごとに、うつる病気について交流し学びを深めた。

〈たすきをつなぐために〉

一〇年の月日が経過した二〇二〇年、新型コロナウイルス感染症が発生、世界中で感染が拡大した。感染力や病態はインフルエンザとは異なり、同様に論ずることはできないが、市場からマスクや消毒薬が消え、一方、施設や備品は消毒液による消毒作業が求められるなど、〇九年の新型インフルエンザ騒動時に類似した事例が発生した。また、安倍首相による全国一斉の臨時休校要請、「コロナ差別」と評される人権侵害事象等により大きな混乱と負担が強いられる中、学校現場は国や行政から求められる感染症対策に振り回されている。うつる病気をどう考え、どう付き合うべきか。かつて経験したこと、積み重ねてきた学びや交流を活かすと同時に、次の世代に運動を継承していくことも重要であろう。子どもを最優先にした対応ができているか自問自答しながら、とりくみをさらにすすめていきたいと改めて感じている。

日教組養護教員部七〇年史に寄せて

原　美紀

二〇一四年四月からの日教組中央執行委員・養護教員部長としての勤務は、三〇数年間学校現場で養護教員として働き、単組での執行委員経験もなかった私にとって右も左もわからない状態でのスタートであった。そのような中での一四年四月三〇日、学校保健安全法施行規則の「改正」。これまで養護教員部が長らく求めてきた、「座高測定」「寄生虫卵の有無の検査」が廃止されたのは運動の大きな成果であったが、残念ながら現場にまったく即していない「四肢の状態の検査（運動器検診）」が導入された。全国の皆さんに協力していただき、実態調査等を行ない文科省とも話し合いを重ねたが、現場の実態に即したものとはならず、力不足を感じるとともに学校保健における様々な団体の影響力を感じた。また、学校保健安全法改正にかかわる文科省通知に改めて「色覚」について記載されたため、各地で学校での色覚検査が行なわれることとなってしまった。色覚検査廃止までのとりくみはもちろんのこと、養護教員部運動を継続して学習することの必要性を改めて考えさせられた。

単組・ブロックの学習会、日教組養護教員部研究集会では、全国に養護教員のなかまがたくさんいること、日教組養護教員部を支えていただいていることを実感させられた。いつも皆さんから元気をいただき、六年間部長を務めることができたのは言うまでもなくなかまがいたからだと思っている。また、常任委員会作成の「学習シリーズ」は、その時その時の課題について様々な議論を重ねながら作成することで、何よりも私自身の学習となった。遅くまでの会議、宿題等、常任委員の皆さんは大変だったと思うが、非常にわかりやすい冊子ができあがったと思う。若い養護教員が増えてきた今、ぜひ単組での学習に役立てていただきたい。

学校現場の課題は山積しているが、GIGAスクール構想等教育のあり様も、今後、大きく変わっていくことが考えられる。「養護をつかさどる」養護教員として、子どもたちのために、どのような「養護をつかさどるのか」、どのような運動をすすめていくのか、ぜひ皆さんで議論を深め、新たな日教組養護教員部運動を展開してほしい。

＊一四年七月、安倍政権による集団的自衛権行使容認、一五年九月、「安全保障関連法」の強行採決と、成立。座り込みや集会・デモ等、私も連日国会前に通いましたが、阻止することはできませんでした。「積極的平和主義」のもと、年々防衛費は増加しています。養護教員であった千葉千代世さんが提唱された「教え子を再び戦場に送るな」のスローガンのもと、「戦争ができる国」とならないように私たちにできることをしっかりとやっていきましょう！

三　ＨＰＶワクチン

二〇〇九年、厚生労働省（以下、厚労省）は子宮頸がんワクチン（二価ＨＰＶワクチン）（以下、ＨＰＶワクチン）を承認し、新聞広告やテレビのＣＭ等により「唯一予防できるがんワクチン」として公費助成の要請や一〇代女子への接種推奨キャンペーンが行なわれた。

一〇年一一月、「子宮頸がん等ワクチン接種緊急促進臨時特例交付金」として、一〇八五億円の補正予算が成立し、中学一年生から高校一年生までの女子にたいする接種にむけて全国的に自治体独自の公費助成決定や集団接種の動きが広がった。一一年三月、「厚生科学審議会感染症分科会予防接種部会ワクチン評価に関する小委員会ヒトパピローマウイルス（ＨＰＶ）ワクチン作業チーム」がＨＰＶワクチン導入の目的は「子宮頸がんとその前がん病変の罹患を減少させ、子宮頸がんの死亡率を減少させることである」との報告書をまとめた。また同年七月には四価ＨＰＶワクチンが国内承認された。この報告書にたいし、日教組は学習資料「いっしょに考えてみませんか！―子宮頸がんとＨＰＶワクチンのこと―」を作成・配布し、各単組・支部・分会で学習をすすめるよう要請した。当時は、自治体からの依頼を受け、中学・高校で接種推進のためのリーフレット等の配付も行なわれた。その後、ＨＰＶワクチンを接種した子どもたちに副反応と思われるような症状が出てきたことも受け、一三年三月には、「全国子宮頸がんワクチン被害者連絡会」が設立された。

しかし、このような状況下で厚労省は一三年四月一日、予防接種法の一部を改正する法律を施行し、ＨＰＶワクチンの定期接種を開始した。直後に、重篤な副反応報告が相次ぎ、同年六月一四日、第二回厚生科学審議会予防接種・ワクチン分科会副反応検討部会（以下、検討部会）において、「ワクチンとの因果関係を否定できない持続的な疼痛が本ワクチンの接種後に特異的に見られたことから、積極的な接種勧奨を一時差し控えるよう」との見解を示し、自治体などにその旨を通知した。

一八年五月、コクランは「HPVワクチンは、子宮頸がんの前段階の予防効果には高い確実性がある」というシステマティックレビューを公表した。しかし、これにたいして薬害オンブズパースン会議は、「本来あるべき姿のレビューからはほど遠く、看過できない問題がある」として批判的見解を表明している。副反応については、一六年、被害を訴える六三人が、国と製薬会社二社（グラクソ・スミスクライン、MSD）に損害賠償を求める集団訴訟を起こした。二〇年時点ではその数は百人を超えているにもかかわらず、検討部会ではワクチン接種と副反応についての因果関係の証明については検討を行なっていない。

HPVワクチン薬害訴訟全国弁護団によると、全国の原告で重症症例扱いは一九人のみで、この一九人以外の情報は一覧表にごくわずかな経緯が記載されただけで、その詳細な情報は審議の前提にもされていない。さらに、原告のうち一六人については副反応報告さえ行なわれていない状況である。また、厚労省は、「接種歴のない方においても、HPVワクチン接種後に報告されている症状と同様の『多様な症状』を有する方が一定数存在したことが明らかとなって」おり、「『ワクチン接種との因果関係がある』という証明はされてい」ない（厚労省HP「HPVワクチンQ&A」より）として、ワクチンの副反応など接種被害を認めようとしない姿勢のままである。

二〇年一〇月、厚労省は、「ヒトパピローマウイルス感染症に係る定期接種の対象者への周知について」を各都道府県知事へ通知し、「ヒトパピローマウイルス感染症の定期接種の対応について（勧告）」の一部「改正」と、HPVワクチンに関するリーフレットの改訂を行なった。勧告から、「周知方法については、個別通知を求めるものではないこと」や「積極的な勧奨を行っていないことを伝えるとともに」という文言が削除されるなど、問題がある。また、リーフレットは、定期接種の対象者及びその保護者に「公費によって接種できるワクチンの一つとしてＨＰＶワクチンがあること」「接種について検討・判断するためのワクチンの有効性・安全性に関する情報等や、接種を希望した場合の円滑な接種のために必要な情報等を、対象者に届けること」を周知徹底するために改訂されたが、「積極的勧奨は控えている」という文言が削除されている。

リーフレットについては、小学六年生から高校一年生女子を対象に学校を通して配付される実態も出ており、受け取った子ども・保護者に「学校がすすめていること」ととらえられることが危惧される。二一年一月二六日、厚労省は各自治体にたいし、ＨＰＶワクチンの新リーフレットの個別通知を促す再依頼書を送付し、さらなる周知徹底を呼びかけている。

二一年三月現在、ＨＰＶワクチンについて、積極的勧奨は行なわれていないが依然として定期接種のままである。また、国内初の九価ワクチンの製造販売が二〇年七月に正式に承認され、二一年四月には定期接種化の是非について検討を要する論点の整理を行なうことが「厚生科学審議会予防接種・ワクチン分科会予防接種基本方針部会ワクチン評価に関する小委員会」で確認された。さらに二〇年一一月にはＨＰＶワクチンの男性への適応が追加されている。

日教組は厚労省にたいして、「安全性・有効性・必要性」の観点から、定期接種の中止を求めている。今後も厚生科学審議会等の動向とリーフレットの活用状況等を注視しながら、学校現場の実態をふまえ、厚労省・文部科学省（以下、文科省）と協議を継続していかなければならない。

HPVワクチンのとりくみ——福岡県教職員組合連絡協議会養護教員部

二〇〇九年、子宮頸がん「予防」ワクチン（以下HPVワクチン）が承認され、CM等の効果もあって、接種費用の助成を求める声が次々とあがった。それに応える形で、一〇年には国や自治体の公費助成整備がすすめられた。接種対象は中学一年生（一三歳）から高校一年生（一六歳）の女子で、学校へは外部機関から保護者、児童生徒、教職員への意識調査依頼や、ワクチンを宣伝し接種を勧奨するための講演会などの案内が配布された。管理職や養護教員を対象とした説明会も、県内各地で行なわれた。

福岡県教職員組合（当時。以下、福岡県教協）養護教員部では、予防接種をめぐるこれまでの運動の歴史や被害の状況から、「学校のもつ強制力を利用するものだ」「学校から配付することは、学校が推奨しているものという意味をもつ」と反対の声をあげたが、「行政からの情報提供だ」と強制的に行なわれた。

このHPVワクチンは当初、子宮頸がん「予防」ワクチンとされ、「近年増加している子宮頸がんを予防できる唯一のワクチン」とアピールされた。「接種の費用は高額で、それが期限付きで助成される」と保護者を煽り、大々的に接種が勧奨された。また、接種勧奨に伴い子宮頸がんは性感染症としてではなく「がん」としてとらえられ、「がん予防」が強調された。学校では性教育ではなく健康教育として位置づけるよう求められ、「女子が、自分の体と赤ちゃんを守るための接種」と謳われた。「接種させることは保護者の務め」という雰囲気も醸成されていった。

本来、人の生き方は多様なものであり、性の主体性や自己決定について国の施策が介入するものではない。自らの健康は自らのものとしてとらえ、生き方を自己決定するものである。学校でも積極的にＨＰＶワクチンの接種を勧奨するよう求められた。ただ、一切を行政の責任において保護者にインフォームドコンセントを丁寧に行ない、希望者のみに実施するという体制を整えた自治体もあった。

福岡県教協養護教員部健康問題検討委員会は、厚労省や文科省の動きから、ワクチンの必要性、有効性、安全性と、接種勧奨の問題を整理しながら経過を追って、資料集を作成した。それをもとに、県内各支部での学習をすすめた。学校からの安易な勧奨につながらないよう、また体調不良を訴える生徒への学習環境などへの対応について、養護教員部以外にも問題提起をした。

福岡県教協養護教員部では、ＨＰＶワクチンによる副反応被害により学校生活が維持困難にある生徒の対応についての調査を行なうとともに、全国子宮頸がんワクチン被害者連絡会の方々と、福岡支部を発足させた母親および当時高校生だった被害者本人に話をうかがい問題を共有した。全国的な被害の状況とともに、接種に至った経緯、被害の実情、行政との交渉、学校とのやりとりなどについて現状にたいする理解を深めた。

接種後の急激な体調の変化について、接種した医療機関では「ワクチンの副反応ではないか」という見方はまったくとり合われず、医師は態度を硬化させ、治療もされない状況であること。副反応という証明も、行政とのやりとりも非常に困難で遅々としてすすまないこと。極度の倦怠感や痛みでからだがつらいにもかかわらず、治療法がないこと。学習を継続させるために学校と話し合ったこと。教育職員として、保護者や子どもにたいして学校は圧力をもつという自覚はこれまでもあったが、とりわけ、接種に至った経緯について、「中学校から接種に関する文書が配られた。学校が配付するということは、接種した方がいいのだろうと考え、接種した」ということばを、現実の被害を受けた方から直接聞いたことは衝撃だった。自分たちが一番恐れていたことが現実になってしまったということから目を背けず、決してこのまま看過してはならないと、ともにたたかうことを確認した。

厚労省は、広範な疼痛や運動障害などの副反応は「心身の反応」と結論づけ、診療・相談体制や協力医療機関を設けるなど、対応をしているという形だけをつくっている。実際の運用が被害者の症状や負担を軽減するものとなっていないことからも、当事者の声を聞くことの重要性が痛感できた。

二一年三月現在、ＨＰＶワクチンの積極的な勧奨は差し控えられたままではあるが、接種自体は中止になっていない。また、「早急に勧奨を再開するべきだ」という声も根強くある。そのような声を受け、積極的な勧奨はできないとしつつも、行政から保護者への予防接種関連配付物にＨＰＶワクチン接種についての情報が記載されているものがある。

福岡県教協養護教員部は、当事者の声を聞いたことで学校のもつ強制力を再認識し、学校への配付依頼に注視している。「予防接種は、保護者同伴のもとで接種者の体調の良いときに、かかりつけ医で接種する個別接種が基本である。またその予防接種の効果や副反応について、十分な説明（インフォームドコンセント）を受け、決定することが大切である」という日教組の基本的な考え方のもと、ＨＰＶワクチンをめぐる問題にとりくんでいる。

福岡県では、一五年、学校での集団フッ化物洗口事業問題を契機に市民団体「子どもの健康をまもる会」（以下、「まもる会」）が設立された。「まもる会」では、フッ化物の問題だけではなく、現在福岡県で行なわれている「ＨＰＶワクチン薬害九州訴訟」裁判を継続して傍聴し、被害者側からＨＰＶワクチンをめぐる問題を追って、訴訟の行方と被害の現状、接種勧奨の状況をニュースレターで発信している。毎年開催されている講演会では、学校での集団フッ化物洗口問題や香害の問題などとともに、予防接種問題についても学習が行なわれている。

「福岡県母と女性教職員の会」は、厚労省や文科省、福岡県への要請行動において、HPVワクチンにより被害を受けた子どもの母親からも繰り返し実情を伝えてもらい、救済措置を求めるとともに、過ちを二度と繰り返さないよう声を届けている。

福岡県教協養護教員部は、これらの団体と連携し、とりくみをすすめている。

医療の場では当然のことになっているインフォームドコンセントだが、学校現場では、十分な情報提供がなされていない。フッ化物洗口においても、洗口をさせたい側の「情報を提供すると、するかどうかを迷ってしまう」というパターナリズムにより、インフォームドコンセントとは反対の考え方ですすめられている。ワクチン接種勧奨も、接種を選択する側に与えられる情報の提供方法は丁寧とは言えない現状がある。当然のように接種が勧奨され、子どもの年齢に沿ったスケジュールを示される状態は、接種することを本当に選択したといえるだろうか。大人の都合で同時接種も推奨されている。しかし、それでも副反応が起こった場合は「自己責任」となる。

病気を「予防」するために行なった予防接種で、子どもに生きられるかどうかというくらいの強い反応や後遺症が残り、その上、医師に「ワクチンが原因だと証明されない限り、予防接種での反応だとはいえない」と言われ、受けさせた保護者には悔やんでも悔やみきれない思いがある。それにもかかわらず、健康被害を受けた子どもたちは、「たまたま、そういう体質だったのだろう」と言われ、被害が認められることは非常に稀である。ワクチン接種を考えるとき、救済制度のことだけでなく、その運用がどのように行なわれているのかを知らせるべきだろう。ワクチンは、生体にとって異物である。「病気が予防できる」

「接種しても副反応はない」と言い切れるワクチンは存在しない。必要性、安全性などが十分に説明され、当事者がそれらを理解した上で「受けるかどうかを決める」ことが基本となる。しかし、インフォームドコンセントが成立しないのならば、養護教員として子どもたちに何を伝えるべきかと、福岡県では教研の学校保健分科会の場で論議を続けている。

私たちは、養護教員として子どもたちが自分のからだに関心をもち、自分のからだのことを自分で決められるようにする力をつけてほしいと願うとともに、子どもたちがその意思を表せる環境をつくることが不可欠だと考えている。そして、私たちは子どもたちの決定を尊重するべきだと考える。

現在、新型コロナウイルス感染症について感染拡大防止策として学校でも様々なことが行なわれ、医療行為を学校で行なうことへのハードルが下がっていると感じる。ワクチン接種についても様々な動きがあるが、福岡県でも再び学校を地域の接種会場とする自治体がある。私たちは、これまでの運動の歴史をふまえ、今後もアンテナを高く広く張り、とりくんでいく。

学校を通した「リーフレット配付」に対するとりくみ――岡山県教職員組合

一．はじめに

二〇一九年九月中旬に、ある中学校からの情報提供で、岡山県健康福祉部健康推進課（以下、健康推進課）が作成した「子宮頸がんの予防に関するリーフレット」（以下、岡山県版リーフレット）が、岡山県教育委員会（以下、県教委）や、各自治体の教育委員会を通さず、直接、学校へ女子生徒の人数分送られてきたことがわかった。

岡山県版リーフレットは、事前の説明も十分でなく、突然学校に送られてきた。岡山県教職員組合養護教員部（以下、養護教員部）が確認すると、県下の小学校・中学校・高等学校の全校の接種対象者（小六～高一の女子）への配付が始まってから約三週間が経過し、「既に配付した」という学校も多かった。しかし、国が積極的推奨をしていない状況で保護者に何の説明もなく、学校を通して配付してよいものか、疑問に感じ、悩んでいるという養護教員の声を聞き、早急に組合としての方向性を決め、判断材料を提供する必要があると考えた。そして養護教員部は、岡山県版リーフレットの問題点や県内の状況を組合員に伝えるべく、岡山県教職員組合（以下、県教組）執行部とともにとりくんだ。

二．岡山県版リーフレットについての問題点

①県は、ワクチンの有効性やリスク、判断情報を提供するとしているが、国がまだ「積極的な勧奨を一時的に中止」していることが記載されていない。

厚労省が作成したリーフレット（一八年度版）ではワクチンによる副反応や被害の状況について大きく記載されているが、県のリーフレットには副反応についてはほとんどふれられていない。県は、ワクチンの有効性やリスク、判断情報を提供するとしているが、子宮頸がんワクチンの接種をすすめる方向性の偏った内容となっている。

②ＨＰＶワクチンが子宮頸がんを予防する効果は現段階では証明されていないことが、記載されていない。

ＨＰＶワクチンは日本での接種が開始されてから一〇年しか経っていないため、その効果についてはまだ検証できない。厚労省のリーフレットには一ページめにそのことについて記載されているが、県のリーフレットは、その上にある図のみ引用し、ＨＰＶワクチンについての詳しい情報は載せていない。

③学校を通して配付するということで、保護者や子どもは「受けた方がよいもの、安全なもの」と受け止めてしまう。

学校は協力する立場として配付しても、保護者からは学校がすすめていると思われがちである。接種による事故が起きたとき、「学校がすすめたものだから受けた」と被害を受けた子どもや保護者から言われたら、何と答え、その責任は誰がとるのだろうか。

三．経過ととりくみ（一九年度）

（○＝養護教員部のとりくみ　●＝県教組執行部のとりくみ　☆＝他団体との連携）

九月中旬

○岡山県版リーフレットについて養護教員部に第一報が入り、リーフレットの内容や、配付依頼の経緯など情報収集を行なう。

○今後のとりくみ、各分会への情報提供の内容検討や学習資料作成等について相談し、県教組執行部へ状況を伝える。

●養護教員部とともに対応を検討する。

九月下旬

○養護教員部全員に、各支部の役員を通して、今回のリーフレットについての問題点やとりくみについて連絡する。

●県教委（教職員課を通して保健体育課）に今回のことについて問い合わせ、状況を確認する。

●県教組執行委員会で議題としてとりあげる。

○養護教員部で、ＨＰＶワクチンについての学習資料を作成する。

●全分会の分会長宛てに、今回のリーフレットについての情報提供やとりくみについて連絡する。

具体的な対応としては次の二点

①配付に当たっては管理職・養護教員等と相談して、「配付しない」「厚生労働省のリーフレットと一緒に配付する」「国はワクチン接種を積極的にすすめていないことや、ワクチン接種のリスク等を記載した付け紙を作成し、リーフレットと一緒に配付する」など慎重に対応する。

②配付が終わっているところは、厚労省のリーフレットの内容を児童・生徒に伝え、学校からの「お便り」などを通して、児童生徒、保護者に慎重な対応をしてもらうよう情報提供を行なう。

●県教委に問い合わせ、「岡山県版リーフレットの配付は、学校判断でよい」と回答を得る。

一〇月上旬

●県教委保健体育課に経緯について確認する。

●県教組中央委員会で中央委員に経過報告を行なう。

○養護教員部長より、養護教員が組合に加入していない分会でもとりくんでもらえるよう協力を依頼する。

●岡山県版リーフレットの問題点と今回のとりくみ、県教委の回答についてＯＴＵニュース（県教組の情宣紙）号外を配付する。

一〇月中旬
〇「県教委保健体育課との話し合い」の場で岡山県版リーフレットの件について、問題点や状況を伝える。

一〇月下旬
〇県教研保健教育分科会で、学習資料を使用し、参加者とともに学習する。[※1]
☆HPVワクチンや薬害訴訟全国弁護団（以下、弁護団）が、岡山県が作成したリーフレットの使用中止を求めて県に申し入れを行なう。
●県教組執行委員長より弁護団に連絡を入れる。弁護団の要請書全文と申し入れの写真の掲載許可をとり、OTUニュースに掲載する。

一一月上旬
☆弁護団が岡山県教組を訪問。県教組執行部、養護教員部の代表と情報交換する。

一一月下旬
〇養護教員部学習会の中で、弁護団から「HPVワクチン副反応被害と被害者の状況」について報告を聞く。

※1　県教研での学び
情報交換をする中で、実際に岡山県版リーフレットを読んだ保護者から学校に問い合わせがあった事例も出てきた。配らざるを得なかった場合には、子どもや保護者にどう伝えるか校内で話し合った学校や、厚労省のリーフレットを一緒に配った学校が多かった。子どもに両方のリーフレットを使って、簡単に説明し、

持ち帰らせた養護教員や、組合に入っていない若い養護教員に、厚労省のリーフレットを渡し、保護者から尋ねられた時には参考にしてもらうようアドバイスをした養護教員もいた。なかまの実践を聞きながら、情報の選択や提供の仕方を一緒に学ぶことができたことは大きかった。

四．二〇年度の経過ととりくみ

八月下旬　県教委保健体育課から県教組執行部に、情報提供が入る。

・健康推進課から、岡山県版リーフレット（昨年配付と同様）の配付依頼が県教委に来ている。

今年度は、小六と高一の児童生徒その保護者が配付対象となっている。

・県教委が作成した付け紙のひな型を各自治体の教育委員会に送っている。

・岡山県版リーフレットは健康推進課から自治体の福祉課に送っている。

●専従が、各自治体の教育委員会に様子を聞く。

○昨年のとりくみを参考に文書を作成し、全分会に配付する。

●県教委保健体育課と「配付の判断は、地教委・学校が行なうこと」を確認する。

○各支部の役員に連絡を入れて、全組合員と情報共有する。

一九年度、執行部とともにとりくみ、県教委保健体育課との話し合いの場をもっていたことから、事前に情報提供を受けることができたこと、県教委が保護者への情報提供として、ＨＰＶワクチンの副反応にふれた内容で付け紙のひな型を作ってくれたことはありがたく、とりくみの一歩前進ととらえたい。しかし、その後、健康推進課から、ワクチンの必要性も書き加えるよう県教委に依頼があり、付け紙は差し替えられた。

校内では、一九年度の学習を活かし、管理職や他の教職員と相談して対応することができた。校長会で「配付を慎重に」という声が上がった自治体や、小学校でのリーフレットの配付を見合わせた自治体もあった。一方で、自治体から直接保護者宛てに封書で個別配付されてしまい、学校からの手だてがとれなくなった地域もあった。

五. 今後の課題ととりくみ

二〇年度は、新型コロナウイルス感染症の流行により県養護教員部学習会をもつことができなかったため、厚労省改訂版リーフレットや弁護団の申し入れ文書を資料に支部ごとの学習を行なうよう呼びかけた。

岡山県のＨＰＶ予防の情報提供（リーフレット配付等）は三年計画の事業のため、二一年度も何かアクションがあるだろうと予想される。また、今回のとりくみのなかで、もう一度ＨＰＶワクチンについて学習する必要があるという声が組合員から上がった。ここ数年新採用の養護教員も増えていることや、組合員が減少していることから、従来のとりくみだけでなく、組合という枠を超えてさらに多くの人と学びを広げる必要があると感じる。

養護教員の皆様のやさしさに助けられ

天笠　啓祐

　突然、当時養護教員部長だった馬場町子さんから電話をいただきました。研究協力者として、日養研に来てほしいというものでした。深く考えることもなく、研究協力者がどのようなものかもわからず、二つ返事で承諾し、真夏の越後湯沢で開催された日養研に伺いました。まさかそれから二〇年以上も研究協力者として養護教員の方々とお付き合いするとは、思ってもみませんでした。

　その日養研で、最初の頃は、まったく体験したことがない研究協力者という立場に戸惑うばかりだったのを覚えています。私が活動している分野は、環境や食の安全、原子力、遺伝子といったテーマで、私自身は執筆活動を中心にしてとりくんでいるジャーナリストです。消費者団体や生協との付き合いはあったのですが、日教組との付き合いは初めてでしたし、実は労働組合との付き合いも初めてでした。

　幸い研究協力者の一人に、顔なじみの里見宏さんがおられ、一つひとつ教示いただき、なんとか過ごすことができたことを、いまさらながら鮮明に記憶しています。それから二〇年以上経っても、いまだに研究協力者の立ち位置が理解できていないというのが正直な気持ちです。いつになったら大谷尚子さん、山田真さんのように、ゆとりをもった研究協力者になれるのかと思いつつ、いまでも分科会で養護教員の方々の前に座っていると、緊張のしっぱなしで、逃げ出したい思いをもつこともしばしばです。それでも継続して座っていられるのは、養護教員の皆さんのやさしさのおかげです。

　実は私には小学校時代に次のような保健室での経験があるのです。私は、幼いころから病弱でした。アレルギーもあり、学校もよく欠席していました。勉強もほとんど行なわなかったため成績は悪く、小学校時代の成績というと五段階評価の三以下しかなく、ほとんどが一か二でした。特に悪かったのが体育で、いつも一でした。学校では、保健室にいることが多く、担任よりも養護の先生と仲が良かったのを覚えています。今でいう、保健室登校に近かったのかもしれません。そのようなこともあって、クラスでの担当は、必ず「保健委員」でした。なぜ研究協力者になったかというと、そのような原体験があったからかもしれません。

　ジャーナリズムの最前線で、様々な課題にとりくんでいると、日養研で議論する課題と重なることが多く、分科会では現場の生の声を聴けることから、いつのまにか私にとっても大切な場になりました。いま社会の矛盾が最もしわ寄せされているのが、子どもたちの健康であることをひしひしと感じ、そこでとりくんでおられる養護教員の皆さんと一緒に活動できることを、とてもうれしく思いますし、誇りに感じています。日教組養護教員部がこれからもいっそう、社会の矛盾と闘いながら子どもたちを守り続けていかれることを、心より期待しております。

第三節　集団フッ化物洗口・塗布導入阻止へのとりくみ

日教組養護教員部は、一九八一年から運動方針としてフッ素洗口反対を明確に位置づけ、これまで運動を展開してきた。フッ素には、全身への害作用があるという説、必須栄養素なので過剰摂取しても害はないとする説の両面があり（賛否両論）、安全性が完全に確立していないため、このような薬品を学校という場で使用することは問題があるとして、「疑わしきは使用せず」の立場から反対してきた。また、フッ素は「安全性・有効性・必要性」の観点から見ても多くの疑問が残るものでもあった。

フッ素洗口は敗戦後、アメリカ軍司令下における沖縄にたいする政策や京都府山科における実験で、斑状歯増加など上水道混入のメリットに疑問がもたれて中止になったいきさつもあり、また、歯科学会においても「う歯」の減少は評価するが、斑状歯などの身体阻害も多いことから、なお検討の必要があると、学会を二分する議論となっていた。八一年当時、日教組養護教員部が文部省と交渉を行なった際にも、「フッ素の効用には学術的にも賛否二分するところであり、強制の意思はない」と文部省も明言していた。当時、日教組養護教員部では、学校を会場に行なわれている「フッ素洗口」にたいしては、賛否両論ある中で、「疑わしきは使用せず」の観点から反対の立場でとりくみ、全国的には減少の動きとなっていた。

しかし、九九年一一月の「フッ化物応用についての総合的な見解」最終報告で、日本歯科医学会医療環境問題検討委員会フッ化物検討部会が、フッ素の「有効性」「安全性」が確認されたとしてむし歯予防にフッ素を推奨するとしたことや、二〇〇〇年「健康日本21」、〇三年「健康増進法」、「フッ化物洗口ガイドライン（以下ガイドライン）―厚生労働省医政局長・健康局長発―」など一連の厚生行政の動きと、これを機にフッ化物をすすめようとする推進派歯科医師たちの強力な働きかけにより、二〇〇〇年以降学校へのフッ化物洗口導入の動きがすすみ、その後も急速に拡大し、モデル校が設置されるなどの動きを経て、現在に至っている。

日教組養護教員部は「子どもの健康権確立」にむけ、毎年、文部科学省（以下、文科省）と厚生労働省（以下、厚労省）にたいして要請行動を実施してきた。この中で、「賛否両論あるフッ化物洗口は学校現場で、集団で実施すべきではない」として中止を求めてきたが、文科省・厚労省ともに、あくまでも「実施は設置者の判断」であり、各都道府県を指導する立場にはないとの見解を変えることはなかった。

二〇〇〇年から二〇二〇年までの文科省・厚労省の回答要旨は次の通りである。

〈文科省の回答要旨〉

フッ素洗口については、むし歯予防の保健指導で扱われる「小学校歯の保健指導の手引」が平成四年に作成された。この手引に、むし歯予防対策の一つとして書かれている。賛否両論あることは認識しているが、ＷＨＯ、日本歯科医師会でも効果として安全性が確認されている。学校現場での実施を推奨する立場にはない。各地で行なわれている現状は知っている。学校歯科医の管理の下、教職員・保護者が必要性を理解し同意を得て行うべきものと考えている。

〈厚労省の回答要旨〉

フッ化物応用については、公衆衛生効果があるとエビデンスがあってすすめられているもの。「フッ化物洗口ガイドライン」はフッ化物洗口をする時に、どのようにやるべきかを明記したものであり、集団フッ素洗口を推奨しているということではない。学校・地域の実情をふまえて実施するかどうかを判断してほしい。厚労省として、やる、やらないを指導する考えはない。

二〇〇〇年から二〇〇五年の集団フッ化物洗口導入への経過ととりくみ

二〇〇〇年二月、厚生省は「健康日本21」の中で、一次予防として「生活の質の向上」を掲げ、歯においては、幼児期のう蝕予防の目標として「フッ化物歯面塗布を受けたことのある幼児の増加」、学齢期の目標として「フッ化物配合歯磨剤使用の増加」が掲げられた。このことにより、学校現場で集団フッ素塗布・洗口導入の動きが全国的に出始めることとなった。〇〇年一一月末、厚生省の歯科保健課が「(住民合意を条件として)水道水フッ素添加容認」について発表をした翌日、日教組は日本フッ素研究会、ほか一六団体とともに「むし歯予防へのフッ素応用反対全国集会」を東京で開催した。会場では、各地の反対へのとりくみ状況の報告や、様々な意見交換がされ、大いに盛り上がった。

〇一年の第二一回フッ素研究会では、学術上の争点を整理するため、「飲料水の安全性と集団フッ素の危険性を問う」をテーマに、ダイオキシンのリスク評価の第一人者であるセントローレンス大学(アメリカ)ポール・コネット教授による講演「科学者として水道水フッ素化に反対する」が行なわれた。日教組は『学習シリーズ⑨いま、なぜフッ素なのか~その現状と問題点をさぐる~』を作成し、全員購読をすすめるとともに、学習を深めた。また、他団体との共闘をはかるなど、とりくみの強化を行なった。

〇二年五月、薬害オンブズパースン会議が「水道水へのフッ素添加についての意見書」をまとめ、厚労省へ提出した。この意見書の主旨は「水道水へのフッ素添加は、危険性が相当な程度で予測され、危険性を上回る有益性はない。健康権、個人の自己決定権などを侵害する。したがって、水道水へのフッ素添加は行うべきではない」というもので、その後のとりくみの大きな弾みとなった。〇二年第二二回フッ素研究会において、仙台市内科医の加藤純二さんは講演の中で、「仮に仙台市の水道水にフッ素を添加した場合、一四歳までの子どもが飲料水として使用する水道水は、家庭用水の〇・〇〇五七%から〇・一一四%

程度であり、添加したフッ素の九九・八％～九九・九％が下水に流れるだけで、むし歯予防とは無関係であり、『安全性・有効性・必要性』の観点からやはり問題」と指摘した。

一方、厚労省医政局歯科保健課は、各都道府県・政令市・特別区歯科保健担当に通知を出し、全国でフッ化物洗口法の集団応用に関する実施調査を始めた。趣旨は、「健康増進法」の成立に伴い、「健康日本21」における「歯の保健」の数値目標等の改定を行なうというもので基礎資料収集のために、学校・園などの施設で行なわれているフッ化物洗口法の普及状況を正確に把握する目的のものであった。「健康増進法」の成立を機に、一気に導入しようとする意図が見え、危機感をもって今後の動きに注意する必要があった。

〇三年一月、厚労省は「フッ化物洗口ガイドライン」を作成し公表した。文科省もガイドラインを周知する旨の通知を出した。これにより、学校におけるフッ化物洗口が強力にすすめられることが大いに懸念された。

このような中、八月、薬害オンブズパースン会議が「フッ化物洗口を集団（四歳から一四歳対象）に行うべきではない」とする「フッ化物洗口の集団適用に関する意見書」を提出した。意見書の中には、厚労省医政局・健康局長が各都道府県知事にたいし配付した「フッ化物洗口ガイドラインについて」と、厚生労働科学研究「フッ化物応用に関する総合的研究」班編「う蝕予防のためのフッ化物洗口実施マニュアル」についての問題点が明確に指摘されている。意見書の最後には「集団にう歯予防目的でフッ化物洗口を展開することは、個人の自己決定権を侵害する違法な公衆衛生政策である」と明言されている。一一月には「『厚生労働省のフッ化物洗口ガイドライン』を問う全国集会」が日本教育会館にて開催された。薬害オンブズパースン会議による意見書の報告や、日教組養護教員部長から日教組のとりくみの経過、茨城県教職員組合からは現状と、とりくみの報告がされた。フッ素洗口の反対運動は大変厳しいものであるが、自分たちの主張は間違っていないということ、これらの運動の正当性が確認できた交流であった。

〇四年の「フッ素洗口・塗布に反対する全国集会」は「WHOテクニカルレポートの誤訳問題とフッ素洗口の有効性に関するコクランレビュー」についての報告、滋賀県からは保護者の立場からの意見、さらに山梨県教職員組合、佐賀県の市議会議員、秋田市職労書記局、佐賀県、奈良県、宮崎県、北海道と各地の現状やとりくみの報告がされた。一二月には、当時発表されたコクラン・システマティック・レビューの内容である「集団フッ化物洗口の安全性を論ずる以前に、有効性にも決定的な問題がある」ということから「歯磨きをしていればフッ素洗口の有効性はほとんどない」との文書を一二団体の代表者連名で、各関係省庁・都道府県・政令市関係機関、団体へ送付した。

そのような中、〇五年、「学校における学校歯科医のためのフッ化物応用ガイドブック」が日本学校歯科医会から出され、その中には「保健管理としてのフッ化物応用は地域の歯科医療機関にゆだねてもよい」という内容が含まれていた。

〇六年　集団フッ素洗口を考える公開討論会

全国的にフッ素についての関心が高まる中、〇六年一月には、秋田県教職員組合・自治労・市民団体で構成された「集団フッ素洗口を考える会」が主催し、フッ素に関して見解を異にする人たちが互いに議論し合う全国初の討論会が秋田県にて開催されることとなった。全国各地から予定数をはるかに上回る四〇〇人余りが集まった。推進派の主張を論破するためには、さらなるデータの収集や常に子どもの側に立って考えていくことが大切であることを痛感する内容であった。次の六点については、この会で確認することができたものである。

①フッ素は薬剤であり、扱いは慎重にしなければならない。

②フッ素の有効性安全性を主張する側は、歯科領域での判断に過ぎず、子どものからだ全体を見ていないことを明らかにした。

③フッ素洗口実施において現場には何ら問題はないと断言する姿勢に、推進側にとっては子どもの健康や安全への検証はなく、子ども不在の施策であることが明らかになった。

④医療費削減のため、フッ素洗口は必要な施策だと明言したことにより、フッ素洗口の目的が明らかになった。

⑤小児科領域では集団を対象に考えない。

⑥フッ素と骨肉腫の関係に疑問が残る。

〇六年一一月、明海大学、筧光夫さんらにより「フッ素で、再石灰化はしない」と報告がされた。フッ素がう歯予防の科学的根拠としてきた内容を根底から覆す内容であった。

〇七年から一〇年 ガイドラインにたいする署名・要請行動

厚生行政の動きと、これを機にフッ化物応用をすすめようとする推進派の力が大きくなる中、〇七年一〇月、日教組は学校などで行なわれている「集団フッ素洗口」の根拠となっている「フッ化物洗口ガイドライン」の撤回を求めて、全組合員による署名活動にとりくんだ。「フォーラム平和・人権・環境」など、他の労働組合の協力も受け、四一万九千筆もの署名を集めることができた。この署名は、〇八年二月の要請行動において山本春枝養護教員部長から「四一万人以上の署名に込められた願いに誠実に回答してほしい」と厚労省・文科省に届けられた。

また日教組は全国への署名活動と併行して市民団体とともに日本弁護士連合会・人権擁護委員会にたいして「むし歯予防へのフッ素応用（集団フッ素洗口・塗布）による人権侵害に対する救済」の申し立てを行なった。「集団フッ素洗口並びに集団塗布の中止を政府と自治体にたいして勧告するよう、特に、6歳未満のフッ素洗口と塗布の集団実施は、直に中止するよう勧告をお願いしたい」というものであった。日弁連は、〇八年一二月、日教組および市民団体にたいして申立人として、「医学的知見に関する問題」について、また、〇九年三月には、山形県・滋賀県・佐賀県の養護教員三人にたいして、意見陳述人として「フッ素洗口等の説明内容や実施状況」について事情聴取を行なった。日弁連からは「具体的な事故等の事例」について多くの質問が出されたが、学校では細心の注意をはらって実施しているため、中止に結びつくような事例には至らなかったのである。しかし、日弁連の動きは今後の運動に大きな弾みとなった。

日教組養護教員部常任委員会は、「集団フッ素洗口等に関する実態調査」をまとめた。さらに『学習シリーズ⑰「むし歯を学ぶ・むし歯で学ぶ」〜パート3〜』を作成し、各単組への学習を提起した。

一一年からの運動の経緯

一一年二月、日弁連は「集団フッ素洗口・塗布の中止を求める意見書」を厚労省・文科省・環境省に提出した。その内容は、う蝕（むし歯）予防のために、保育園、幼稚園、小学校、中学校、特別支援学校等で実施されるフッ素洗口・塗布には、安全性・有効性（予防効果）・必要性、相当性・使用薬剤、安全管理（実施上の安全性）等に問題点が認められる、さらに追跡調査がなされていないことや、廃液による環境汚染は水質汚濁法に違反していること、また自己決定権侵害・知る権利の侵害・プライバシー権侵害など、政策遂行上に違法性の疑いがあること等を指摘し、その上で、厚労省、文科省、各自治体及び各学校等の長にたいし、医薬品・化学物質に関する予防原則及び基本的人権尊重の観点をふまえ、学校等で集団的に実施されているフッ素洗口・塗布を中止するよう求めるものであった。

この意見書は、私たちの運動の大きな力となった。

しかし、同年八月「歯科口腔保健の推進に関する法律」が施行、「基本的事項」（一二年七月）の告示を受け、全国各地で歯科保健条例が制定されることとなった。これらの条例により学校での集団フッ素洗口の拡大は一気にすすんできている。

一二年、「健康日本21（第二次）」が策定され、目標に「一二歳児の一人平均う歯数が一・〇歯未満である都道府県の増加」と都道府県別の順位も記載されたことにより、フッ素洗口導入に拍車をかけた。

一六年、保健研究委員会は、「養護教員と『健康施策』とのかかわり～学校での食物アレルギー対応と『くすり』を中心に考える～」の調査報告書を作成した。報告では、学校管理下での集団フッ素洗口・塗布について現状から課題をまとめている。その中では、「学校では一人ひとりに応じた歯科保健指導を大切にし、『疑わしきは使用せず』の立場で、『安全性・有効性・必要性』の観点から『くすりに頼らない健康教育』をすすめていくこと、子どものいのちと健康を守るために何ができるのか、私たちがめざす養護とはなにかを問い直していきたい」とまとめている。

一七年、日教組養護教員部「子どもの健康問題対策委員会」において、集団フッ素洗口・塗布について組合加入単組の協力を得て調査を行なった。この調査では、学校で薬品を保管・使用することへの不安、環境汚染や安全性の問題、効果や賛否を問うなど必要性の問題、子どもたちへの健康被害への不安、導入時・導入後の問題、学校で実施することの問題や多忙化の問題が出された。学校は教育の場であり、医療の場ではない。なぜ、むし歯予防のみ薬品を集団で使用するのか、そのおかしさに気づき、疑問をもつことの大切さを広げ、草の根の運動を展開していく必要性を感じた結果となった。

また、これまでの経緯の中で、様々な学習会、厚労省・文科省との交渉、各単組や市民団体とのとりくみの現状報告、反対運動などから集団フッ化物洗口・塗布において、改めて見えてきた課題は、次のようにあげられる。

①「安全性・有効性・必要性」の観点から問題がある。

②学校保健安全法には「フッ化物洗口等でむし歯予防を行う」とはなっていない。

③歯科医・医師の間でも賛否両論あるものを、教育の場である学校で集団実施するのは問題がある。

④むし歯は年々減少しており、薬品を使用して予防する状況ではない。

⑤劇薬であるフッ化ナトリウムを使用すること・学校に保管すること・洗口薬を学校職員が作ることは薬事法上も問題がある。

⑥学校は教育の場として、薬物ではなく、健康教育・保健指導でむし歯予防にとりくんでいる。

⑦学校で行なう集団フッ化物洗口等の申し込みにはフッ素のむし歯予防効果のみが記述され、副反応の可能性については記述されていないことが多い。

⑧学校での集団フッ化物洗口については、無言の強制力が働き、「洗口しない」と言いにくい状況がある。

⑨洗口時の子どもの様子や問題を現場から上げにくい状況がある。

さらに、教職員が担当する準備や後片付けなどのための時間外勤務や、実施中の子どもたちの見守りにかかる時間といった実態は、多忙化解消に逆行しており、現場の負担はますます大きくなっている。日教組は養護教員部だけの運動とせず、職場全体の課題としてフッ化物洗口導入阻止にむけて運動をすすめるために、一七年に職場討議資料（**資料**：日教組職場討議資料）を作成し、各単組及び分会での学習につなげるよう提起した。

二〇年、新型コロナウイルス感染症が大流行し、学校現場の限られた洗口場所で一斉にフッ化物洗口を実施することは、飛沫感染の機会を増やすことにならないか危惧される。現に、一時中止にしている自治体、学校もある。しかし、これからも、再開あるいは新たに導入される懸念があることから、それを阻止するために今後のとりくみはさらに重要となる。

＊注釈：以前は「フッ素洗口」という言葉を当てていたが、ここ二〇年の間に劇薬のフッ素との区別のため「フッ化物洗口」という表現に変わっている。ただし、本項においては、以前の活動の名称についてはその当時の表現のまま掲載した。

【参考資料】

- 日本教職員組合養護教員部編『学習シリーズ⑨「いま、なぜフッ素なのか～その現状と問題点をさぐる～」』アドバンテージサーバー、二〇〇一年一一月
- 日本教職員組合養護教員部編『学習シリーズ⑬「いま、なぜフッ素なのかパート２」』アドバンテージサーバー、二〇〇五年七月

資料　日教組職場討議資料「日教組教育新聞」二〇一七年一二月一五日（号外）

1 2017年12月15日（金曜日）日教組教育新聞　（号外）

12月15日（号外）
JTU
日教組 教育新聞
発行所
〒101-0003 東京都千代田区一ツ橋2-6-2
日本教育会館
日本教職員組合
電話03(3265)2171 FAX03(3230)0172
（代金は組合費に含まれています）
http://www.jtu-net.or.jp

職場討議資料・全組合員配布

法に基づかない学校での検査やくすりを使った病気の予防等について考えよう

学校は、児童生徒が学校生活を送るにあたり支障がないかどうかをスクリーニングし、児童生徒の健康状態を把握するため、学校保健安全法に基づき、健康診断を行っています。

しかし、法に基づかない形で検査や予防接種などが学校に入ることがあります。

日教組は、この間、子どもたちの健康を守るために小中学生の胸部レントゲン集団撮影の廃止、健康診断の改正、学校におけるインフルエンザなどの集団予防接種廃止などを実現してきました。

かつて、実施主体である行政は学校を会場に、インフルエンザ・結核・二種混合（破傷風・ジフテリア）・風しんなどの予防接種を行っていました。しかし、注射針の使いまわしの問題や、保護者が付き添っていないことから起きる問題、何より子どもたちに起きるさまざまな副作用に即時に対応できないことなどから、組合運動の中で粘り強く行政と話し合いを重ね、現在では医療現場での保護者付き添いによる個別接種となっています。

日教組は、学校が「集団に医療を行う場」として使われていた集団予防接種の廃止運動を機に、学校は「教育の場」であることを確認し、それぞれの学校現場で子ども自身が自らのからだについて考えたり、健康について様々な情報を得たりする教育やいのちと健康をまもるとりくみを展開してきています。

現在、「集団フッ素洗口」、「ピロリ菌検査」などが導入されてきています。そして、子どもたちが受けた健康診断の個人情報がビッグデータとして医学研究に利用されるという動きも起きています。法に基づかない形で、学校に「医療」が導入されていないか、また学校が市場化されていないか、集団である学校で行うことの問題について考えましょう。

集団フッ素洗口

集団フッ素洗口とは？

フッ素入り洗口液（希釈前は劇薬指定、地域によっては工業用試薬を使用）で週1回、30秒から1分口に含ませ、ぶくぶくうがいをする。

基本的には、フッ素洗口は保護者・子どもが自己決定をして、家庭で行うべきです。しかし「集団フッ素洗口」は学校という集団で、一律に行うため同調圧力が働きがちです。

学校で行われている集団フッ素洗口について、行政は

めざせ！
むし歯保有率、減少！

全く害はありません。

事故の報告はありません。

と説明をしています。しかし、学校で行うことで次のような課題があります。

○教職員（主に養護教員）が希釈をして洗口液を作っている実態があります。
　教職員（主に学級担任）は、フッ素洗口液を子どもたちが飲み込まないか、細心の注意を払って見守りを行っています。
　多忙化の中、学校は毎回「事故が起こらないか」不安な思いで実施しています。
○準備、見守り、片づけ、文書報告等々、すべて教職員が行っています。
○洗口液の説明書には副作用の可能性が書かれています。しかし、それすら保護者に説明していない行政もあります。
○フッ素には賛否両論があり、日本弁護士連合会は「集団フッ素洗口・塗布の中止を求める意見書」（11年1月21日）を提出しています。

『～個々人の自由な意思決定が阻害され、安全性・有効性・必要性に関する否定的見解も情報提供されず、プライバシーも保護されないなど、自己決定権、知る権利及びプライバシー権が侵害されていると考えられるから、日本における集団によるフッ素洗口・塗布に関する政策遂行には違法の疑いがある。』（意見書より抜粋）

学校では歯科健診や歯の衛生週間など、様々な機会にブラッシング指導や、歯に関わる食の教育を行っています。集団フッ素洗口の実施に関わらず、子どもたちのむし歯は全国的に減少しています。

集団でくすりを使って予防する必要はありません。

（号外）　2017年12月15日（金曜日）日教組教育新聞 2

ピロリ菌検査

ピロリ菌検査とは？

胃にすみつく細菌「ヘリコバクターピロリ」が「胃がんの原因」という考えにもとづいて行われる検査のこと、地域医療の一環として、学校の検尿の尿などを使用し、中高生の菌の有無を検査する、自治体によっては除菌費用も無料で行っている地域もある。

学校で行うことで、こんな問題があります。

○実施主体は自治体の保健予防課などです。しかし、学校で実施するため、本来自治体であるはずの責任の所在が学校と誤解されてしまうことがあります。

健康診断時の尿検査の尿を使うため、保護者は学校がすすめていると考える。

学校からの配布物は、保護者の認識として「いいもの、正しいもの」としてとらえられることが多く、説明書等を十分に読まずに判断されることがある。
「学校で配布されたから」と希望した保護者が、陽性結果に非常に不安を感じ学校に相談した。

「検査を受けた方がいいですか。」「除菌をした方がいいですか」と教職員に相談されても、教職員は説明をすることができない。

○年度初めの多忙な時期に、同意書の配布・回収・点検と、さらに業務が増します。

◆希望する子ども、保護者がいるのであれば、医療機関で医師の説明を十分にうけ、納得した上で受けるべきです。

学校で行うことで、説明責任は行政にあるにも関わらず学校に求められます。学校で子どもたちに行う必要がある検査でしょうか？

健康診断票の「ビッグデータ」化

健康診断のビッグデータ化とは？

現在、民間研究機関が自治体が契約して、自治体内の中学3年生の健康診断票（小1～中3の記録）のデータを収集し、データベース化する事業が広がっている。（2017年1月現在、50自治体）その目的は、子どもの時の健康診断結果が将来的な病気の予防につながる可能性について研究することとなっている。

しかし、学校の健康診断結果を利用することは様々な問題があります。

○多くの実施自治体では「同意をしない保護者」は平日の9時～16時に「研究機関」に自ら電話をかけ、それを伝えなければいけません。保護者が健康診断結果を民間研究機関に提供することを前提としています。
○「教職員の業務負担はない」とされています。しかし、民間研究機関が健康診断票をスキャナーする時に教職員が立ち会わなくてはいけません。また、子ども一人ひとりの健康状態を分析した結果が学校に返され、その活用方法は学校が決定しなくてはいけません。

体や健康に関する個人の情報は子ども自身のものです。

今後のとりくみ

日教組は
○各地の実態・問題点等を把握し、文科省・厚労省協議を行います。
○日政連議員等と連携し国会対策を行います。
単組支部は
○日政連議員と連携して問題点を明確にしましょう。
○責任の所在を明確にしましょう。
○学校に医療が導入されないよう注視しましょう。
分会で考えましょう。
○健康診断に限らず子どもの個人情報を目的外使用している実態はないか。
○学校での実施や学校からの配布物に強制力は働かないか。
○学校が医療ビジネスに利用されていないか。

教育の場である学校で、子どもの健康と安全、プライバシーをどう守るか、考えましょう

・日本教職員組合養護教員部編『学習シリーズ⑰「むし歯を学ぶ・むし歯で学ぶ」―「今、なぜフッ素なの?」パート3―』アドバンテージサーバー、二〇〇八年七月
・日本教職員組合養護教員部編『学習シリーズ⑳「わたしたちがめざす歯科口腔保健」―「今、なぜフッ素なの?」パート4―』アドバンテージサーバー、二〇一三年二月

集団フッ化物洗口をめぐるとりくみ――滋賀県教職員組合

一．はじめに

滋賀で集団フッ化物洗口が導入されて二四年が経過した。現在も広がりつつある集団フッ素洗口の中止にむけ、養護教員部だけでなく教職員・保護者を巻き込みながらとりくみ、「疑わしきは持ち込ませず」の観点から、すべての教職員の理解を深める学習会や県および市町で交渉をすすめている。

二．各支部のとりくみより

A支部の導入からの経過

一九九六年
　二月　市内保育・幼稚園四・五歳児に導入　強く反対するが聞き入れられず
　四月　フッ化物洗口事業実施要領にて事業が推進される

九七年　四月　「A市生涯歯科保健計画」を策定　八〇二〇推進専門部会設定
小学校一年生から順次スタートする
小学校六年生までが洗口対象になる
二〇〇二年　市へ提出するクラス別希望者数報告書から担任名が削除される
八〇二〇推進専門部会で中学校への導入を勧める意見が出る
〇三年　「集団的な実施は適さない」ということでまとまるが、個人的な導入を今後も検討
することが付け加えられる
一一月　市内の一つの小学校で濃度の高いフッ化物洗口液が配られたことが判明　全実施校
園で一時中止
〇四年　二月　新聞に「三倍濃度の液使う」と報道される
八月　市養護教員部研修会ですこやか生活課担当者よりマニュアルについて説明
〇五年　一〇月　転入児むけ　フッ化物洗口練習プリント作成（転入生誤飲事故から）
〇六年　八〇二〇推進専門部会で保護者、教職員むけアンケートの実施と次年度の各小学校
での研修会実施を検討
〇七年　二月　市内三つの小学校で濃度の高いフッ化物洗口液が配られる　全実施校園で一時中止
五月　市広報にて、二月の高濃度の洗口液について、濃度測定器の購入等再発防止策掲載

資料　「滋賀教育新聞」2004年12月15日1851号

滋賀県教組がほこる漫才コンビ
「チポロペッ」
フッ素反対全国集会で
フッ素コント披露

フッ素洗口・塗布反対全国集会が開催
学校での強制を許すな!!

11月23日、日本教育会館で各単組の代表者やフッ素研究会の会員、一般参加者など130人が集まる「フッ素洗口・塗布反対全国集会」が開催された。滋賀からは養護教員部常任委員の日夏さんと、保護者の立場でフッ素洗口反対に取り組む伊藤さん、清原さんの三人が参加した。

日教組養護教員部長の馬場さんが司会するシンポジウムでは、伊藤・清原両名が飛び入りで守山市教委との交渉の様子をコントにして紹介、笑いの中にも各地で同じような矛盾だらけの事業が行われている状況に怒りをこめた拍手が送られた。

「学校でやることは絶対いいことだ。」と思っている保護者に、フッ素は子どもには危険なのだと伝えることは容易なことではないが、専門家からも「フッ素洗口はリスクが大きく、強制は許されない。」と指摘されるような事業をやめさせるために、「子どもの健康を守る運動」を保護者にも広げ、強めることを確認して集会を終えた。

資料　「滋賀教育新聞」2006年12月15日1921号

えっ　そうだったんだ！

フッ素は1％で劇薬　フッ化物ではむし歯を予防できない

滋教組　養護教員部　交流学習会

11月25日午後、教育会館中ホールにおいて養護教員部交流学習会が開催された。夏の日養研の報告とチボロペの漫才のあと、守山市の歯科医師津曲雅美さんの講演を聞いた。〝健康21〟の推進事業で、全県的にフッ化物導入の動きがある。安全性に問題があり、むし歯予防の効果にも疑問があるフッ素を、なぜ学校に導入するのかその背景を学習した。

【安全性について】斑状歯・骨硬化症の副作用は明らか。ダウン症・骨肉腫などフッ素の害の資料は山ほど。歯科医師養成の課程ではフッ素は「歯によいもの」とされ、副作用や危険性など詳しく教えられない。歯科医師会は「厚生省が安全というから安全」という立場で推進している。歯科医師会に入ると自動的に自民党の政治連盟に入ることになり、そこではフッ素反対というと疎外され嫌がらせを受けることも。だから、フッ素は学術問題ではなく、政治問題だと言われる。それではほとんどの歯科医師は推進派となるが、意欲的に推進する人はそう多くない。

▲津曲雅美さんの講演に驚きも、笑いも（11／25）

【むし歯の予防効果について】効果の有無は、「むし歯の数の統計」で判断される。しかし、学校の歯科検診では「むし歯の判定基準」があいまい（一度に多数を短時間に、十分な設備のない保健室で検診する限界）だから、正確なむし歯の数は不明。また、COという判定に大きな問題がある。COは実際はほとんど〝う歯〟だが、判定上は〝う歯〟に数えない。その結果むし歯が少ない「偽りの予防効果」を発表している。

【学校で行うことでの問題】フッ素洗口を希望しない子の「水でうがい」は教育的に重大な問題であり、即やめるべき。歯科の薬物塗布は①歯面の汚れを取り②だ液などを乾燥させて、歯に直接作用させる。学校では①②をするのは無理。全く意味のないことに金と手間をかけている。危険物であり、副作用があり、意味のない方法であることを知らせず、学校でやる＝いいことのように思わせる。

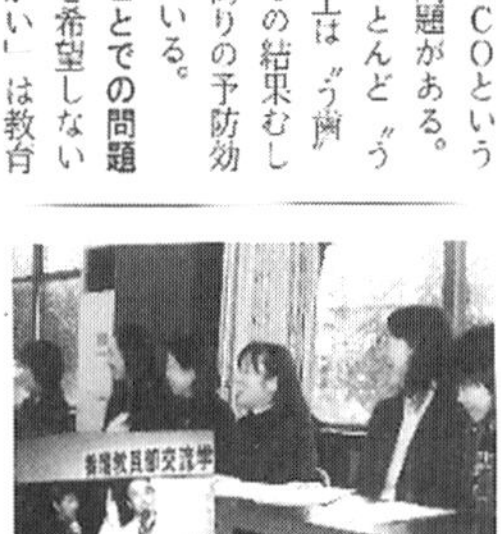

▲大笑いしながら学習できる

フッ素の問題は根深い。情報を流し、運動を大きくしよう。疑わしきものを学校にもちこんではいけない。

＊課題ととりくみ
・保護者が正しい情報でフッ化物洗口の有無について判断できるような資料提供
・学校園現場で集団洗口を実施することの限界（教職員の負担、安全性、誤飲対応、授業時間への影響）
・危機管理対応の甘さ（度重なる洗口液の異常に振り回される現場）
・フッ化物洗口事業について正しく理解すること　実施責任者　予算　危機管理体制など
・万が一導入された場合は、現場の声が大切にされるシステムをつくっておくこと

B支部の要望活動（要望書の内容）

二〇〇九年度　教職員組合Ｂ支部からＢ市へ要望書を提出した

◎「むし歯予防のための集団的フッ化物洗口事業の中止を求める要望書」
〇九年度、市民に十分な説明もなく、突然、Ｂ市の保育園・幼稚園で、むし歯予防のための集団的なフッ化物洗口（＝以下、フッ化物洗口）が導入された。続いて小学校への導入も検討されているとのことであった。

＊要望書の主な内容
私たちは市民の歯科保健の向上をはかることには大賛成である。

しかしフッ素洗口については、次の五点の理由により、保育・教育現場での事業の中止を求め、安易に

フッ素洗口の推進を是認することのないように要望する。

一　使用するフッ化ナトリウムが毒薬に近い劇薬であること

二　フッ素洗口をしなくてもむし歯が近年、順調に減少してきたこと

三　フッ素洗口には有効性がほとんどないこと

四　保護者に選択できるだけの十分な情報が提示されていないこと

五　学校での集団フッ化物洗口は医療行為であり、違法・脱法行為であること

この要望書以降も、毎年市の予算交渉時にフッ化物洗口を学校で行なわないようにとの要望書を提出し、声を上げ続けている。二〇年度現在も導入を許していないが、導入を考えている県議や市議がいる。今後も粘り強くとりくんでいく。

C支部の導入反対のとりくみ

フッ化物洗口については、過去に何度も学校に導入しようとする動きがあったが、その度に組合員が反対の声をあげ、阻止してきた。健康推進課は「学校の理解が得られないのに無理に推進できない」として、いわば保留状態であった。しかし一四年、「歯および口腔の健康づくりの推進に関する条例」が施行され、一五年一一月、市教育委員会が主体となってフッ化物洗口導入ありきの姿勢で強硬に動いてきた。そこで、C支部では、執行部と養護教員部で「学校は教育の場、疑わしきは用いず」「薬に頼らない健康教育を行なう」ことを確認し、導入阻止にむけてのとりくみを始めた。これまでも、支部教研で養護教員部が寸劇でフッ素の問題をわかりやすく伝えたり、支部学習会でフッ素のことを取り上げたりして啓発活

動を行なってきた。今一度、フッ素の危険性や学校でのフッ化物洗口を行なうことの問題について組合員が再確認する必要があったので、各分会で養護教員が主になってフッ素について学習を行なった。そして、集団フッ化物洗口の導入反対の署名活動を行ない、組合員以外の教職員にも広く呼びかけた。今回、いち早く導入反対のとりくみができたのも、これまで、組合で学習を重ね、それを広めてきた成果である。しかし、私たちの声の届かない市内保・幼稚園は一六年度からフッ化物洗口を実施する動きがある。全国各地でも集団フッ化物洗口による事故や問題が発生していると聞く。今の多忙な学校現場で事故が起こっても不思議ではない。薬に頼らない健康教育を推進することはもちろん、子どものむし歯が減少してきていること、学校にはアレルギー疾患など様々な体質の子どもがいることから、学校で集団に行なう時代ではない。今後も全組合員が問題意識を共有し、あきらめずに集団フッ化物洗口反対のとりくみを続けていきたい（「滋賀教育新聞」二〇一六年三月五日二二四五号掲載記事より）。

三．二一年度の県教委教育予算交渉のとりくみ

C市で小学校における集団フッ化物洗口が導入されてから、二一年で三年目となる。この年は実施する学年が小一、小二、小三と増えたことにより、「学校での仕事量がさらに増え、働き方改革に逆行している状況である。今後も毎年実施学年が増えていくと、ますます現場の多忙化につながる。生徒指導の対応や、行きしぶりで教室に入れない子もいる中の始業前の時間に、フッ素洗口を実施することは、実際現場ではかなり負担となっている。現場の多忙化、安全性を考慮せず、必要のない子どもにまで薬物を使った洗口を学校という集団で行なう必要があるのか、本当に安全なのか、日々疑問を感じている。学校では、ブラッシング指導や保健教育等の様々なとりくみを通して歯科保健の推進にあたっている。学校で必要な

健康教育は、生涯にわたって自分の健康を自分でコントロールする力を育成することであり、薬に頼るものではないことから、フッ化物洗口は学校で行なうべきものではない。各関係機関に、県から働きかけをお願いしたい」と、現状をふまえた要求をしたが、県教委からは「市町教委と関係機関と協議をし、各学校の実態に応じて実施してほしい」との回答があった。

二〇年、新型コロナウイルス感染症の影響で実施が中断となっていたC市でも、一〇月の県の教育予算交渉にて、誤飲事故の心配に加えて、新型コロナウイルス感染症拡大防止の観点から配慮事項が増えること、洗口による飛沫で感染リスクが高まるかもしれないという危惧などの安全面、学習時間の確保、教職員の負担増加など現場の声を伝えたが、一一月にはフッ化物洗口が再開された。

新型コロナウイルスの感染リスクが懸念されることから、県内では今年度の実施を見送っている市町もある中でのフッ化物洗口の再開に、C市の養護教員部は、実施後の現場の様子について、アンケート調査を実施し、市教委交渉を粘り強く続けている。

四．おわりに

現在、滋賀県では、一九市町中、九市町がフッ化物洗口を実施している。あきらめることなく、安全性・有効性・必要性・環境問題を考慮し、学校現場に持ち込ませないという観点に立ち、関係機関との連携も工夫しながら、粘り強くとりくみを行なっていく。

学校における「集団フッ化物洗口」導入阻止にむけたとりくみ——山梨県教職員組合養護教員部

本県では、一九七七年頃より一町内の小中学校に集団フッ化物洗口が初めて導入された。組合としてフッ化物洗口の早期中止と新規導入阻止にむけて、継続的なとりくみを行なってきた。その中で、県歯科保健条例制定にかかわるとりくみと、歯科保健にかかわる調査項目精選のとりくみを報告する。

一．条文の「集団フッ化物洗口」の表記を「フッ化物応用」に変更

山梨県歯科保健条例制定までのとりくみ（二〇〇八年〜二〇一四年）

○八年

県内各地の学校保健委員会・健康づくり推進委員会等（市・学校）で、歯科医師よりフッ素洗口について話を出されることがあり、あわせて一部の歯科医師が、各市町村長にたいしてフッ化物導入の要望をする等の動きが活発化。県教委を通じて、県歯科医師会から県養護教員研究会にもフッ素について講演させてほしいとの働きかけがあった。

・全組合員の学習会を全分会で開催（学習会資料は、養護教員部が作成）。

・県内全支部の支部長・書記長が、「学校にフッ化物洗口を導入しないでほしい」旨を各地区の関係組織に要求した（各地区校長会・市町村教育委員会・市町村健康増進課・各地区教育協議会）。
・山教組本部が、県健康増進課・県校長会・県教育委員会教育長に同様の要請行動を行なった。
・県教育委員会にたいして、山教組独自要求・養護教員部独自要求時、学校での集団フッ化物洗口導入阻止を要求した。

〇九年

県議会に「口腔衛生に関する検討委員会」が設置される。県教委、フッ化物洗口実施校の校長、専門歯科医が出席を求められ、協議がすすめられた。
・山教組定期大会時に、学校へのフッ化物洗口導入に反対する運動の確認を行なう。
・山教組養護教員部定期総会時に、現状の把握、運動の確認を行ない、学習会を実施。
・養護教員部として、フッ化物にかかわる事項を深く学習するために、「フッ素レター」購読を決定。
県議会の「口腔衛生に関する検討委員会」は途中協議が頓挫し、議員立法としての条例化は一時中断。県内の一部保育施設でフッ化物洗口の動きが新たに生じ、学校でのフッ素洗口の効果を広めようとする動きは継続していた。

一〇年～一二年

・養護教員部が資料を作成し、毎年学習会を全分会で実施。組合員の共通理解をはかり意識を高めるとりくみは、現在も継続している。

・継続的に関係組織（校長会・教頭会・市町村教育長・県健康増進課）宛てに、県執行委員長と養護教員部長連名で導入阻止の要請文を提出し、理解を求めた。
・県議会会派「フォーラム未来」の議員との情報交換会を実施。養護教員部がフッ化物洗口の実際を行ない、学校でのフッ化物洗口の課題等について説明し、阻止への理解を求めた。

一三年　二月の県議会で「県歯科保健条例」の提案がされる。
・県委員会（山教組本部・支部役員・専門部代表）でも、養護教員部がフッ化物洗口の実演を行ない、課題等について説明し、協力を要請。
・「県歯科保健条例」の制定にかかわるパブリックコメントにたいして、山教組本部として全分会で意見投稿のとりくみを実施（**資料①**）（全分会・関係者投稿数三〇四）。

一四年　三月二八日「県歯科保健条例」が制定された（全国で三九番目）。
・懸念された条文内の「集団フッ化物洗口」の表記は、「フッ化物応用」となる。しかし、県条例制定後、市町村の条例制定時にフッ化物洗口導入の動きが懸念されるため、各市町村へのはたらきかけを継続するとともに、学校での集団フッ化物洗口阻止にむけ、とりくみを継続している（**資料②**）。

＊山教組は強固な組織率を誇り、他の関係機関と連携がとれたことが運動の流れを作り、条文の変更という大きな成果をもたらした。

山教組発第 266 号
2014 年 1 月 22 日

各支部執行委員長　様
各分会長　様

山梨県教職員組合
執行委員長　田　沢　　憲
［　公　印　省　略　］

「山梨県歯科口腔保健推進計画（素案）」に関わるパブリックコメントのとりくみについて（要請）

連日のとりくみ大変ごくろうさまです。

2011 年 8 月に「歯科口腔保健の推進に関する法律」が制定されました。それを受け，現在 38 道府県で歯科口腔に関する条例が制定されてきています。山梨県においても今年 2 月の県議会において条例化の動きが予想されます。条例制定にともなって懸念されることの 1 つに，学校現場における集団フッ化物洗口があります。この間ご承知の通り，養護教員部を中心に連携しながらとりくみを行ってきました。

今回 1 月 22 日から 1 ヶ月間，山梨県福祉保健部健康増進課より条例に関連する「山梨県歯科口腔保健推進計画（素案）」に関してパブリックコメントを求めています。子どもたちの「歯科疾患の予防」「口腔の健康づくり」のための推進計画ではありますが，上記したような懸念等を含め、私たち学校現場からの視点を意見反映する必要があります。

つきましては，各支部・分会・組合員において，できるだけ多くの意見を県へ寄せたいと思います。下記のとおり，パブリックコメントのとりくみをお願いします。

記

1.　とりくみ単位　　各支部・分会でのとりくみを基本とするが，可能な限り組合員までのとりくむとする。
＊学校のパソコン，ＦＡＸは利用しないこと。

2.　とりくみ期間　　2014 年 1 月 22 日～2 月 20 日（必着）まで

3.　とりくみ方法　　①電子メールで提出
県のホームページのパブコメのページの「ご意見提出フォーム」に必要事項を記入し送信する。
「ご意見提出フォーム」を利用しない場合は，「意見提出用紙」を下記メールアドレスへ送信する。
●福祉保健部健康増進課メールアドレス
●●●●@●●●●
②FAX で提出
「意見提出用紙」に必要事項を記入し送信する。
FAX 番号 ●●●●

4．意見反映の視点
以下の視点で，各自で作成して下さい。
○健康への意識を高め，自己の健康管理に関する習慣（歯磨き等）を身につけさせることが，生涯にわたっての口腔の健康につながる。
○歯周病予防のためのブラッシング
○薬に頼らない健康教育の推進
○口腔健康に関する保健指導の充実
○食育（噛むこと）の改善

資料②

養護教員部情報

山教組　養護教員部
2014．12月
No.4

県下一斉パブコメ　成果あり！！

フッ化物導入阻止に関わって

市町村教育長へ　要望書提出

2014 年 3 月 28 日、本県においても「山梨県口腔の健康づくりの推進に関する条例」が制定されました。集団フッ化物洗口の導入にかかわるとして、私たち養護教員部は山教組本部とともに、全分会の総力をいただき**パブリックコメント**で訴えました。多くの取り組みの結果“集団フッ化物洗口”ではなく“フッ化物応用”という表現にとどめることができました。皆で取り組んだ成果だと思います。

条例制定という大きな動きを受け、各支部の書記長と養護教員部支部長を中心に**要望書を市町村の教育長宛に提出**しました。「教育現場における歯と口腔内の健康づくりは薬に頼るものではなく、歯科保健指導により培われるもの」であることを直接訴えました。

その結果、ほとんどの市町村で「フッ化物洗口を実施する予定はない」という回答を得る事ができました。しかし、中には中立の立場を示す市町村もあり、今後も動向を注視していく必要があります。

他県では、フッ化物応用という文言により、トップダウンで小中学校への集団フッ化物洗口が導入されたところも少なくありません。また、フッ化物は小中学校だけでなく、保育所・幼稚園・自治体の幼児健診でも導入されているため、地域の状況を把握することも大切です。

山梨県でも、学校の統廃合が予定されている地区においては、統廃合により、フッ化物洗口が導入されるのではないかという不安の声もあがっております。学校への集団フッ化物洗口導入を阻止するため、継続的に取り組みを行っていく必要があります。

今、各分会での**学習会資料を作成中**です。資料を参考に、ぜひ、各分会でも集団でのフッ化物洗口阻止に向けた運動を展開していただきたいと思います。身近なところから、話をして理解を求めていきましょう。一人ひとりの働きかけが大きな力になっていくはずです。ご協力をお願いします。

学習会資料作成中！！

山教組独自要求について

10月30日（木）執行委員長を中心とする本部役員と執行委員、各専門部役員で「2014 年度山教組確定要求書（独自要求）」を県に提出しました。養護教員部に関わっては特に、養護教諭の全校配置・兼務解消、大規模校への複数配置、集団フッ化物導入の阻止等の要求をしました。その回答が 11 月 27 日に出されました。

≪当日の出席者≫

県教委　教育長、教育次長、総務課長、福利給与課長、学校施設課長、義務教育課長、高校教育課長、新しい学校づくり推進室長、社会教育課長、スポーツ健康課長、総務課総括課長補佐、総務課行政管理担当課長補佐、総務課経理担当課長補佐、福利給与課給与公災担当課長補佐

≪独自要求の回答≫・・・学校保健・養護教諭に関することについて

○学校現場へのフッ化物応用について

回答：フッ化物洗口の実施については各学校設置者、各学校の教職員、保護者、学校歯科医等において正しい知識と共通理解のもとに検討していくことが望ましいと考えております。

笹本書記長：検討していくことが望ましいとはどのような事か？

回答：設置者が中心に行うものと認識しているが、関係者の共通理解をはかっていきたい。

笹本書記長：薬を使用した歯科口腔保健のとりくみはすべきではないと考えます。現場の声を尊重していっていただきたい。

＊笹本書記長が、再質問や意見で、私たちの思いを強く要望してくださいました。

二、県にたいして要請！　歯科保健にかかわる調査項目精選を実現
「山梨県口腔の健康づくり推進計画目標」の調査への対応（一九年）

一八年三月山梨県口腔の健康づくり推進計画の中間報告が出された。その中で、今後の対応として「集団フッ化物応用の普及推進」「学校歯科医が検診後結果を分析、解決法を提案」に加え、実態把握の追加調査が明記されていた。

一九年六月、県健康増進課が、県教委スポーツ健康課・各市町村教育委員会を経由し、追加調査を実施した。これにたいして、地域での集団フッ化物洗口の動きにつながる危険性が高いと判断し、山教組とともに次のようにとりくみ、組合の総力として追加項目精選を勝ち取った。

①養護教員部臨時執行部会を開催し、今後の対応について検討・素案作成。
②山教組本部・養護教員部長経験者・執行部で臨時会議を開催し、対応を協議。
・「回答する調査項目の精選」としてとりくむことを決定
・養護教員部「集団フッ化物洗口導入反対のパンフレット」作成
③山教組本部は県教委にたいし、要請活動。
④各支部書記長・支部養護教員部長は、各地区校長会に説明し、賛同を求めた。
⑤各支部の書記長と校長会は、各市町村教育長に趣旨を説明し、賛同への理解を要請した。
⑥各市町村教育長の賛同が得られ、回答は「小学校六年生と中学校一年生の給食後の歯みがきの実施校と未実施校」と「中学校一年生の歯垢の状態2の人数」のみとした。

調査項目精選理由の概要

一、市町村別の調査のねらいが明確でなく、今後「学校での集団フッ化物洗口導入」の根拠に活用されることなどを含め県トップダウンによる事業推進が危惧されるため。
二、「学校の働き方改革」のとりくみとして各種調査の削減がすすめられているため。
三、本調査は県健康増進課への報告となっている。学校の主管である県スポーツ健康課が行なうものではないため。

秋田県における「フッ素洗口導入阻止」のとりくみ――秋田県教職員組合

秋田県教職員組合（以下、秋教組）は、県内の学校における集団フッ素洗口導入を阻止するために様々なとりくみを行なった。

それらのとりくみの中から、全国初となった市民に開かれた「フッ素洗口公開討論会」を中心に紹介する。

一．フッ素洗口導入阻止のとりくみの経過

○四年

二月　「秋田県ではむし歯り患率改善を目的に、新年度から三年間、県内約一〇〇カ所の保育園・幼

稚園で五歳児約二〇〇〇人を対象に『フッ素うがい』を実施するため、新年度予算案に六百三十万円を計上する」という報道があった（「秋田魁新報」）。※二月定例県議会で予算案審議

三月　養護教員部定期大会で「集団フッ素洗口」の導入には秋教組全体で反対していくことを確認する。

「保育園、幼稚園における『集団フッ素うがい』実施の見直しを求める陳情書」を提出。

①二〇〇四年度から三年間、保育園・幼稚園の五歳児を対象に実施している「集団フッ素洗口」を中止すること。
②市町村事業も含めて、小・中学校での「集団フッ素洗口」を実施しないこと。
③薬剤にたよらないむし歯予防事業を推進すること。
④県民が要請する「集団フッ素洗口を考える公開討論会」等の開催にあたっては、県行政として積極的に説明責任を果たすこと（責任ある立場の担当者の出席を要請する）。

秋田県議会議員の福祉環境委員・教育公安委員へ「予算凍結を求める」はがき送付（養護教員部）。

七月　秋教組の呼びかけで、秋田市職労、全水道、諸団体が参加し、「集団フッ素うがいの問題点を考える講演会」実行委員会を結成する。代表：大友武夫（前秋教組執行委員長）。

九月　講演会を開催。演題「ちょっと待って！お口ブクブク大作戦～フッ素うがいの問題点を考える～」講師：成田憲一さん（新潟県内在住　歯科医）。

一一月　実行委員会を引き継ぎ「集団フッ素洗口を考える会」を結成。代表：大友武夫。

〇五年

二月　秋田県にたいし「集団フッ素洗口」を中止すること等の申し入れを行なう（集団フッ素洗口を考える会）。

三月　県担当部から「フッ素洗口の有効性、安全性に関する学術的な討論は、世界的にもまた国内においても決着済みである」とし、是非を問う公開討論会への出席は事実上「拒否」の回答をうけとる。

七月　集団フッ素洗口の問題点を考える講演会を県内二カ所で開催。演題「問題だらけの集団フッ素洗口」　講師：里見宏さん（健康情報研究センター代表）　参加者：秋田会場一一〇名、横手会場四〇名　**＊資料①**

九月　秋田県定例議会で、社民党議員が、集団フッ素洗口の安全性・有効性を論じる公開討論会を受け入れる考えがあるのかどうかを問い質したのにたいし、知事が「申し入れがあれば応じたい」と答弁した。　**＊資料②**

二．全国初となった公開討論会の開催

〇六年

一月　全国初の「集団フッ素洗口を考える公開討論会『〜集団フッ素洗口　是か非か〜』」を開催した。　**＊資料③—１・２・３**

資料① フッ素洗口講演会の様子を伝える当時の秋教組NEWS

フッ素洗口講演会

秋田 7/9

横手 7/10

むし歯を集団で予防する緊急性なし！

里見宏氏を講師に招き、集団フッ素洗口の問題点を考える講演会を開催しました。講演会には2会場あわせて160人が参加。横手会場には実施している保健士・保育士や歯科医も参加し、賛否両論の意見交換が行われました。

講演の主な内容

WHOテクニカルリポートでは、「フッ素洗口は6歳以下の子どもには禁忌である」とされている。また、フッ素を推進してきたアメリカでも、フッ素入り歯磨き剤に「6歳以下の子どもの手の届かないところに置き、通常以上飲み込んだ場合は、毒性センターか医師に相談すること」との警告表示が義務付けられている。

秋田県はなぜむし歯が多いのかを調べて、その原因を取り除いていくことが大事なのに、それをしないですぐ薬物予防というのは無責任。しかも、むし歯は着実に減っている。また、むし歯で死んだ人はいない。それなのに、「公衆衛生」としてむし歯を集団で予防する緊急性がどこにあるのか。

「予防」とは未来に対する賭け。インフルエンザの予防接種も「予測」でやっているだけ。むし歯を持たないかもしれない子どもも薬物予防することになる。予防として第1次的にやるべきことは「教育」である。

フッ素を推進する歯科医は、それによって権力にものが言えるようになりたいだけなのではないか。

・◇・◇・◇・

現在、各市町村単位で、学校でもフッ素洗口を実施するよう県が躍起になって勧めてきています。その中で歯科医が強力に推し進めてくるなど、厳しい状況です。

何らかの動きがある地域は、組合にご連絡ください。一緒に押し戻しましょう！

秋教組NEWS　2005年8月5日号

２００５年１０月１１日

秋田県知事　寺田　典城　様

集団フッ素洗口を考える会
代表　　大友武夫

「集団フッ素洗口に関する公開討論会」開催の申し入れ

日頃より、県民生活の充実・発展にご尽力いただいていることに心から敬意を表します。

さて、本会では、フッ素洗口を集団で実施することの問題点を中心に、会員や地域の保護者の皆さん、保育現場や学校関係者の皆さんとともに学習活動を行ってまいりました。それら学習会の中で共通して出されるのは、「フッ素洗口を推進する側と反対する側の両方の意見を聞いてみたい」という要望でした。また、実際に事業を進める現場からは、賛否両論あるものを集団的に行うことへの疑問が出されています。

そんな中で、９月県議会における加成義臣議員の一般質問に対し、貴職から「市民団体から要請があれば公開討論会に応じる」というご英断をいただいたことは、本会としても大変うれしく感謝申し上げます。

ここに改めて、下記のとおり公開討論会を開催くださるよう申し入れる次第です。

記

１、「集団フッ素洗口に関する公開討論会」を開催すること。

２、公開討論会の討論内容に、「フッ素洗口」の安全性、有効性の問題を含むこと。

３、公平性を期するため、「公開討論会」の開催日や企画・運営は、当会と十分協議した上で進めること。

推進側・反対側が一堂に会する

全国初の

公開討論会

集団フッ素洗口 是か非か

とき　2006年1月29日（日）PM1:30～4:00

ところ　秋田市文化会館 大会議室（5F）（☎865―1191）

●入場無料

託児室もございます。
（ご希望の方は事前に
お申し込み下さい）

秋田県は昨年度から、5歳児以上の児童を対象にフッ素による集団うがいを実施しています。しかし、その安全性、有効性をめぐっては専門家の間で大きく意見が分かれているのが現状です。

「フッ素うがいは子どもの健康に影響しないか」「集団でやる必要性があるのか」「なぜ専門家の中で意見が違うのか」など、現場の先生や職員、親たちに不安や混乱が広がっています。

こうした事態を受け、県側からの出席も得て、反対側・推進側が同じテーブルで互いの意見を交わす全国初の公開討論会を開催することになりました。フロアからの発言を交えつつ、活発で有意義な討論会にしたいと思います。多くの方々のご参加を期待します。

討論会出席者のご紹介

●パネリスト

反対の立場で

村上　徹さん（むらかみ・とおる）
1936年、群馬県生まれ。1962年、東京医科歯科大学歯学部卒。群馬大学医学部口腔外科学教室、第一生理学教室にて研究したあと歯科医院を開業。医学博士。群馬県歯科医師会副会長などを歴任。翻訳に『フッ素化：この巨大なる矛盾』（『フッ素研究』No.13～15連載）、著書に『フッ素信仰はこのままでよいのか』（績文堂）など多数。

浜　六郎さん（はま・ろくろう）
1945年、徳島県生まれ。1969年、大阪大学医学部卒。1997年、医薬ビジランスセンターを設立、2000年4月にNPO法人化。医薬品の安全で適正な使用のための調査研究と情報収集・広報活動に取り組んでいる。専門は内科・治療学・薬剤疫学。著書に『毒と薬の見分け方』（講談社）、『薬害はなぜなくならないか』（日本評論社）など多数。

推進の立場で

眞木吉信さん（まき・よしのぶ）
東京歯科大学衛生学講座教授、歯学博士。

未　定

●コーディネーター

渡辺　新さん（わたなべ・あらた）
1954年、神奈川県生まれ。1981年、秋田大学医学部卒。秋田大学医学部小児科学教室・助教授を経て1998年より中通総合病院小児科科長。現在、中通総合病院小児科診療部長兼秋田大学医学部非常勤講師。

主催：集団フッ素洗口を考える会

問い合せ先：018（824）5211（櫻田・嵯峨）

資料③―2　二〇〇六年一月二九日「集団フッ素洗口を考える公開討論会」の内容

【内容】　●13:30〜16:00　文化会館５階大会議室

主催者あいさつ　集団フッ素洗口を考える会代表　大友　武夫

秋田県のフッ素洗口事業の概要について
秋田県健康福祉部健康対策課長　板波　静一

シンポジウム

パネリスト

●反対の立場	村上　徹　さん	（歯科医師　医学博士）
	浜　六郎　さん	（医薬ビジランスセンター所長）
●推進の立場	眞木　吉信　さん	（東京歯科大学衛生学教授）
	飯島　洋一　さん	（長崎大学歯学部口腔保健管理分野助教授）
コーディネーター	渡辺　新　さん	（中通総合病院総務課診療部長）
	鳥海　良寛　さん	（社団法人秋田県薬剤師会医薬品情報センター所長）

全国初の公開討論会であり、日教組組合員も含め全国各地から約400人が参加し、会場を埋め尽くした。シンポジウムでは、村上さんは「急性中毒を起こす最少量を体重１kgあたり2mgとするが推進派の根拠はない。最近の論文では0.3mgとするデータもある」と指摘。浜さんは「平均で洗口液の30％を飲み込む。その量は水道水フッ素化の一日摂取量と同じであり、がんなどを増大させる」と危険性を指摘した。しかし、推進側は急性中毒量の２mg説には正面から答えず、浜さんのデータはあくまでも水道水フッ素化のデータでフッ素洗口では問題はないと繰り返した。

また、本県養護教諭が「歯科検診によるむし歯数のあいまいさ」「学校がやることがすべて良いものと思われる」「学校で薬剤を使うことの問題」「フッ素は必須栄養素と説明されたが本当か」などという点を指摘しながら質問を行なったが、推進側からは「フッ素が必須栄養素という判断は日本ではしていない」「全員に強制でやらせるわけでない。問題はない」など、学校現場の実情を無視した回答を繰り返した。

議論は平行線に終わったが、推進側からは反論はあってもフッ素洗口が安全と証明するだけの論拠は示されず、集団で行なうことにたいする疑問はますます深まったと言えよう。

秋田県「集団フッ素洗口を考える会」、公開討論会のとりくみについて（総括）

秋田県「集団フッ素洗口を考える会」

1、秋田県内での運動の特徴

（1）市民や他労組（特に自治労）・団体を巻き込んで運動できたこと。

① 自治労秋田県本部　⇒　事業のターゲットとなった幼稚園・保育園が自治労

② 自治労「秋田市職労」

・ 秋田市が「実施しない」ことを表明したことからマスコミ論議に火がつく。

・ フッ素洗口導入に対する防波堤の役目を果たす

③ 全水道秋田、食と水、みどりを守る労農市民会議（全農林）、環境問題を考える市民団体

④ 社民党・社民党議員　　・・・県議会対策、市町村議会

（2）秋田県教組本体が前面に立って運動してきたこと。

一転すれば「実施する側」に立たされる養護教諭が反対運動の前面に立つのはあまりに過酷

2、公開討論会の実現へ

（1）実際に開催されるまでの困難さ

① 県は開催を約束。しかし、推進側の歯科医・学者は開催と出席に難色を示す。

② 公開討論会の運営や進行に対する県や歯科医師会の懐疑的な介入

③ 担当者の事故死。それを利用した「フッ素賞賛」キャンペーン

（2）公開討論会は秋田県内の集団フッ素洗口阻止のとりくみに、どういった効果をもたらしたか。

○ 宣伝効果・・・自治体担当者から問い合わせ、マスコミを通じて市民・保護者に

○ 意思統一効果・・・話題性が高い。組合員の興味が高まる・・・運動方針が浸透した。

○ 県当局を引っ張り出したこと・・・今後の県の動きには一定のハドメ効果

● 推進側の歯科医師会に火をつけた？・・・ＴＶCM、普及DVDの配布、市町村への圧力

3、導入の状況と成果、これからの課題

（1）各地域での導入阻止の踏ん張りと成果

① 一部自治体では、行政が実施しないと明言している。

② 教育委員会に提案されたが、秋教組や校長会が押し返した。

③ 支部書記長が地教委に粘り強くかけ合い、市町村合併後も実施が広がらなかった。

④ 歯科医から打診され、事務局に相談、資料請求が来る　　など

⇒　05年度末までに実施された施設・・・保育所・幼稚園61施設、小・中学校10校

（2）これからの課題

① 導入された学校で、養護教諭ひとりの責任にさせないために（組合として）

・ 職場全体で考えあう。問題にしていく。

・ 保護者への語りかけのしかたの工夫。

・ 健康観察と記録、「おやっ」と思ったことを聞き流さず管理職や地教委に報告する。

② 公開討論会の記録を全国へ拡げる（考える会として）

③ 「疑わしきは用いず」の立場で、広く保護者と運動をすすめていく。

対話とつながりからうまれるもの

髙縁　慶子

日教組での二年間は、政治の大きなうねりの中にいた。この間、民主党政権から再び自民党政権へと国政の中心が移行し、見えていた道を失い、動いていた扉が動かなくなった感覚があった。そのような中で、一番大切なものは何か、私たちがやらねばならないことは何かと考えた。現場の実態を正確に掴む、組織として共通理解をはかる、それを身近な職場の仲間や保護者・地域に伝える、自分たちの置かれている環境やまわりの人の考えを理解する。それらは日教組のスローガンとして新たに出された「社会的対話」でもあり、私たちの味方、そして活動する上での武器でもあると思った。対話から理解を得るために、「理論」と「言葉」をきちんと身につけてやっていこう、そのような気持ちだった。

養護教員部を取り巻く状況は本当にいろいろだ。学校では一人職だけれど、子どもの命と健康を守り育てるという思いは誰より強く、誰よりもやさしくしなやかだ。そして単組事情を理解し乗り越えたつながりは強い。そんな養護教員部の一員として活動することの頼もしさをいつも感じていた。「二〇名に満たない単組の議決権」が施行されるまでの道のりは、正にそれを具現化したもの。議案書にもしっかり書き記さねばと思った。

さて、私が初めて地区教組の役に就いたのは一九九四年。当時の日教組養護教員部長は、神奈川県教組出身の湯舟妙子さんだった。その豊かで温かな存在感に圧倒されながら、先輩方とともに日養研にも参加した。そして、その一八年後、私は部長として承認をいただいた。東日本大震災からちょうど一年の総会では、皆で祈り、被災地の報告を聞いた。阪神淡路大震災時の湯舟部長の姿が重なり、山本部長から引き継いだ活動をどう形にできるのだろうかと、ずっと考えていたように思う。一期二年という短い期間の中で、部長として何ができたのだろうかと今も考えることがある。しかし、神奈川県教組養護教員部長・日教組養護教員部副部長を含め、計六年間を日教組とともに活動してきた月日は何にも代えがたい。

第四節　学校における食物アレルギー対応と養護教員

文部科学省（以下、文科省）は、一九九九年にアトピー性皮膚炎、二〇〇三年にぜんそくに関するパンフレットを作成、各学校に配布し、教職員への正しい知識と対応の普及をはかった。〇四年一〇月にはアレルギー疾患に関する調査研究委員会が設置され、全国的なアレルギー疾患に関する実態調査が三万六八三〇校を対象に実施された。その結果〇七年の報告書(※)で、児童生徒の五・七％がぜん息、五・五％がアトピー性皮膚炎、一〇％以上がアレルギー性鼻炎・結膜炎、二・六％が食物アレルギー、〇・一％がアナフィラキシーであることが明らかになった。この調査によって、アレルギー疾患についての専門的な見地をふまえ、学校での危機管理体制を形づくっていく必要があるとされた。具体的施策として、既存する心疾患や腎疾患の管理表と同様に「学校生活管理指導表（アレルギー疾患用）」を作成し、さらにこれを用いた仕組みの運用に際し、関係三者である学校、保護者、医師のそれぞれがどのような点に留意する必要があるかを示す「手引き」を作成・周知していく必要があるとされた。

〇八年四月、財団法人・日本学校保健会（以下、学校保健会）が作成した『学校のアレルギー疾患に対する取り組みガイドライン』（文科省スポーツ・青少年局学校健康教育課監修）が全国に配布された。このガイドライン配布に際し文科省は、記者会見やテレビ報道などメディアを通して広くアピールするとともに、全国の教育委員会の指導主事を対象に研修会を行なった。しかし、文科省から正式な通知は発出されないままガイドラインが先行して配布される等、学校現場の意見を聞くことなくガイドラインを公表したことにたいして、日教組は強く抗議するとともに、医師法の問題、給食調理場の条件整備などについて指摘し、その後協議を重ねた。特に「エピペン®」（アドレナリン自己注射製剤。「エピペン®」はマイラン・インコーポレイテッド社の登録商標、以下「エピペン」）の問題については、ガイドラインが先行し、「エピペン」を使うための法的整備や学校への人的配置などの条件面が不十分であり、合理的配慮と子どものいのち・健康と、現場実態のはざまで全国各地の養護教員はジレンマを抱えることとなった。日教組は、このガイドラインについて、養護教員だけの問題ではなく、職場全体の問題として共有するため、職場討議資料「まずは条件整備から‼」（〇八年六月）を作成した。

〇八年六月には学校保健の充実をはかるため、学校保健法の一部が改正され、学校保健に関して地域の実情や児童生徒の実態をふまえつつ、各学校において共通してとりくまれるべき事項について規定の整備がされた。さらに、〇八年七月に閣議決定された「教育振興基本計画」において「様々な心身の健康問題に対応し、子どもが安心して学校生活を送ることができる環境を整備するため、学校、保護者、地域の保健部局や医療機関等の連携による健康教育の推進」が掲げられたことから、歩調を合わせるかたちで、文科省は「学校すこやかプラン」の事業拡充の予算化をはかった。事業開始年度を〇八年、達成年度を一三年として「学校すこやかプラン」は展開されることとなった。その中でぜんそく、アトピー性皮膚炎、食物アレルギーなどのアレルギー疾患への対応も、子どもの現代的健康課題へのきめ細やかな対応という目的のもと施策がすすめられた。〇九年の概算要求では「児童生徒の現代的健康課題への学校における取組に関する調査研究費」が計上された。

一二年一二月、食物アレルギーを有する児童が、学校給食終了後にアナフィラキシーショックにより亡くなるという事故が発生した。給食の誤食によるものだった。この事故はメディアで大きく報道され、再発防止やアレルギー疾患への対応について世論が喚起された。当該市教育委員会は、死亡事故検証結果報告書を公表し、その後、再発防止についての検討結果報告書を文科省に提出した。文科省では、再発防止のため一三年五月に『学校給食における食物アレルギー対応に関する調査研究協力者会議』（以下、アレルギー研究協力者会議）を設置した。日教組は、栄養教職員部と協力し、アレルギー疾患を有する子どもが、安心して学校生活を送ることができるよう、研修や人的配置、施設改善などの条件整備などを求めて文科省に意見反映するとともに協議してきた。その中で、「『エピペン』の扱いについては『医師法に反しない』」と研修会でも周知している。アレルギー研究協力者会議の最終まとめに基づき、改正予定のガイドラインに示される方向である」との回答を得た。

一四年六月には『アレルギー疾患対策基本法』が制定され、この法律のもと、文科省は一五年三月には『学校給食における食物アレルギー対応指針』を作成し、各学校設置者及び学校などに配布した。また、研修用ＤＶＤ、「エピペン」練習用トレーナー等を各自治体に配布し、アレルギー疾患についての研修等が各地で開催されるようになった。

日教組養護教員部は、第八一回総会（一四年三月）にて、次のように運動方針を掲げ、引き続き文科省・厚生労働省（以下、厚労省）へ働きかけた。

～一四・一五年度養護教員部運動方針　学校保健に関するとりくみ　本文より抜粋～

アレルギー疾患を有する子どもへの対応については、学校生活を安全に送ることができるよう、教職員、保護者子ども等との共通理解をすすめるとともに、全職員への研修や人的配置、施設改善などの条件整備等を文科省・厚労省・教委に求めます。

（一）アレルギー疾患を有する子どもの実態を把握するよう求めます。

（二）学校生活管理指導表の活用やアドレナリン自己注射薬の取扱い等については、課題を明らかにするよう求めます。

第八二回総会（一六年三月）にて、次の記載を追加。

〜一六・一七年度養護教員部運動方針　学校保健に関するとりくみ　本文より抜粋〜
（三）学校生活管理指導表については、公費負担となるよう求めます。また、学校給食のアレルギー対応についての実態や課題を栄養教職員部と連携して明らかにします。

一九年、文科省は『学校のアレルギー疾患に対する取り組みガイドライン』の改訂版を作成した。災害・非常時に備えるなど、さらに学校生活で求められる配慮・管理が盛り込まれている。

私たちは過去の痛ましい事故に学び、学校体制の中で、養護教員の役割を明確にするとともに、子どものいのち・健康を第一とし、担当者だけでなく、管理職を含む、すべての教職員の共通理解のもと、とりくみがすすめられるよう確認しておく必要がある。

※『アレルギー疾患に関する調査研究報告書』アレルギー疾患に関する調査研究委員会、二〇〇七年三月

千葉県養護教員部の事故防止対策の活動――千葉県教職員組合養護教員部

千葉県教職員組合養護教員部は、千葉県養護教諭会と連携し、食物アレルギーへの対応についての周知をすすめてきた。

二〇一三年一一月、千葉県教育委員会より「学校給食における食物アレルギー対応の手引き」が県内の国公立私立保育所、学校等に配布され、各学校において、体制づくりや研修等がすすめられた。学校給食が原因となるアレルギー事故が起こらないよう、学校保健会が発行した『学校のアレルギー疾患に対する取り組みガイドライン』等を、各学校が活用しやすいように、ダイジェスト版としてまとめたものである。それを受け、多くの自治体で、マニュアルづくりがなされた。

千葉県養護教諭会研修会において、一四年六月「学校における適切な食物アレルギーおよびアナフィラキシー対応」という演題で研修会を実施した。また、多くの支部においても、地区養護教諭会と連携し、食物アレルギーやアナフィラキシーに関する研修会を行なった。しかし、養護教員や栄養教職員が研修を行なっても、現場での早急な対応や判断が求められるのは学級担任であるが、学級担任は対応についての理解が十分ではなかった。そこで、各支部においては、食物アレルギー事故への対応について、救急場面を想定した研修を円滑に行なうための研究、さらにアクションカードを用いた校内研修をすすめるための研究などが行なわれ、千葉県教育研究集会で提案されるなど、情報を共有できる場面が増えた。各分会においては、養護教員の働きかけにより、校内研修などに取り入れてもらうことで、教職員の食物アレルギーに対する意識が高まってきた。

ここで、とりくみ事例を紹介する。①から⑭までのアクションカード・配付された「エピペン」トレーナーを用意し、それに従って対応をすすめていくものである。各学校においては、このようなカードを準備しておくことで、とっさに判断し動くことができる（**資料①**）。

また、千葉県教育委員会が行なった学校における事故に関する調査から、食物アレルギーに関するヒヤリハット事例を各学校に紹介、その中で、既往のない児童生徒がアナフィラキシーを起こす場合があることが、最近は多いということがわかった。食材の摂取だけでは起こらないアナフィラキシーが、食事後の運動によって誘発されることもあるということから、現場の養護教員は、給食後の運動についての注意喚起をするようになった。

◆遺族の思いを聞いて

一五年、文科省主催の健康教育指導者養成研修に参加した。研修の中で、東京で起きた、給食のチヂミで命を落としてしまった児童の母の話を聞いた。事故からいくらも経っていない時期であったが、学校で二度と同じような事故が起こらないようにしてほしいという願いから、児童の母は出席してくれたそうである。学校にたいする母の願いを忘れてはいけないと強く感じた。

アレルギー症状が複雑化する中で、子どもたちが安心して学校生活を送るための事故防止対策・危機管理については、教職員・保護者・子どもと共通理解をはかりながらすすめていくことが大切であり、必要である。今後も千葉県教職員組合養護教員部は、子どもたちの命を守るために、情報共有・事故防止・緊

資料①

《救急時の対応図》（改訂版）

①発見

◎ 第一発見者が異変に気づく

反応の確認『大丈夫ですか』（肩をたたく）

『だれか，来てください。』

誰か来てください。
あなたは１１９番通報をしてください。

②連絡

◆ 反応なし

『あなたは，職員室に行って，１１９番通報と応援の先生を呼んでください。』

◆ 反応あり

『あなたは，職員室に行って，応援の先生を呼んでください。』

↓ 職員室へ

③リーダー

《職員室》『（どこで）で○さんが（どうした）。来てください。』

◆反応なし

リーダー『あなたは，１１９番通報をしてください。』

◆反応あり・なしに関わらず

リーダー『あなたは，校内放送をしてください。』

『　〃　ＡＥＤを持ってください。』

『　〃　健康調査票を持ってください。』

『　〃　携帯電話を持ってください。』

④校内放送

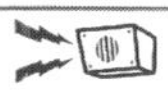

⑤ＡＥＤ

AED

⑥健康調査票

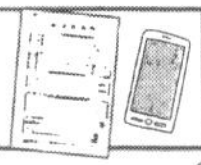

↓ 現場へ

《現場》

リーダー：役割分担を指示（アクションカードを配る。）

『あなたは○○をしてください。（指示）』

⑦心肺蘇生

⑧手当て

⑨１１９番通報

⑩保護者への連絡

⑪記録

⑫エピペン

⑬救急車の誘導

⑭他の生徒の対応

↓ 救急隊へ引き継ぐ

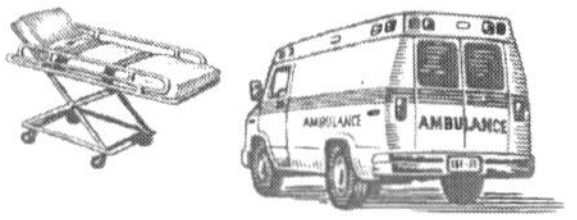

AMBULANCE
AMBULANCE

・アクションカードを回収する。
・事後対応や措置をする。
・症状や状況・処置について時系列で記録し，管理職に報告する。
・○○○市町村教育委員会に報告する。

急対応について、継続してとりくんでいきたい。

兵庫県教職員組合のとりくみ――兵庫県教職員組合養護教員部

二〇〇七年養護教員部学習会で、アナフィラキシーショックを起こす可能性のある子どもが在籍する分会から、保護者の相談を受け学校体制を整えるまでの経緯や、「発症を予防するために」「発症した場合に備えて」校内体制についての報告があった。参加者の多くが初めて知る事例に強い関心を示し、対応マニュアルの必要性を強く感じた。

◆県教委・地教委への交渉

〇八年、学校がアレルギー疾患の児童・生徒にどう対応すべきかをまとめた「学校のアレルギー疾患に対する取り組みガイドライン」（学校保健会作成）の配付を契機に、兵庫県教職員組合は日教組職場討議資料を参考に県教委・地教委への交渉を始めた。

【県教委への要求内容】

アレルギーガイドラインについては、学校現場の実態を考慮し、その趣旨を地教委・管理職も含め、すべての教職員に周知すること。「エピペン」使用に関わって、事故があった場合の責任を明確にするよう国へ働きかけること。また、学校だけに対応がまかされることのないよう各地教委を指導すること。

一〇年、県要請行動による県教委回答をふまえ、各支部において地教委と交渉するよう学習をすすめた。

〈アレルギーガイドラインについて〉

アレルギー疾患への対応については、健康教育行政担当者連絡協議会や文部科学省と県教育委員会が共催した「学校におけるアレルギー疾患に対する普及啓発講習会」を実施し、市町教委担当者や学校管理職、養護教員や栄養教職員等を対象とした研修を実施した。今後も、研修会等により、救急体制の整備及びアレルギー反応が起こらないよう抗原の除去に努めるなど、事前に保護者、主治医、学校で十分協議がなされるよう市町教委に情報提供するとともに、各学校が適切に対応できるように助言する。

〈「エピペン」の使用に関して〉

○九年八月一一日付け教体第一四八三号「『救急救命処置の範囲等について』の一部改正について」において、教職員が「エピペン」を使用すること自体は、医療行為には該当しないと厚生労働省から回答を得た旨を通知したところである。引き続き文部科学省に法整備を含めたさらなる具体的な対応について通知の発出を要請する。今後も、市町教委を対象とした研修会を通じて、保護者・本人、主治医・学校医、学校薬剤師等と十分な協議を行なうことなど、アレルギーガイドラインに示された条件整備を含め市町教委と各学校が連携して対応するよう引き続き助言する。

さらに兵庫県教職員組合定期大会（一一年度）運動方針の中に取り入れ、とりくみをすすめた。

〈子どもの安全・健康権確立にむけたとりくみ〉
アレルギー疾患のある子どもの対応については、安全に学校生活を送るために地教委・専門医・保護者と連携するとともに、条件整備をはかるよう支部執行部とともにとりくむ。「エピペン」使用に関わっては、事故があった場合の責任を明確にし、学校だけに対応をまかされることのないよう条件整備をもとめる。

一三年県マニュアルの策定および県教育長通知の発出

◆K支部のとりくみ

（一）〇八年一一月には、学校保健会発行のガイドライン配付にあたり、現場の教職員の不安や混乱があること、あわせて養護教員だけに任されないよう、管理職へ説明するよう市教委へ申し入れた。その結果、市教委健康教育課長発の文書により緊急時の対応について通知され、全市校長会において、教職員が知識もなく安易に使用することがないよう、その使用を含めた対応方法について明確化された。とくに、市教委と消防局が連携することになったことは大きな前進だった。

（二）〇九年市教委交渉では、①救急隊員が「エピペン」を打つことが可能となったことを受け、市教委と消防局とが連携することや、市教委が実態掌握し、学校だけの対応に任されないようにすることと、②校内では、すべての教職員が対応にあたることを養護教員や管理職に周知徹底することを申し入れた。

その結果、一〇年四月、「『エピペン』を学校・園に持参している児童生徒等の在籍調査」（健康教育課長発）が実施された。市教委と消防局が連携し、緊急時には「エピペン」を打つことができる救急隊員が救急車に同乗することになった。毎年実施の学校保健事業説明会（全管理職と全養護教員が出席）は、新しく赴任する管理職や養護教員にも周知する機会となった。

（三）一〇年六月、K支部養護教員部学習会「事故発生時における教職員の責任『学校教育裁判』～各学校の事例をもとに～」を実施。講師：弁護士　泉裕二郎さん（開成法律事務所　K教組顧問弁護士）

（四）一〇年八月、市教委主催「緊急対応を要するアレルギー疾患とその対処法」養護教諭研修会実施。講師：K市立医療センター中央市民病院　小児科医師

◆当時の課題

アナフィラキシーショック症状への対応は、医学的専門知識をもたない教職員が判断すること自体難しく、本来ならかなり細かいマニュアルの作成が必要となる重要な問題である。しかし、今のところ具体的なマニュアルはなく、「保護者、主治医、学校医、学校・園とでその取り扱いは十分に協議し、その使用を含めた対応方法を検討する」だけにとどまっている。本来なら国・県・市が具体的な対応マニュアルを作成すべきであるものを、学校現場に任せているのが現状である。

交渉の結果、K市では、報告のあった児童生徒が症状を起こした場合、消防局・各消防署との連携により救急車に「エピペン」を打つことができる救急隊員が同乗することになったが、到着するまでの間は子ども、保護者、主治医、学校医、学校・園で対応しなければならない。目の前の子どもの命を守るために、私たち教職員が安心して対応できるよう具体的な対応マニュアルの早急な整備が必要である。

◆おわりに

二〇年現在では、各学校で食物アレルギー対応を必要とする児童生徒が複数在籍することも珍しくなくなったが、初発の食物アレルギーがあることも忘れてはならない。現在のマニュアルや体制の整備に甘んじることなく、目の前の困り感を具体的なとりくみとし、養護教員の専門的見地から組織の中で一緒に考えていくことが大切であることを当時のとりくみから学んだ。今後も、目の前の子どもと保護者、教職員、もちろん養護教員の安心・安全を保障するためにとりくんでいく。

岩手県教職員組合養護教員部

栄養教職員部との連携のあり方

――岩手県教職員組合栄養教職員部

◆学校給食と食物アレルギー

学校給食はそれぞれの自治体の責任で行なわれているが、実際は学校給食に携わる栄養教職員や調理員に任せられている実態がある。「食物アレルギー」という言葉すらなかった時代は勿論、ある程度認識されるようになってからも、その状況はあまり変わることがなかった。

その後は、各自治体の対応が不十分なまま、食物アレルギーのある児童生徒に合わせた給食が提供されるようになった。しかし、多様な食品の組み合わせによる献立作成の幅が狭められ、学校給食の本来の目的との矛盾が生じてきている。

◆これまでの学校でのアレルギー疾患への対応

二〇〇八年に文科省は『学校のアレルギー疾患に対する取り組みガイドライン』を公表し、学校では「学校生活管理指導表」を共通の様式として活用がすすめられた。食物アレルギーの専門医が少ない中、医師の判断が統一されていないという問題点があり、「学校生活管理指導表」の記述が結局は保護者の意に沿うようになるなど、本来あるべき食物アレルギー対応とは異なる形ですすめられている実態があった。

岩手県内では、自治体により食物アレルギー対応がまちまちであった。市町村統一のマニュアルを作成し、「学校生活管理指導表」による食物アレルギー対応を行なっているところは少なく、自校給食の学校や給食センターが独自に対応していたため、栄養教職員への負担が大きい状態が続いた。

曖昧なまま対応がすすめられるなか、一二年、食物アレルギーによる死亡事故が現実のこととなった。『ガイドライン』があっても、それぞれの学校任せであったことが事故につながった原因の一つである。

一五年三月、文科省は『学校給食における食物アレルギー対応指針』を作成し、基本的な考え方や留意すべき事項等を示した。岩手県では一五年二月に『学校におけるアレルギー疾患対応指針』が策定され、一八年二月に改定された。さらに、県内の各自治体でも指針が作成され、これまで食物アレルギーの除去及び代替食の対応をしていなかった自治体も、施設の整備に合わせて対応するようになってきた。食物アレルギー対応はあくまでも自治体の責任のもとでしていくのだという共通認識の上ですすめられている。

◆専門部（栄養教職員部）学習会での情報交流

県内の給食施設では、複数校抱えるセンターであっても栄養教職員の一人配置が多く、食物アレルギー対応の悩みは尽きない。このことから、専門部独自の学習会でそれぞれの施設の現状を報告し合い、問題点を共有し、対応策を話し合っている。施設設備や人的配置の問題などすぐに解決できないものもあるが、他施設の工夫や自治体への要望の方法を学ぶ場などとなっている。

◆食物アレルギーのヒヤリハットと事故対応

年々、食物アレルギー疾患をもつ児童生徒は増加傾向にあり、原因食品の品目も増えている。このことで、多くの栄養教職員は献立作成時から給食提供まで気の休まるところがない。特に一人配置の栄養教職員は、チェックを一人で行なうことが多く、ミスにもつながりやすい。ほとんどの栄養教職員は、大小にかかわらずヒヤリハットを経験している。過去の誤食事故では、栄養教職員だけに責任があるような報道をされたことがあった。給食センター勤務で施設長がいるにもかかわらず、受配校への謝罪も栄養教職員一人で向かわせた。このことは、岩手県教職員組合としても大きな問題ととらえ、教育委員会への要請も行なっている。

過去に保健室でヒヤリハットを経験した養護教員も多かった。初めはのどの違和感を訴えて来室した児童が、短時間のうちに呼吸困難、まぶたの腫れ、じん麻疹を発症する場面に直面し、病院へ搬送するというケースである。今となっては救急車の要請は当たり前だが、アナフィラキシーショックでの死亡事故以前は、緊急性にたいしての認知度が低かった。

◆学校としての緊急対応のあり方

学校ではアレルギー対応委員会（または他の特別委員会と兼用）を設置し、アレルギー疾患を有する児童生徒の情報共有をはかるとともに緊急時の対応策について話し合われるようになった。しかし、食物アレルギーによるアレルギー症状やアナフィラキシー発作は、今まで発作を起こしたことがない児童生徒が突然発症する場合もあることを忘れてはならない。現在では、学校給食の提供を受けるにあたり、食物アレルギー調査を実施し、医学的根拠に基づいた効率的なとりくみのために、必要書類として医師の診断による学校生活管理指導表（アレルギー疾患用）の提出、除去依頼書・緊急連絡先・健康相談記録の確認、エラー防止策の策定・実施、緊急時対応訓練（「エピペン」使用訓練・心肺蘇生法ＡＥＤ訓練・シミュレーション訓練）が行なわれるようになってきた。食物アレルギー発作をはじめ緊急性の高い状況に使用されるＳＯＳカードや緊急性の判断と対応のためのフローチャート、症状チェックシート、緊急時アクションカード、救急時の記録用紙は、落ち着いて対処し、命を守る行動をとるためになくてはならないものである。万が一の緊急対応の準備をしておくこと、誰でも判断でき行動できる体制づくりを強化していくことが求められている。

◆おわりに

食物アレルギーにかかわらず、健康教育をすすめていくには養護教員と栄養教職員の連携は不可欠である。自校給食の学校であれば、その連携も行なえるが、給食センター勤務ではハードルが高い。厳しい現状ではあるが、できることとできないことを明確にしておくこと、丁寧に確認しあうことが大事だと考える。お互いに専門職という共通の立場で相互の理解を深め、今後も子どもの健康と命を守るためにとりくんでいくことが大切である。

日教組養護教員部七〇年史に寄せて

里見　宏

　子どもの周りで次々と問題が起きる。私は養護教員が科学的な根拠をもとに動いていることを確認しながら一緒にやってきた。三橋部長と学会で発表もした。保健室の薬もやめた。インフルエンザ予防接種を義務接種から任意接種に変える運動もした。この運動は日教組と市民がタッグを組んで社会の矛盾を動かす運動の先鞭となった。

　問題は数々の運動が次の世代の仲間に上手くつながらなかったことであろう。新型コロナウイルス感染症への対応を見ているとその弱点が出ている。多くの養護教員は、新型コロナウイルス感染症の予防にマスクや三密回避やアクリル板や居酒屋の酒類の提供制限や大声禁止など、根拠が明確でない予防策に疑問を感じながら手も足も出せない。インフルエンザ予防接種が学校で廃止された経過を知っていれば、校長や他の教員の大きな力になれたはずだ。

　先進国は、感染症を医師と製薬企業の新薬とワクチンで解決できると方針を変えた。公衆衛生の排除である。そして、知識や経験のない政治家が公衆衛生部分を担った。健康者をコントロールするので予防できない。新型コロナウイルスの危険性を必要以上に強調し、社会の恐怖を煽り、最後の切り札はワクチンだと強引に接種を迫る。しかし、変異株の出現で目論見が外れた。政治家は感染症法の改正で義務と罰則を強化する動きだ。新型コロナウイルス感染症も二～三年も経てば鼻風邪といわれる他のコロナウイルスの仲間入りをしているだろう。一般論で、生まれてきた子どもにとって、感染症は全て新型だという話は生きている。学校でのワクチンは不要だ。

　もうひとつ、学校でやり残しているのがフッ素によるむし歯予防だ。厚労大臣の諮問で食品安全委員会は九年かけてフッ素の検討をした。そして「耐容一日摂取量を〇・〇五ｍｇ／ｋｇ／日」と答申した（二〇一一年一二月）。

・体重二〇ｋｇ（六歳の男女）で一ｍｇ以上のフッ素を摂ると危険になる。
・体重四〇ｋｇ（一二歳の男女）は二ｍｇ以上で危険量を超す。
・歯磨き粉にはフッ素が一〇〇〇ｍｇ／ｋｇから一五〇〇ｍｇ／ｋｇ入っている。

　一ｇの歯磨き粉には一・〇から一・五ｍｇのフッ素が入っている。これを長く口腔内に残すと指導される。一日一ｇ使って三割飲み込むと〇・三ｍｇ強から〇・五ｍｇになる。これを朝晩繰り返すと10回で三から五ｍｇの摂取量となり危険量になる。フッ素洗口は幼稚園児で二二五ｐｐｍ液を七ｍｌ（フッ素量一・六ｍｇ）使う。小学校は二二五ｐｐｍ液で一〇ｍｌ（フッ素量二・五ｍｇ）を使う。

　フッ素推進派の推定で日本人は一日に二・六五から三・五ｍｇのフッ素を食品や水やお茶から摂っていると報告している。これで摂取量はオーバーし危険量となる。

　厚労省は食品衛生法では〇・五ｍｇでも、歯科のフッ素は医薬部外品だと逃げる。しかし、厚労省はフッ素がエナメル質で反応しフルオロアパタイトになると確認したデータはもたないと答弁している（内閣衆質一九八第二三〇号）。フッ素が虫歯予防になる科学的データは無いのだ。養護教員がとどめを刺してくれることを期待する。

第五節　自然災害における養護教員部の活動

一　東日本大震災の記録と命をまもる養護教員の行動

一．はじめに

二〇一一年三月一一日午後二時四六分、東北沖を震源とするマグニチュード九・〇の大規模な地震が発生した。東日本大震災である。その直後に発生した巨大津波は、岩手県・宮城県・福島県の沿岸部に壊滅的な被害をもたらした。また、地震により、東京電力福島第一原子力発電所（以下、東電福島第一原発）で事故発生、福島県では大規模な避難命令が発令され、世界中に大きな衝撃を与えた。この地震による死者一万五二八一人、行方不明者八四九二人（一一年五月三一日発表。消防庁・警察庁資料より）、津波による被害のあった学校数は、岩手県三三校、宮城県六六校、福島県六校（文科省作成「東日本大震災における学校施設の津波被害状況について」より）であった。

二〇一〇年九月現在、死者と行方不明者は、合わせて一万八四二七人で、避難生活などで亡くなった震災関連死を含めた死者と行方不明者は二万二千人を超えており、死亡した人の中には現在もなお身元不明の人もいる（警察庁発表）。

これは、一九九五年一月一七日に起こった阪神・淡路大震災を遥かに上回る被害であり、また、復興の遅延により被災地の人口減少に拍車がかかるなど、新たな課題を残して現在に至っている。二〇一〇年二月一日推計人口によると、岩手県沿岸部の被災一二市町村では震災前より一四・九％減少、宮城県の被災一五市町では〇・六％減であったが、仙台市周辺とそれ以外で明暗が分かれた。沿岸の市町村の中でも被害が大きかった女川町では震災前の四一・五％減、南三陸町では三五・八％減となるなど、減少が著しい状況となっている（**表1**参照）。

福島県は東電福島第一原発事故の影響が残る福島県双葉町、大熊町など七町村で推計人口を算出していない。これを除いた残りの被災八市町村は震災前の五・六％の減少となった。震災から一〇年となった現在も、双葉町など七市町村の約三四〇平方キロメートルで原発事故による避難指示が続いており、故郷の喪失という悲しい現実は残されたままである。

二．日教組の活動

当時、日教組は、すぐさま災害対策本部を設置し、岩手県・宮城県・福島県に小西清一中央執行副委員長、髙橋睦子中央執行副委員長、木下哲郎書記次長が入り、被災地の状況について各単組から聞き取り調査を行ない、今後の対応などについて話し合いをもった。当時の三県の

表1

東日本大震災被災市町村、被災直前と2020年2月の人口（単位：人）

岩手県

市町村	2011年3月	2020年2月
宮古市	59,229	52,127
大船渡市	40,579	35,283
久慈市	36,789	33,459
陸前高田市	23,221	18,450
釜石市	39,399	33,847
大槌市	15,222	10,967
洋野町	17,775	15,158
岩泉町	10,708	8,863
山田町	18,506	14,654
野田村	4,606	3,911
普代村	3,065	2,562
田野畑村	3,838	3,123

宮城県

市町村	2011年3月	2020年2月
仙台市	1,046,737	1,090,454
石巻市	160,394	140,766
塩釜市	56,221	52,511
気仙沼市	73,154	60,579
名取市	73,603	78,845
多賀城市	62,990	62,024
岩沼市	44,160	44,396
東松島市	42,840	39,085
松島町	15,014	13,410
七ヶ浜町	20,353	18,067
利府町	34,279	35,515
亘理町	34,795	33,039
山元町	16,608	11,870
女川町	9,932	5,808
南三陸町	17,378	11,148

福島県

市町村	2011年3月	2020年2月
いわき市	341,463	339,388
相馬市	37,721	37,250
南相馬市	70,752	53,474
田村市	40,234	35,753
広野町	5,389	3,964
樽葉町	7,676	—
富岡町	15,959	—
大熊町	11,570	—
双葉町	6,891	—
浪江町	20,854	—
新地町	8,178	8,152
川俣町	15,505	12,935
川内町	2,819	1,851
葛尾町	1,524	—
飯舘町	6,132	—

出典：岩手県、宮城県、福島県の2011年3月1日と2020年2月1日の各推計人口
（注）福島県の樽葉町など7町村の2020年2月1日推計人口は未算出

学校校舎の被災状況は以下の通りである。

岩手県　施設被害状況　五〇九校、避難所指定　六四校
宮城県　施設被害状況　一〇一六校、避難所指定　三一〇校
福島県　施設被害状況　八七一校、避難所指定　一四九校

日教組は、三月一一日の発災後二週間あまりで、日教組災害対策本部発行の情報紙「つなぐ」第一号を発刊し、以後被災地の状況やその後に発足したボランティア活動の様子を全国に発信した。また、災害救援カンパを実施して教育復興支援金として各被災地の学校・園に届けた。

（二）文部科学省にたいする要請について

日教組は、被災地の学校現場の状況などをふまえ、三月一五日、高木義明文部科学大臣に東日本大震災にかかわる教育復興のための大綱的な要請を行なった。内容は、「子ども、教職員の安否を早急に把握するとともに、第二次被害や第三次被害も想定した中、安全確保に努めること」「学校教育の早期再開がはかられるよう、全力を挙げること」など一四項目にわたるものであった。

また、東電福島第一原発事故の全貌が徐々に明らかにされてきたことを受け、三月三〇日、東日本大震災にかかわる子どもの健康・安全確保と教育復興のための文科省要請を行なった。内容は「子どもの健康と安全確保について」「福島原発事故に関わる子どもの安全確保について」「学校の再開と子どもの教育権の保障について」など、四項目でより具体的な内容を記した。

さらに、六月三〇日、民主党にたいして二〇一二年度予算概算要求にかかわる要請を行なった。要請では、「三〇人学級をはじめとする、高校、特別支援学校・学級を含む教職員定数改善」「義務教育費国庫負

担制度の負担率二分の一復元」「放射線対策を含む災害復旧と教育復興の予算措置」の三項目について趣旨説明を行ない、早期実現を求めた。

（二）緊急カンパについて

日教組は子ども、教職員の救済・安全確保と学校教育の早期復興のため、一日も早く授業が再開できるよう緊急カンパにとりくみ、一二年二月時点で一億八〇〇〇万円を超えるカンパ金が集まった。教育復興支援金は該当県・高教組を通して、岩手・宮城・福島の合計六六〇校・園を対象に一校二〇万円・一園一〇万円を基本として届けた。そのほか、岩手・宮城・福島・茨城・千葉の五県八単組への義援金、福島バスツアーの開催や放射線測定器の送付など、学校の実情に合わせた使途については随時情報紙「つなぐ」で報告した。

（三）被災地支援ボランティア活動について

日教組は連合とともに「被災地支援ボランティア」を結成した。三月三一日に、第一次派遣団として団長を務めた髙橋中央執行副委員長をはじめ全国から二一人が参集し、岩手県釜石・大船渡・陸前高田と、宮城県気仙沼にむけて出発した。第一次派遣の出発式では内閣総理大臣補佐官・災害ボランティア活動担当の辻元清美衆議院議員から、感謝と激励の挨拶があった。この活動は第一次から一二年一〇月第二一次まで開催し、その都度状況報告として情報紙「つなぐ」を発行した。

また、日教組のほか、各単組から該当県へのボランティア活動、学用品などの支援物資、教職員の応援派遣などが多数寄せられた。しかし、混乱していた現場では、様々な方面から届けられた支援物資等を記録化するための事務的余裕があるはずもなく、残念ながら多くの支援については、人々の心に残るのみとなっている。

これら、全国から多くの心温まる支援を受けたなかで、とくに被害の大きかった岩手県・宮城県・福島県の報告は後述の通りである。

三．養護教員部の活動

日教組養護教員部では、東日本大震災以降、毎年、総会や日教組養護教員部研究集会（以下、日養研）の場で、震災や原発にかかわる学習会を企画し、被災地の子どもたちや学校の状況について被災地県から報告を受け、現在抱えている様々な課題や現状について情報共有することを大切に継続してきた。

日教組養護教員部の運動方針において、子どものいのちを守るための現状から、「学校保健に関するとりくみ」の運動の展開として、「子ども・学校・地域の実態をもとに、生存権保障の立場に立った学校保健をめざすとりくみ」の項の先頭に「災害による子どもの心身のケアが行えるよう条件整備を求めます」を新たに挿入し、とりくみの強化をはかることとした。震災後からの主なとりくみ内容について、年度を追って記載する。

二〇一一年～二〇一三年度

〈日養研でのとりくみ〉

二〇一一年七月二三～二五日に開催した第五一回日養研は、東日本大震災と東電福島第一原発事故を受けて、被災地（県）である岩手県・宮城県・福島県の三県（以下、被災三県）から被災状況や子どもの様子、学校の現状等の報告を受けた。

また、例年実施している共同研究者による講座は、①震災後の心とからだのケア、②放射性物質から子どもを守るために、とし、すべて震災関連として実施した。参加者全員で、これからの防災・減災教育、学校が避難所になった場合の運営、安全・安心な学校づくりについて学び合うことをテーマに行ない、子どもの健康を守るための職務の確立と全国の養護教員の連帯を確認する場とした。

一二年七月二八～三〇日、第五二回日養研を被災県である岩手県の花巻温泉で開催した。今回も被災三県から、今も厳しい状況の中、生活している子どもたちや、学校・教職員の様子が報告された。さらに、今回は被災県の報告による課題の共有だけでなく、二〇〇人を超える参加者による陸前高田、大船渡、釜石、大槌、南三陸などをめぐる現地研修のためのフィールドワークを実現した。

〈各省庁へのとりくみ〉

一一年一二月、被災地（県）の子どもの健康や心のケアの重要性から、日教組養護教員部は神本美恵子参議院議員と懇談を行ない、福島の子どもたちの現状を伝えた。その後、文科省・厚労省と意見交換会を行ない、被災県はもとより、全国で養護教員の全校配置・複数配置の拡充をはかるよう求めた。また、学校保健の課題についても報告した。

福島県では〇歳から一八歳までの子どもたちを対象に、甲状腺（超音波）検査が始まった（一一年一〇月）。

厚労省は食品中の放射性物質について長期的な観点から、五マイクロシーベルトから一マイクロシーベルトに引き上げ（一二年四月）、新たな基準値を設定した。東電福島第一原発事故による避難生活が長期化し、健康管理調査報告で約二二万六〇〇〇人が検査を受け、甲状腺がん（疑いを含む）は五九人と報告された（『朝日新聞』二〇一三年一一月一三日「子の甲状腺がん、疑い含め五九人　福島県は被曝影響否定」より）。割合としては相当の数だが放射性物質の影響とは言及しておらず、課題があった。第八一回日教組養護教員部総会（一四年三月）において、二〇一四・一五年度運動方針の「学校保健に関するとりくみ」項を後述のように更新した。

〈保健研究委員会の調査研究〉

日教組養護教員部保健研究委員会は、学校という安心・安全であるべき場所において多くの子どもや教職員が被災したことを重く受けとめ、「これまでの防災教育・防災対策はどうだったのか」「養護教員としてどのようにかかわってきたのか」「子どものいのちと健康を守るためにはどのようなことが必要なのか」ということを検証し残していくことが、東日本大震災を経験した者の責任の一つであろうと考え、アンケート調査を行なった。アンケートは全国から二二八通の回答を得て、『子どもの安心・安全を守るための養護教員のかかわり～三・一一東日本大震災から学ぶ～』（以下『震災から学ぶ』）として発刊（二〇一四年三月）した（**資料①**）。

「災害時における校内対策」「防災・減災教育」「子どもとのかかわり」「これまでの経験を含めて三・一一震災以降、子どもとのかかわりにおいて養護教員として感じたこと」の四項目を諏訪清二さん（兵庫県舞子高等学校環境防災科）とともに分析・考察をすすめた。その結果、震災を機に、自分の学校の子どもたちの安心・安全のために、養護教員としての視点をいかし、何ができるかを考え、防災・減災教育を見直し、地域や学校の実情に合わせて改善や工夫を加えた学校が多数見られたことがわかった。養護教員として子どもたちに必要な防災・減災教育について発信していくことなど、今後のとりくみにいかすことを共有・確認した。

二〇一四〜二〇一五年度

〈日養研でのとりくみ〉

第五四回日養研（七月二六〜二八日・新潟）の被災三県報告では、今の子どもたち・学校・教職員の様子や復興の現状が報告されるとともに、保健研究委員会報告『震災から学ぶ』の報告がされた。また第五五回日養研（七月二五〜二七日・新潟）の被災三県報告では、東日本大震災から四年が過ぎても復興がすすまない被災地の現状や、子どもたちの状況が報告された。

〈各省庁へのとりくみ〉

東日本大震災から約五年が経過しても、校庭の仮設住宅解消の見通しが立たないなど、復旧、復興がすすんでおらず、仮設住宅から通う子ども、保護者が生活や仕事の不安に苦しむなか、ストレスを募らせる子ども、震災後に不登校になった子どもも出てくるなど厳しい状況が続いていた。また、東電福島第一原発事故による避難生活が長期化し、汚染水問題や中間貯蔵施設の問題など課題が山積していた。しかし、政府は被災地の空間線量が事故後四年以上経過して低下し、「新たに避難する状況にはない」として「子ども・被災者支援法」の改訂基本方針を閣議決定（一五年八月）し、自主避難者への住宅の無償提供を一七年三月で打ち切ることとした。また国は、福島県内の避難指示を「帰宅困難区域」を除いて一七年三月末までにすべて解除するとした。

福島の子どもたちの甲状腺検査は、一四年四月から二巡目となったが、一巡目ではほとんど「問題ない」とされていた三七人が「悪性ないし悪性疑い」と判定された。しかし、福島県「県民健康調査」検討委員会は「放射線の影響とは考えにくい」との従来の見解を変えておらず、データの非公開や十分な説明がないなど、子どもや保護者の不安にこたえる対応になっていなかった。また、甲状腺がんのほか、避難生活で屋外運動ができないことによる体力不足、肥満などの課題があった。

日教組養護教員部は、被災地の子どもの健康保障、就学支援や教育の機会均等を保障するための「教育復興支援」のとりくみを求めるため、放射性物質の健康への不安等にたいする健康診断や健康相談の充実をはじめ、のびのびと活動できる場の確保等の環境整備について、文科省・厚労省へ要請行動（一五年一月・一五年一二月）を行なった。

二〇一六〜二〇二〇年度　現在

〈日養研でのとりくみ〉

日養研では、引き続き毎年、被災三県から現状報告を行なった。年を重ねるごとに復興予算の削減や賠償金の打ち切り、被災者間格差、子どもたちの健康問題やいじめの問題等、様々な課題が報告された。

二〇年度は新型コロナウイルス感染症への対応として第六〇回日養研を二一年度へ延期したため、代わりに学習会（一一月）を開催し、被災三県からウェブによる報告が行なわれた。

〈各省庁へのとりくみ〉

日教組養護教員部は、引き続き毎年、文科省・厚労省へ要請行動を行なった。東電福島第一原発より放出される放射性物質の影響等が不明であることから、将来にわたり健康調査や健康相談等の対策を充実させ、医療体制づくりを講ずるよう復興庁等関係機関に働きかけること、また、東日本大震災や、各地で起こる災害等による子どもの心のケアのための養護教員の加配措置について求めた。

〈現状と今後のとりくみ〉

東日本大震災による避難生活を送る人々は、約一三万四千人（一六年一一月復興庁）、約八万七千人（一七年八月復興庁）、約五万四千人（一八年一二月復興庁）、約五万一千人（一九年六月復興庁）、約四万九千人（一九年一一月復興庁）と、復旧、復興が未だすすんでいない現状がある。特に東電福島第一原発事故による避難生活は長期化を余儀なくされ、放射能への不安、汚染水や中間貯蔵施設の問題、除染廃棄物の処理や廃炉作業など困難極まりない状況にもかかわらず、原子力規制委員会が規制基準に適合すると認めた場合には原発再稼働が可能となっている。「核と人類は共存できない」ことを再確認する必要がある。

避難を余儀なくされた子どもへのいじめが各地で起きたことについては、学校教育の大きな課題、社会全体の問題である。被災者の健康を保障するために、今後も健康診断や健康相談の充実、長期にわたる対応・支援を求めるとともに、被災した子どもたちが楽しく過ごすことができる学校づくりを求め、日教組養護教員部は日政連議員と連携してとりくんでいく。

＊日教組養護教員部の運動

第七八回日教組養護教員部総会（一一年七月）

Ⅱ．二〇一一～二〇一二年度　養護教員部運動方針に関する件

二．運動のすすめ方

二　学校保健に関するとりくみ

一．子ども・学校・地域の実態をもとに、生存権保障の立場に立った学校保健をめざすとりくみ。

（一）災害による子どもの心身のケアが行えるよう条件整備を求めます。

九．保護者・地域の人々とともに子どもの健康と安全を守る運動をすすめます。

（一）福島第一原発の事故による放射性物質から、子ども・教職員を守るために具体的対策を求めます。

第七九回日教組養護教員部総会（一二年三月）

二〇一二～二〇一三年度　日教組養護教員部運動方針に関する件

二　学校保健に関するとりくみ

一．子ども・学校・地域の実態をもとに、生存権保障の立場に立った学校保健をめざすとりくみ。

（五）子どもたちの健康と安全・人権を尊重し、放射性物質摂取量の低減にむけて、学校給食の食材の放射性物質検査を専門機関で行うことを求めるとともに、アレルギーの対応や過剰衛生管理などの学校給食の問題の解消に引き続きとりくみます。

第八一回日教組養護教員部総会（一四年三月）

二〇一四～二〇一五年度　養護教員部運動方針

二　学校保健に関するとりくみ

一．子ども・学校・地域の実態をもとに、生存権保障の立場に立った学校保健をめざしとりくみます。

（一）災害による子どもの心身のケアや教育条件整備を求めます。また、学校防災に養護の視点をもってとりくみます。保健研究委員会「震災から学ぶ」を活用し、今後のとりくみにいかします。

（五）東電福島第一原発事故による放射性物質から、子ども・教職員を守るための具体策を求めます。

①「原発事故子ども・被災者支援法」の理念にもとづく基本方針となるよう求めるとともに、現場実態をふまえた実効ある対策を求める。

②福島県「県民健康調査」の継続と結果の開示等、子ども・保護者が安心できる医療体制を求める。また、福島から避難した子どもの健康調査等の実施を政府に働きかける。

※一六～二一年度運動方針については、ほぼ同様のため記載を省略。

2014年3月発行『子どもの安心・安全を守るための養護教員のかかわり〜３・１１東日本大震災から学ぶ〜』 調査報告より一部抜粋

2－２　　子どもへのかかわりの中で防災・減災教育を意識している

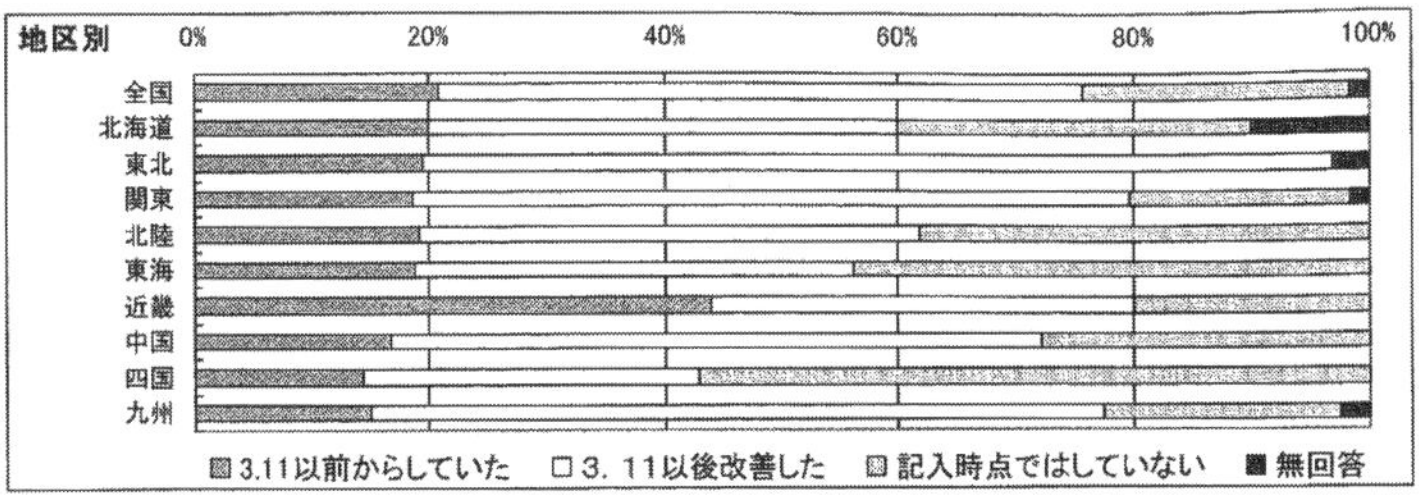

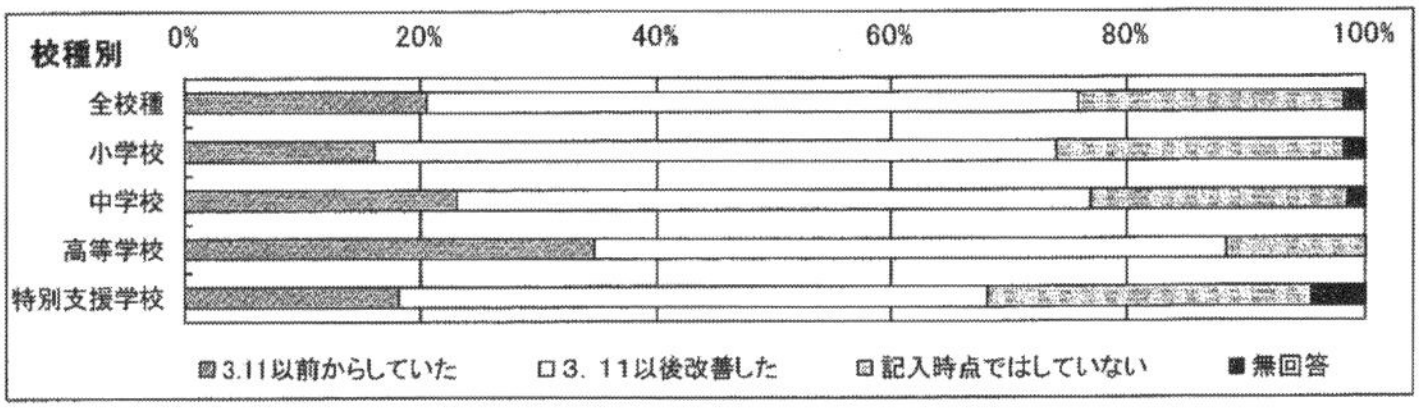

具体的な実践例

・健康観察の重要性、校内での生徒の所在を明確にすることを発信した。
・新入生が避難経路など把握するため、避難訓練の第１回目を４月すぐに実施している。
・職員がいなくても自主的に避難ができるような訓練をする。
・別室登校生にも、防災教育の内容をしっかり伝えている。避難訓練に参加できない生徒と一緒に、避難の仕方を確認した。
・発育測定後の保健指導時に、防災に関する内容を入れている。
・保健委員会で、下校後の避難マップの発表。
・日常会話の中で生徒に話をしている。

＊日教組の運動（日教組第九九回定期大会）

〇九～一〇年度　運動の総括に関する件

Ⅳ．福祉・社会保障政策と運動

二．子どもと教職員の安全・健康権確立のとりくみ

（一）東日本大震災後の学校再開にむけて、子どもたちの健康・安全確保のために、感染症予防、放射性物質への対応、多様な子どもたちが安全に過ごすための体制等を求めて、文科省へ要請書（一一年三月）を提出するとともに意見交換をした。子どもたちへの放射線の影響について、文科省は「福島県内の学校等の校舎・校庭等の利用判断における暫定的考え方」（一一年四月）を示した。日教組は子どもたちの健康・安全を守る立場から、専門家による放射線量の測定や被曝リスクの情報提供、子どもたちがうける放射線量を減らすとりくみを強化するよう文科省に強く求めた。また、スポーツ振興センターの給付について、大規模災害にも適用するよう、文科省に求めた。被災状況を考慮した結果、災害共済給付金制度を特別適用させることとなった。

（七）公務員連絡会地公部会とともに、地方公務員災害補償基金に対し、東日本大震災における公務災害認定に関する要請を行った。

Ⅵ．組織政策と運動

二．平和・人権・環境と民主主義をすすめるとりくみ

（八）東日本大震災については、緊急カンパ活動に組織的にとりくむとともに、「連合ボランティア活動」に参加し、被災地への人的支援にとりくんでいる。また、福島原発事故による放射線物質の影響について、専門的な学習や要請行動など、平和フォーラム・原水禁などと連携してとりくんだ。豪雨災害に対しても支援を行った。

一一～一二年度　運動方針

Ⅰ．教育政策と運動

三．子どもの人権を尊重した教育内容づくり・学校改革のとりくみ

（五）ゆたかな学びの創造のため、地域にねざしたカリキュラムづくりにとりくむ。

④地域素材を生かした環境教育の実践を通して、自然・放射線災害等への認識をもつとともに、家庭・地域・ＮＧＯ・ＮＰＯ・行政機関等と連携し防災・減災教育をすすめる。

四．後期中等教育改革のとりくみ

（六）東日本大震災による転学・進学・就職等の課題について実態を把握し、問題解決をはかる。

Ⅱ．教育行財政政策と運動

一．義務教育費国庫負担制度二分の一復元・拡充、定数改善・教育予算拡充のとりくみ

（九）東日本大震災からの教育復興にかかわっては、子どもたちへの支援を中心に長期的・継続的な対応を求める。また、教職員を含めた人的措置、施設の防災対策等十分な予算の確保を求めていく。

Ⅳ．福祉・社会保障政策と運動

三．子どもの安全・健康権確立のとりくみ

（一）子どもの健康・安全を守るために、地震・津波・放射線の防災について強化するとともに、放射性物質から子どもを守るために、地域に応じた対応ができるよう防災対策の抜本的な見直しを求める。

（二）専門機関による学校敷地内、及び通学路の放射線量の測定と、放射線量を減らすための万全の対策を求める。学校においては、自分のからだを守るために放射線の正しい知識等の健康教育をすすめる。

Ⅵ．組織政策と運動

二．平和・人権・環境と民主主義をすすめるとりくみ

（六）脱原発社会の実現をめざすとりくみをすすめる。

④福島原発事故に対するとりくみを平和フォーラム・原水禁、地元単組などと連携してとりくむ。

一一年度　当面のとりくみに関する件

Ⅳ．福祉・社会保障政策と運動

二．子どもの安全・健康権確立のとりくみ

（一）福島原発による放射線量の問題について、子どもの安全・安心の観点からとりくみを行う。

①可能な限り広範囲の線量モニタリングを実施し、高い線量のところについては早急に必要な対応を政府に求める。

②学校、家庭、地域の線量低減をすすめるため、高線量の校庭の土の除去や側溝の整備等をするよう、関係機関へ働きかけを強化する。
③住民健診は子ども対象とし、放射線量が年間1mSvを超える環境に生活している子どもたちに対しては、早急に長期的な健康診断が受けられるよう求める。
④地域や学校等の施設の放射線の汚染状況を明らかにし、対策のマニュアル作成を文科省に求める。

＊日教組の運動（日教組第一〇一回定期大会）
一一～一二年度　運動の総括に関する件

Ⅰ．教育政策と運動
三．子どもの人権を尊重した教育内容づくり・学校改革のとりくみ
（六）第六一次教育研究全国集会（一二年一月）を富山県で、第六二次（一三年一月）を佐賀県で開催した。
東日本大震災をうけ、震災後の子ども・教職員・地域の厳しい実態や課題に焦点があてられた。全体集会では、基調報告をはじめ、被災県からの報告（第六一次）や記念講演（第六一次は中止、第六二次 内田樹さん）等を通して、喫緊の教育課題や教育の方向性を共有することができた。

（中略）

「ひらかれた教研」をめざし、特別分科会では「震災からみえる子どもの権利」（第六一次）「子ども

のいのち・人権」（第六二次）をテーマに子どもシンポジウムを開催し、保護者・地域住民とともに子どもたちの学校や社会に対する思いを共有した。（後略）

（一二）東日本大震災をうけ、地域や関係機関と連携した防災意識の問い直しや環境教育の実践を推進してきた。子どもが主体となる防災・減災教育、放射線教育のあり方やカリキュラムづくり等について、福島の実態をふまえ教育総研と連携しとりくんだ。今後はさらに地域・保護者・行政等と連携しとりくむ必要がある。

Ⅳ．福祉・社会保障政策と運動

二．子どもの安全・健康権確立のとりくみ

（一）文科省は、東日本大震災に関する非常災害時の子どもの心身の健康状態について、被災地を中心に五〇七五校に対し調査を実施し報告書をまとめた（一二年七月）。日教組は、子どもが安心して生活できる環境づくりを求める観点から、今後の具体的な対応について文科省と協議した。また、放射性物質の健康への不安等を軽減する観点から、健康診断や健康相談の充実をはじめ、のびのびと活動できる場の確保等の環境整備を文科省に求めた。

（七）（中略）第七七回教育祭では、3・11東日本大震災で犠牲となった教職員と児童・生徒を特別合葬するとともに、各単組代表も出席し教育祭の意義を再確認した。

Ⅵ．組織政策と運動

二．平和・人権・環境と民主主義をすすめるとりくみ

（一〇）東日本大震災からの復興支援について、「東日本大震災災害救援カンパ」に組織的にとりくみ被災単組義捐金、学校への教育復興支援金等として支出した。連合ボランティア活動・日

教組独自ボランティアに参加し、岩手・宮城では子どもの学習・教育活動・心のケア支援活動や学校の教育環境整備にとりくんだ。また福島の子どもの学習・教育活動への支援にとりくんだ。

一三〜一四年度　運動の方針

Ⅱ．教育行財政政策と運動

一．義務教育費国庫負担制度二分の一復元・拡充、定数改善・教育予算拡充のとりくみ

(八) 東日本大震災からの教育復興にかかわっては、子どもたちへの支援を中心に長期的・継続的な対応を求める。また、教職員を含めた人的措置、施設の防災対策等十分な予算の確保を求めていく。

Ⅳ．福祉・社会保障政策と運動

三．子どもの安全・健康権確立のとりくみ

(一) 子どもたちの年間放射線量を１ｍSv以下とするための具体的対策を、引き続き国に求めていく。「原発事故子ども・被災者支援法」にもとづく基本方針の早期策定と実効ある対策を求めていく。

Ⅵ．組織政策と運動

二．平和・人権・環境と民主主義をすすめるとりくみ

(六) 脱原発社会の実現をめざすとりくみをすすめる。

④東電福島第一原発事故に対するとりくみを平和フォーラム・原水禁、地元単組などと連携して

とりくむ。

一三年度　当面のとりくみに関する件

Ⅳ．福祉・社会保障政策と運動

二．子どもの安全・健康権確立のとりくみ

（一）放射性物質の影響から子どもを守るため、福島県民健康調査の継続と結果の開示等、子ども・保護者が安心できる医療体制を求める。また、福島から避難した子どもの健康調査等の実施を政府に働きかける。

※一五～二〇年度の「運動の方針」および「当面のとりくみ」については、ほぼ同様のため記載を省略。

＊日教組の運動（日教組第一〇三回定期大会）

一三～一四年度　運動の総括に関する件

Ⅰ．教育政策と運動

三．子どもの人権を尊重した教育内容づくり・学校改革のとりくみ

（五）子どもの人権連と連携し、子どもの権利条約の具現化にむけとりくんだ。

④東日本支援ネットワークの意見交換会・フォーラムに参加し、被災地の子どもたちの現状をふまえた支援の必要性や、被災者間格差の課題を共有した。

（一七）放射線副読本の改訂に関して、文科省に対して福島の実情や放射性物質の危険性についての記述を求めるとともに、平和フォーラム、日政連議員と連携し意見反映を行った。改訂・配布（一三年四月）された副読本には福島の実態や避難地域等の現状が記述されたが、放射能汚染や放射性物質の問題点の記述は十分ではなく課題が残った。引き続き、教育総研と連携し、子どもが主体となる防災・減災教育、放射線教育のあり方等について、地域・保護者・行政等と連携しとりくむ必要がある。

Ⅳ．福祉・社会保障政策と運動

二．子どもの安全・健康権確立のとりくみ

（一）東電福島第一原発事故に伴う放射性物質の影響から子どもを守るための対策等について関係機関に働きかけるよう文科省に求めた。さらに、被災した子ども、保護者の心理的ストレスを取り除くための効果的な対策を求め国会対策を行った。

Ⅵ．組織政策と運動

二．平和・人権・環境と民主主義をすすめるとりくみ

（一〇）東日本大震災からの教育復興支援について、日教組独自ボランティアにとりくみ、連合「東北の子ども応援わんぱくプロジェクト」に参加した。岩手・宮城では子どもの学習・教育活動・心のケア支援活動や学校の教育環境整備にとりくんだ。また福島の子どもの学習・教育活動への支援にとりくんだ。

＊日教組の運動（日教組第一〇六回定期大会）

一五～一六年度　運動の総括に関する件

Ⅳ．福祉・社会保障政策と運動

二．子どもの安全・健康権確立のとりくみ

（一）東電福島原発事故にともなう放射性物質の影響から子どもを守るための将来にわたる対策等について、各省庁に働きかけるよう文科省に求めた。また、東日本大震災、「熊本地震」による子どもの心のケアのための養護教諭加配配置を関係省庁に要求した。

Ⅵ．組織政策と運動

二．平和・人権・環境と民主主義をすすめるとりくみ

（一一）東日本大震災からの復興支援について、岩手県にボランティアを派遣し、子どもの学習・心のケア等の支援活動や教育環境整備にとりくんだ。また、福島の子どもへの学習・教育活動支援にとりくんだ。さらに被災教職員へのメンタルヘルス事業として、岩手・福島で開催されたピアカウンセリングに対して支援を行った。

※一七～二〇年度の「運動の総括」については、ほぼ同様のため記載を省略。

日教組養護教員部第七八回総会　決定事項集における記載

Ⅱ．二〇一一～二〇一二年度　養護教員部運動方針に関する件

一．現状をどうとらえるか

（二）日教組は、子どもの教育権保障のための学校再開及び教育活動については、安全・安心の確

保を最優先にすることが必要であることから、福島県教組、日政連議員、平和フォーラムと連携しながら、文科省・民主党への働きかけ等を行ってきました。（中略）
福島県においては、放射線量を減らすこと、子どもを放射線から守るための対策をすること、専門家による継続的な放射線量の測定、被曝リスクの情報提供、非常時における避難体制などについて国に求めていかなければなりません。

日教組養護教員部第八一回総会　決定事項集における記載
二〇一二〜二〇一三年度　運動の経過並びに総括

I．教育に関するとりくみ
三．東日本大震災・原発事故についてのとりくみ
（二）「原発事故子ども・被災者支援法」（一二年六月）の基本方針は一三年一〇月に決定されましたが、放射線量による基準を定めることなく支援地域を限定するなど、被災者の声を反映したものとはなりませんでした。日教組は、基本方針案に反対し撤回を求める観点から、パブリックコメント（一三年九月）、請願書署名（二二万四四四筆）にとりくみました。

四．被災三県　岩手・宮城・福島　それぞれの経験から学ぶこと

【岩手県】

「広い岩手県で～内陸応援・被災地現場・中継地点それぞれの活動の様子から～」

（岩手県教職員組合養護教員部）

岩手県は、一九六〇年の昭和チリ地震、一九三三年の昭和三陸地震、一八九六年の明治三陸地震などにより甚大な被害を受けた過去の経験から、地震に際して地域住民の避難意識が高く、「津波てんでんこ」という言葉がある。教訓として伝承されている言葉である。沿岸部で地震が起きたら間もなく津波が来る。その速さは一刻を争う。たとえ家族が離れたところにいたとしても、決して戻らず、てんでんばらばらにでも高台へ逃げるのだという意味である。学校での避難訓練の際の基本でもある。岩手県高等学校教育研究会学校保健部会気仙支部では、近い将来の大地震を想定した研究に四年を費やし、二〇〇九年に手引き書「けせんちゃんマニュアル（気仙で、ちゃんとマニュアルを、の愛称）」を作成し、常に机上に置き、非常事態に備えてあった。奇しくもその二年後にこのマニュアルに基づいた実践がされることとなった。県内においては、当時学校に残っていた児童生徒は教職員の避難行動により一人も死者を出すことがなかった。当時「釜石の奇跡」と称賛された（後に「釜石の出来事」と言い換えられた）釜石東中学校の生徒たちは、地震発生後、直ちに学校を飛び出し、高台をめがけて走った。彼らを見て、近所の鵜住居小学校の児童や教職員たちもあとに続き、さらには多くの住民もそれに倣った。釜石市の三千人近い小中学

生のほぼ全員が避難し、奇跡的に無事だったことは多くの人に希望を与えた。

しかし、不幸なことに、学校で避難している最中に家族に引き渡した後、津波に巻き込まれて亡くなった事例もある。以後、県内各校では危機管理マニュアルの見直しが行なわれ、特に家族に引き渡す基準については最重要の課題となった。

岩手県学校保健会養護教諭部会は、発災直後の三月から五月にかけて被災状況の把握に努め、同年六月に東日本大震災支援対策委員会を立ち上げ、七月から本格的に支援活動を開始した。学校薬剤師会、日本赤十字社と連携し、当初は物資の支援活動を、半年が過ぎる頃には保健指導資料や書籍の提供、心のサポート研修会及び広報活動などを行ない、並行して会員の声を吸い上げながら問題解決のためのコーディネート的な役割を担った。また、岩手県教育委員会と、スクールカウンセラーによる心のサポートチームが発足し、県内のすべての児童生徒へむけて行なわれる『こころとからだの健康観察』の実施にむけての意見交流会をもった。この事業は、震災後九年を過ぎた現在も継続して実施しており、子ども一人ひとりの経年変化を見ることができている。さらに、奮闘した養護教員の対応から得た学びを後世につなぐため、『東日本大震災にかかわる養護教諭の実践報告集』を作成し、一三年二月に県内の小中高等学校及び関係機関へ配布し、その活動を広く伝承することに尽力した。

（１）内陸中心部からの応援派遣ボランティア活動の様子

岩手県教育委員会と盛岡教育事務所が核となり、岩手県教職員組合を交え三者が協力し、学校生協のバスを使用して、内陸から避難所となっている沿岸の小中学校へ、教員ボランティア活動が開始された。三月二〇日から三月三一日の間、二泊三日の活動として第一陣から第五陣まで、他の教職員とともに七人の養護教員が現地に赴いた。主な任務内容は、避難所運営の手伝い全般、避難所にいる方や子どもたちの話し相手、現地にいる教職員の負担の軽減、そして記録を残すことであった。刻一刻と変わる避難所のニーズに合わせた活動をする中で、教員ボランティアに求められることも変化した。ボランティアに行く側の心構え、携行品など、口述される引き継ぎ情報は貴重であり、後日、養護教員部でボランティアに参加した組合員がリポートにし、広く組合員へ情報を提供した。また、前述した岩手県学校保健会養護教諭部会で東日本大震災支援対策委員会の初期メンバー八人のうち、三人はこの応援派遣ボランティア活動に参加した組合員であった。

(2) 被災地の三校で勤務した一〇年間の報告（当時大船渡市立越喜来小学校　他二校勤務）　菊池　悦子

震災直後から六カ月間

ア、午後二時四六分頃地震発生

全学年が非常通路（完成直後）を使って第一避難所（鉄道の駅前広場）へ避難。五分もかからず全員の点呼確認が終了した時、防災無線「大津波警報」の放送を聞く。間もなく此所は危険と判断し、第二避難所（市指定）へ避難開始。迎えに来た四人の保護者に児童を引き渡した。幸いにも引き渡した児童は全員無事だった。

三時一五分頃に大津波が襲来。避難施設の窓から地域が呑み込まれる様子が見えた。現実とは思えない景色であった。部屋では泣き出す児童に職員が寄り添っていた。津波が高くなる恐れがあると判断しそこを出て、山への道路で九〇分ほど待機した。待機後、第二避難所に戻り、迎えの保護者に児童を引き渡した。一〇人の児童と、全職員（車流失）は一緒に一夜を明かした。翌日の昼に児童の引き渡しが完了した。児童名簿を持参して避難したので、確認には支障がなかった。

児童を引き渡した後にその親子が津波に呑み込まれた事例が他地区であったことから、各校で、大津波警報が発令された場合のマニュアルの検討や避難時持参物の準備が必要であり、保護者も一緒に避難してもらうべきだったと反省した。

イ、震災後から学校再開まで

近くの公立幼稚園が仮校舎となり、臨時職員室が設置された。全職員が車を流失し通勤困難になった。遠距離通勤者が多く、出勤可能な職員で日直が割り当てられた。担任は、出勤した日は徒歩で家庭訪問・避難所訪問をして児童の様子を把握し、声をかけた。私は当時通勤手段がなく、数日間生活本拠地でボランティア活動をした。

仮校舎には支援物資が続々と届き始めた。職員は、数カ所の避難所訪問と支援物資受け入れと配布に追われた。津波で流された耐火書庫を探し、重要書類の掘り出しと洗浄、乾燥作業をした。

震災後三週間目（四月）からは、児童の自由登校日を設定し、火曜・木曜の午前中に通学可能児童を登校させ、学習や友達と遊ぶなど普段通りのことができる環境づくりに努めた。子どもたちはみんなと一緒に学校生活ができる喜びにあふれていて、心のケア面からも登校日設定は有効だった。修了式と卒業式を三月末日に挙行した。四月二〇日の始業式にむけて校舎引っ越し作業も並行して行なった。

ウ、新年度の学校再開

近隣三校は、翌年に本校への吸収統合が決まっていた。本校校舎は壊滅、隣校は耐震上不適で、必然的に残りの小学校が使用校舎になった。この時点での転出児童は本校で一二人。四月の定期人事異動は中止となった。三校の校長が学校経営について会議をもち、四月二〇日に始業式を行なって一学期が開始された。三校統合後は、各学年二〇人程度の単式学級で、一教室に担任が三人いるクラスもあった。地元児童の他は、三台のスクールバスでの登下校となった。

臨床心理士からは保護者に、行動レベルの変化（勉強に集中できない、ケガが増える、学校を休む）が心の変化に気づくきっかけになることや、家と学校では子どもの様子が異なる場合があるから、二四時間子どもを見るように努めることなど、子どものきめ細やかな観察をするよう依頼があった。

保健室利用状況は、頭痛、腹痛、吐き気等の主訴による内科的な来室者よりも、擦過傷、打撲等の外科的来室者が圧倒的に多く、一日の来室者は震災前の二倍以上だった。二学期に入っても、外科的来室が多い傾向は変わらず、内科的来室者は少なかった。

学校が再開されると、養護教員の最も重要な仕事が子どもたちの心身のケアとなった。県教育委員会は、心のサポート体制を構築し、「児童生徒の心のサポートチーム」を発足させ、子どもの心のケアを最優先させた。当初の事業内容は、県教委の初期・中期計画に基づき教職員（各校数人）の研修実施をすること、県外サポートチーム「心のサポートチーム」の派遣（六週間）を実施することであった。派遣チームは、児童観察、全職員との面談、職員研修「リラックスさせるための体操」、保護者むけ講話、「心のサポート」模擬授業や、担任による「心のサポート」授業の支援、健康アンケートの分析と担任面談、教育相談のサポートを行なった。本校では、県の「心のサポートチーム」の派遣受け入れと「心のケアサポート」計画を受けて、実践した。三校の養護教員は計画に沿いながら、子どもたちの日々の心身のケアに懸命にとりくんだ。

九月、防災教育計画に基づき、教務部が本校独自の防災教育内容を提案し実施した。「命の守り方・行動の仕方を学ぼう」として、防災行動「命を守ろう」、防災知識「自然の力を知ろう」、人としてのあり方・生き方「私たちにできること」について指導した。内容は、大船渡ユネスコ協会出版より刊行された『津波はいつかまた来る～その日のために～』に掲載された。

【震災対応の成果】

研修研究を積んできた教務部長が被災後の「防災教育」や「心のケア」についての実践に大きく貢献した。また、発災当初、県外からの派遣チームが教職員を支えた。さらに、養護教員が行なった子どもたちへの心身のケアは、重要な役割と評価された。

【震災対応の課題】

大津波警報の場合、解除になるまで保護者に引き渡すかどうかの判断は難しい。地域で教員が集まる機会がほとんどなく情報交換不足を感じていたので、県教委主催の心のケア事業研修会は、各校複数人の参加が望ましいと感じた。

震災から三年目　大きな復興の一段階

ア、校舎の復旧と統廃合・人口の減少（岩手県教職員組合の「岩教新聞」二〇一三年三月一五・三〇日合併号より）

校舎が使用できなくなった沿岸一二市町村の小中学校は二三校。このうち二校が補修し自校で学び、一二校が仮設校舎、九校が他校や施設を使用した。とくに被害が大きかった沿岸部一三校は、二〇一三年度には五校に統廃合された（沿岸部とは、陸前高田市・大船渡市・住田町・釜石市・大槌町の五市町村）。

町内の五つの小中学校が統合して一カ所の仮設になった大槌町では、仮設校舎は、隣や上の教室の音が気になって授業に集中できず、仮設体育館が小・中学校兼用で特別教室も不足した。保健室への来室者も多く、困難の連続であった。

小学校では、落ちつかない児童・学級が増え、忘れ物や未提出物の増加で学習に影響が見られるようになり、悪ふざけ、言葉の暴力、ルール違反などによる子ども同士のトラブルが目立つようになった。また、集団でのかかわりを避け、学級内で個別に支援を要する児童の増加も見られ、要支援児童の増加に伴い人手が不足した。中学校では、不登校傾向の子どもが始めは激減したが、二年目から増加。三年目では震災前以上になった。一方、非行傾向は、震災前より減少した。

小学校と中学校の共通点として、子どもたちの自己肯定感が低い傾向があった。逆に、自己有用感が高まり意欲的となる生徒が、中学校や高校で見られた。肥満者率や肥満度が増加し、体力低下、けがの増加も見られた。朝食の食事メニューが簡素になった。

保健室では、仮設校舎の保健室に来室者が増加し、事務的な仕事が滞った。小学校（在籍数四二二人）の一学期、一日平均保健室利用者は二〇人。夏休み明けから九月初旬までは三〇～五三人で、九月に入り来室者が急増した。中学校（在籍数二八二人）は一学期、一日平均一二～三四人だった。

イ、県の児童生徒の心のサポート体制

県教育委員会がとりくんだ「いわて子どものこころのサポート」は、発災後すぐに支援態勢を構築し、九月から全県公立小中学校で「心とからだの健康観察」と、「こころのサポート授業」を毎年実施している。要サポートの児童生徒には、担任またはスクールカウンセラーが個別面談を実施。個人

のアンケート結果は各学校に保管され、進学先の高校まで引き継ぎ、子どもの被災状況や心のサポート状況について経過を追えるシステムになっている。

ウ、教職員をとりまく現状（沿岸部全域）

人事異動で当該学校に被災時からいる教職員が一～二人になった学校が出てきた。異動のない教職員には疲弊感が感じられ、ＰＴＳＤが心配される教職員も見受けられた。二〇一三年度、沿岸地区には新採用が多数配属された。中には事務職員・養護教員ともに新採用という学校もあった。定年前退職者が増加。養護教員も定年前退職者が多数いた。

二〇一三年七月の管内養護教諭研修会（県沿岸南部教育事務所主催）で保健師からの報告では、県ではこの年四～七月に、自身の健康相談を希望する件数が増加したとのことだった。人事異動による高ストレス者が多く、仮設住宅暮らし、単身赴任、長距離通勤等、精神疾患への不安要素が大きいとのことだった。

エ、二〇一三年度に県養護教員部から県教委へ要求交渉した

①養護教員の複数配置を希望する学校への配置、②復興加配教員の継続配置、③教職員メンタルヘルス事業の充実

大震災から一〇年

被災地ではハード面の復興計画事業は着実に歩みをすすめている。しかし、人々の心の復興は十分にすんだとは言い難い。一〇年にわたり子どもたちを取り巻く環境と抱える問題は、年を追うごとに複雑化・多様化していった。

東日本大震災以降、学校は日常を取り戻すことに全力でとりくみ、その時その時の状況に対処しようと、養護教員自身も悩み、不安を感じながら最善を尽くしてきた。私たちは児童生徒の「心のサポート」にどのようにかかわるかをテーマにスキルアップ研修をはかり、自身を顧みて震災と向き合う中で、「養護教員の役割・専門性」について改めて考えさせられた。子どもの小さなサインや変化に気づく観察力、適切な声がけ、日常での何気ない声がけ、子どもが発する言葉の奥にある気持ちを受け止め寄り添う自立への支援は、養護教員の専門性であり、災害発生の有無に関わらず「普遍」のことであることを再確認した。また、「保健室」は人的・物的・心的に子どもの心の拠り所となる存在であるという思いを強くした。

（3）発災当時中継地点として後方支援の中心地となった学校避難所

（当時釜石市立甲子小学校勤務）高橋　美智子

三月一一日地震発生時　～子どものいのちを守る～

五時間目が終わり、帰りの会や、六年生は体育館で卒業式練習の最中だった。養護教員と事務職員は職員室にいた。地鳴りとともに揺れが始まった。中規模の揺れが数秒続き、さらに大きな揺れになった。私は校内放送のマイクに飛びつき、机の下への避難を放送した。しかし、その最中に停電になった。その後、事務主事と手分けして、避難の呼び掛けのために、視界が遮られるほど埃が舞っていた廊下に出て、各教室に走った。

本校は山間に位置するので津波の心配はなかった。子ども・教職員が校庭に出ていると、保護者が迎えに集まって来た。名簿で保護者へ手渡したことを担任が確認しながら順次子どもを保護者へ引き渡した。

児童をほとんど家族のもとへ返すことができた時点で、一旦職員も帰宅してよいと許可が出た。翌々日の日曜、午後三時に職員は集合することにして、解散した。自宅に帰ることは無理と判断した職員は、学校に隣接している平屋の学童クラブの建物に宿泊することになった。

日曜日、職場に着くと、校舎の一階から三階までの各教室に、避難されている方々がたくさんいたのでびっくりした。震災翌日の朝から、一五キロ離れたU小学校の児童すべてとその家族及び福祉施設の方々や一般の方々で総勢五〇〇人以上の避難所になっていた。

職員集会で、本校職員は避難している方々の人探しの案内や、食事の配分の手伝いなどの後方支援を三勤務・一日休日のシフトで行なうよう指示された。しかし養護教員はU小学校の保健室の手伝いを要請された。以後、養護教員の私は、他の職員に定められたシフトとは関係なく、保健室に詰めた。

保健師常駐までの一〇日間 ～応急処置期のニーズにたいする対応～

「保健室」には私が常駐し、発熱している子どもの休養等と、そのほかの保健室利用者に対応した。一方、特設した「休養室」にはU校の養護教員が入り、嘔吐を伴う人への対応をした。

保健室を訪れる体調不良者の世話（経過観察・感染症予防対策・飲食物の確保・清潔の世話、記録化）が最も多かったが、それ以外に、体調に不安を抱える被災者の把握・リストアップと相談、医療機関の情報収集と搬送手段の確保、保健スタッフの常駐化にむけた要望の提出及び保健資材の確保等を行なった。

震災後一〇日から一四三日間の保健師との協力対応 ～回復期のニーズと対応～

保健師二人が常駐することとなり、保健室の夜間は、その保健師たちが交代で来室者の対応にあたった。昼は、これまで通り二人の養護教員が二部屋を受け持った。昼夜を通じて、保健室利用及び巡回医療対象者は減ってきた。その頃になると、休養者の看護、避難所内の感染防止、避難所生活へのストレス対策、保健資材・ミルク・おむつ等の生活必需品の確保及び入浴対策等に、ニーズと対応が変化してきた。

震災から一カ月たった四月一二日に、避難所は校舎から体育館へと移った。それにあわせて、体育館二階ギャラリーには避難所生活をしている人を対象とする「保健室」と「休養コーナー」を設置し、保健師がそこで対応することになった。校舎にあるこれまで通りの保健室では、養護教員が被災者に対応することは原則としてはなくなった。さらに避難所になってから一四三日目の八月一日には、体育館に避難していた全員が仮設住宅に移ることとなり、本校の避難所の役目はすべて終わった。

一四三日間の避難所としての保健室の役割 ~保健室が果たした後方支援の内容~

①避難者の情報把握と保健相談（校舎内の巡回）
②体調不良者の休養場所の確保と看護（発熱者の休養場所、消化器症状発症者の休養場所）
・バイタルチェック
・看護ニーズの把握
・感染予防（ウイルス、細菌別、アルコール、塩素別消毒、汚物の処理、消毒、洗濯）
・水分、栄養補給の支援、確保
③体調悪化時の救急搬送手段の確保（市の担当者や自衛隊）と医療事情の情報収集（市の担当者や派遣保健師）
④地域の巡回医師、DMAT、大阪堺市派遣保健師等医療関係支援者への避難者等の情報提供
⑤避難所での初期の混乱期の救急処置（心肺蘇生、ショック症状、外傷の応急手当）
⑥安定期の派遣保健師による感染予防、運動指導、環境衛生の支援
⑦保健消耗品の確保（支援物資）

⑧記録と記録物の保管（避難所巡回の記録は、「殴り書きでも何でも記録して一片も捨てるな」と指示あり）

震災から五カ月後 ～教職員の体調への影響～

教職員の中には不眠傾向とともに免疫低下時に起きるといわれる帯状疱疹を発病する者もいた。飲酒量の増加、原因不明のめまい、腰痛の悪化、ひどい蕁麻疹、転倒による肋骨骨折、スプレー糊を顔面にかぶった等、職員が次々に体調を崩していった。管理職も職員の健康管理について養護教員に相談してきた。

また、子どもたちもケガが多く、児童の交通事故被災、家族の交通事故も軽傷ではあるが、複数の家族で起きた。

当時の奮闘を振り返って

初期は初めて経験する心肺蘇生に果敢に臨まなければならなかったり、ショック症状への対応に迷ったり、次々に高熱や下痢が続くことに感染症の蔓延を危惧し、不安を押し殺しての対応だった。

自校の児童については、震災当日、保護者のもとへ引き渡した後は、無我夢中で避難所の後方支援にあたったので、担任そのほかの職員から情報を聞くのが精いっぱいだった。四月一九日、ようやく実施できた始業式当日に全児童に出会うことができたのは、心の底からの喜びであった。

沿岸被災地で津波被害に遭った経験をした養護教員自身が学習会や研修会の場で声を発することができたのは、決して多いわけではなかった。なかには、心身ともに限界を超え、自身が自宅を離れて研修会会場へ向かうことさえできる心境ではない方もいた。つまりＰＴＳＤを発症していた方が多かったのが現実であった。したがって被災地区において、現場の声を集めるためのアンケートの実施に際しては、細心の注意を払い、受け手がプレッシャーに押しつぶされないように配慮する必要も生じた。発災後からしばらくの間、現場に寄り添い続けた養護教員は、心の内を吐露する術さえ見失いつつあったのである。

【宮城県】

あれから一〇年　今伝えたい震災の教訓～二〇一三年度「震災問題アンケート」から学ぶ～

（宮城県教職員組合養護教員部）

一、はじめに

東日本大震災から一〇年。被災地に機会を見つけては足を運ぶ支援者の方が、「節目という言葉は使いたくない。未来は一日一日の続きにあるから」というお話をされていた。未曾有の災害でありながら、人と人とのつながりを強めている人々がいる、そのような情景を数々見聞きしてきた。この震災は、沿岸部と内陸部とでは被災の状況が違った。沿岸部の津波被害は、人命、家、生活する地域を奪った。内陸部でも甚大な被害を受けた所が多かったが、津波の被害を映像で見る度に、「私たちはこれくらいで弱音を吐いてはいけない」と自縛の念をもつようになった。また、風や雨で運ばれた放射性物質に悩まされた地区もあった。津波被害や放射線を恐れて転校してくる児童生徒と保護者にどのような配慮が必要なのか、学校再開前に県が一校一人悉皆で開いた研修会を伝講しながら、学校の役割について考える日々であった。

このたびの寄稿にあたり、避難所となった学校の職員が寄せた、宮城県教組のアンケート結果から、養護教員が答えたものを整理してみた。どれも貴重な記録であるが、あえて抜粋して記載する。

二、アンケートより

(一)「当日大変だったこと」→ 用意しておくと良い物、あるいは活用した物

寒さ対策　毛布、タオル、シーツ、保温シート、使い捨てカイロ、石油ストーブ、灯油、カーテン、ゴミ袋、段ボール。→ 避難させる時、子どもにコートを着せれば良かった。

救急用品　救急かばん（消毒液、包帯、三角巾、副木、冷却シート）、担架、ミドリ十字の旗、低血糖用のあめ、生理用品。→ 大人の処置もすることを念頭に置く。

・集団に知らせるための拡声器、張り紙をするための一式、校舎に入るためのヘルメット、懐中電灯、引き渡し名簿が必要だった。ペンは首から提げる物がよい。日頃からひとつにまとめておくとよい。

・テントに子どもを入れる時に上靴を脱がせてしまい、夜間トイレに行く際に自分の物がわからなくなった。常識にとらわれずに非常時の判断が必要。

・救急かばんは背負うタイプの方が良い。置き忘れないし、手が空く。

(二)「避難所運営で大変だったこと」

感染症対策　マスク、水、手指用消毒液

トイレの衛生維持　バケツ、新聞紙→水を流せないから大便を包むため、袋→紙を流せないから回収用、デッキブラシ、漂白剤

調理場の衛生管理　ラップ、アルコール、きれいな雑巾

・津波によるヘドロで、二日目、三日目になると臭いのせいか嘔吐する人が大勢いた。

・ペットの苦情。
・三日経てば支援や救助が来る。避難所指定であれば、三日分の水と食料を保管すること。
・物資があふれてくるので、ほしい支援、足りている支援の声を上げる。
・物資の仕分け作業が大変なので、人的支援もありがたかった。
(三)「学校再開までに大変だったこと・準備したこと」
・体育館に避難者を残したままとか、校舎崩壊の学校を受け入れての再開であったため、運営計画を立て直した。
・行政に、保健室から持ち出した物品の補充をしてもらった。
・早い段階でメール配信を復活させたことで、保護者に連絡できた。それができなかった学校では、電信柱や掲示板を使って、連絡事項を張り紙した。

複数の方の意見として、「避難所運営について、開設当初は教職員が動き、できるだけ早い段階で地域住民、役場職員と係分担をして動く。そして最終的には地域組織やボランティアの方々にバトンタッチすることが望ましい」とあった。それは、教職員には児童生徒の安否確認をはじめ、学校再開準備などの仕事もあり、被災者である教職員自身が避難所運営を続けることで、心と体を壊してしまう状況になりかねないからである。「実は自分の水と食料の調達が難しかった」「支援の風呂には入れなかった」「ガソリンがない中、職員同士乗り合わせて来るのが大変であった」「布団で寝ることの大切さを知った」という記載から、**職員はシフトを組んで**避難所の運営に加わり、**早い段階で自治体に引き渡すという段取りを、日頃から役場や町内会と決めておくことが望ましい**と考える。

また、このような非常時に通常通りの教職員人事異動を行なうことへの抗議、学校再開日を県下一斉の四月二一日にしたことへの疑問・不満の声があった。

三、全国に伝えたい震災の教訓

①養護教員として

「子どもたちのそばにいること」「笑顔でいること」「無理をしない、できることを考えて行動すること」「できなかったことを責めず、『今日もこれを頑張った』と思うこと」「普段からのコミュニケーションが効を奏すること」「記憶は曖昧なので記録をとること（写真・録画も含む）」「救急用品の点検」

②学校として

「校舎内の戸棚等転倒防止のための固定」「前述の持ち出したい物品一式は衣装ケース等にまとめて職員共通理解の場所に置くこと（沿岸部では上階に）」「ペットボトル水の備蓄」「日頃から地域の方々との訓練が必要」「教職員もヘルプを出せる環境づくりを」

③行政へ

「SC等人的支援に助けられたが、人が替わることは現場の負担になるので、同じ方に長く担当してもらいたい」「保健師、養護教員、医師団等、県外からのボランティアに助けられた」「原発事故があったら、極力外に出ない、風下にいない、雨には絶対当たらないという周知をしてほしい。近い地区では平時からヨウ素剤を配布しておけないものか。せめて迅速に渡してほしい」

四、おわりに

災害時における学校と教職員・養護教員の存在意義を改めて見直し、後世に語り継ぎたい。

【福島県】

福島県における原発事故後の養護教員の職務〜放射性物質測定検査と甲状腺検査〜

（福島県教職員組合養護教員部）

一、はじめに

原発事故後、養護教員の仕事を辞めようかと悩んだ。教職員組合の勉強会で養護教員の先輩方に励ましていただき、子連れ参加で面倒を見てもらった。また、全国の先生方にも温かい言葉をかけていただいた。低線量被曝の勉強や放射線を避けて生活する新しい行動などを学習して福島県で生きていくことを決めた。日教組養護教員部に助けられ、感謝している。東日本大震災から一〇年が経とうとしている現在、新型コロナウイルス感染症の心配はあるが、放射線被曝の不安は軽減し、原発事故のことはあまり考えないで日常生活を送っている。今回、震災時における保健室の役割について、後世に残したいことを記録する。現在の気持ちや職務内容は違っていることも多いが、当時の内容をそのまま記載する。

二、二〇一九年一〇月六日（日）東北ブロック養護教員部学習会第二分科会での発表内容

分科会で提案するにあたって、東日本大震災と原発事故における健康への影響について考えた。講演会

に参加し、本を読んで勉強し、科学的にとらえようとしたが、「科学的真実」ということがあるのかどうかもわからなくなってきた。まだ答えの出ていない問題であり、科学者ですらとらえ方がそれぞれである。伝えられることは、自分の思いや毎日行なっている仕事内容くらいだ。原発事故の収束には程遠い状況の今だが、事故当時と比べると、セシウム一三四の半減期を迎えたことや除染がすすんだことにより、空間線量は下がってきた。一見平穏な毎日を送っているが、他県では実施されていない現状について、給食の放射性物質測定検査と甲状腺検査を紹介する。

(一)福島県郡山市A小学校(勤務校)環境

福島県郡山市にあるA小学校の児童は、全校生三九人の小規模校だ。ここの地区は市内の中心部から離れた山の近くにあり、事故当時から、幸いにも放射線量が低い地域だ。本校の校庭のモニタリングポストの値は〇・〇八マイクロシーベルト/時(二〇一五年通学路の八六%が〇・一マイクロシーベルト/時以下)くらいで前後することが多い。

※九月二日、山形県は〇・〇四、宮城県〇・〇四～〇・一マイクロシーベルト/時。

東日本大震災から八年が経過し、当時を記憶している小学生はほとんどいない。大人も精神的に落ち着いてきて、元気に毎日を送っている。震災から数年は、余震の後に体調を崩す児童が保健室に来室し、屋外での遊びができないために肥満が増加、また就寝時刻が遅くなる傾向があったが、最近は少なくなった。二〇二一年の二月ごろ、校庭に埋められていた除染で出た土が搬出された。元に戻ったのかと問われれば、それは違う。福島県にたいするイメージ、低線量被曝の不安、食べ物にたいする信頼など、いつも放射線のことが気になり、震災前とは変わってしまった。毎年のアンケート結果からも、児童や保護者が不安をもっていることが確認できる。

(二) 給食の放射性物質測定検査

養護教員の仕事量より多いのは給食主任の業務だ。栄養教職員、または栄養士が配置されていないにもかかわらず、自校給食を行なっているため、細心の注意をはらって運営している。その中の仕事の一つが「給食の放射性物質測定検査」だ。この検査は二種類。「サンプル検査」と「丸ごと一食検査」。「サンプル検査」とは、給食で使用する食材（肉や野菜で使用量が多い物）を単品ごとに事前に検査をすることで、「丸ごと一食検査」は一人分を当日に給食時間内に検査をすること。

※郡山市HPより　測定場所：自校給食等実施学校五六校、中学校給食センター二施設。測定器：ベルトールドジャパン株式会社製ガンマ線スペクトロメーター。検出限界値：一〇ベクレル以下

本校では、理科準備室が検査室となった。検査員は教育委員会が派遣業者に外部委託している。

○検査のながれ（主に検査員の動き）

【朝八時】　検査員勤務開始。職員室から部屋の鍵と検査セットを持って行く。器具のスイッチON。

【朝九時】　給食室に届いた食材を取りに行き、サンプル検査（四～五品）を行なう。食材を軽く洗って土などを流す。↓包丁で刻んだあと、ミキサーにかける。↓容器にぎっしり入れる。

【一〇時】　丸ごと一食検査（その日の給食中学年一食分）、サンプル検査の続きを行なう。

【～一四時頃】　記録・片付け。検査セットを職員室に返却。結果用紙を校長に提出。

○養護教員が担っていること

・翌月の給食で使用する食材の発注書作成をする際に、検査対象にする食品を数品選ぶ。選ぶ基準

は、使用量の多さ、以前検出されたことの有無等で、調味料は除く。
・検査員に翌月の検査用食材を知らせる。
・学校行事や日程変更などについては随時連絡調整をはかる。
・使用する数日前に学校に届けてもらうようにして、五〇〇グラム発注する。
・検査結果の確認。サンプル検査の場合、基準値を超えた場合はその食材の発注を止め、別の食材にする。丸ごと一食検査の場合は、給食を中止して保存カレーを温めて提供する。
・検査用食材の納品書すべてに校長印をもらい、業者別に一カ月間保存して教育委員会に送る。
○放射性物質測定検査結果について
・放射性物質の国の基準値は一〇〇ベクレル／kg以下だが、郡山市の給食の基準値は一〇ベクレル／kg以下としている。
・二〇一七年から二〇一九年までの間、サンプル検査及び丸ごと一食検査で基準値を超えたことはない。すべて検出限界値以下だった。
なお、給食で出される米は郡山市のブランド米であり、野菜なども旬の時期はとくに地元産のものが多く使われるようになってきた。

三、甲状腺検査

福島県は「県民健康調査」を行ない、原発事故発生当時、概ね一八歳以下であった子どもたちに甲状腺の超音波検査を実施してきた。原発事故により放射性ヨウ素が放出され、福島県をはじめ広範囲の住民が放射性プルームの正確な情報も知らされずに被曝し、健康リスクに曝された。事故がなければ福島県の子どもたちがこのような甲状腺検査を受ける必要もなかった。福島県教職員組合と養護教員部は、「子どもたちを震災等の災害や放射線から守るための十分な対策を講じること」を要求書にも明記して国や県が責任をもって実施継続をすることを強く求めている。

(一) 甲状腺検査の実際について

検査は通常の授業の日に学校を会場として行なわれる。円滑な運営のために学校職員も協力する必要があり、当日のみならず、事前・事後の協力もして、子どもに寄り添った対応をしている。

「検査を受けない児童生徒が嫌な思いをしないように声かけや待機場所に配慮する」「授業を中断する時間がなるべく少なくなるようにする」「嫌だった・怖かったという思いをしないようにトラブルなく実施できるようにする」「急な早退や遅参の児童生徒が出た場合、なるべく実施できるように順番を臨機応変に対応する」などである。しかし、たとえば、実施案を作成し、職員会議で知らせると、同僚から「授業時間が削られるがどうしてくれるのか?」「学校でやるのではなく、国が責任をもってやるべきだ」などの意見をぶつけられ、苦労や嫌な思いをした養護教員の話も耳にすることがある。「請負業者との打ち合わせの際に相手の話し方や態度にたいして心が傷ついた」という声などもあった。

(二) 検査のながれ(事前準備)

①検査日程、受診者名簿の連絡調整　②県立医大が各家庭に案内や検査同意確認書を送付(各家庭が県立医大に検査同意書を返送)　③検査請負業者との検査実施についての打ち合わせ　④実施案を作成し、職員会議で提案、何をどのようにするのか担任にも知ってもらう　⑤検査同意確認書の未提出者のリストが学校に届く　⑥未提出者に学校から「お知らせ文書」と「検査同意確認」を配付して同意の有無を取りまとめる　⑦未提出の家庭には再度同意の有無を確認し取りまとめる　⑧検査レポートに身長・体重を記

載、検査受診順番に並べ替える　⑨前日の大型トラックでの機材搬入の際、運搬業者に会場案内をする

(三) 検査のながれ（当日）

①スムーズに実施できるように次の学級への声かけや遅参、早退者、特別支援児童への個別対応
②検査会場で、検査レポートを配付する（印字された名前を間違わないようにする）
③検査の実際（児童の動き）
・学級ごとに検査会場に移動（服装はハイネック不可）
・体育座りで並び、検査の仕方の説明を受ける
・パーテーションで仕切られた空間（検査係と検査技師・医師がいる）に移動して、横になる
・両手で首の部分の洋服をやや下げる
・のどにゼリーを塗られ、個別にエコー検査を受ける

(四) 甲状腺検査結果

甲状腺検査の結果は各家庭に郵送され、学校で内容を知ることはできない。二〇一九年三月末日現在、福島県では、二一八人の児童生徒に甲状腺がんまたはがんの疑いがあり、一七四人が手術を受けている（福島県ホームページ「県民健康調査課」より）。福島県立医大で手術を受けた集計外の一一人（『朝日新聞』二〇一八年七月八日「一八歳以下の甲状腺がん、福島の集計外に一一人」より。県民健康調査・二次調査後の経過観察中に診断された症例は、「県民健康調査」で報告される集計には含まれていない）を含めると甲状腺がんまたは疑いが二二九人、確定者が一八五人となる。専門家でつくる甲状腺評価部会は一九年六月三日、一四年から一五年の検査で見つかった甲状腺がん七一人は被曝との関連性はないとする報告案をまとめた。出現率が通常の数十倍としながらもその原因にはふれていない。出現率が多くなった原

因は、性・検査時の年齢・検査実施年度・細胞診実施率・検査隔年等「多くの要因が悪性ないし悪性疑いの発見率に影響を及ぼしている」としている。

その一方で、国連科学委員会（UNSCEAR）の推計甲状腺吸収線量を用いて、暫定的な解析を行ない、「線量の増加に応じて発見率が上昇するといった一貫した関係（線量・効果関係）は認められない」と決めつけている。個人甲状腺被曝量の測定も推定もせず、放射線被曝との関係を評価できるような解析方法も用いていないにもかかわらず、国は被曝との関連は認められないと結論づけて公表し、今に至る。

四、その後

二〇二〇年の五回目にあたる甲状腺検査が延期され、二〇二一年に実施されることとなった。通知を見ると、今回から甲状腺検査同意書のとりまとめ（医大へ未提出者分）を学校で行なわなくてよいと記載されていた。福島県教組養護教員部が、県教委交渉で、現場の意見を伝え続けた成果だ。一方で、現在行なわれている学校での甲状腺検査を中止しようとする動きもある。学校現場の負担をできるだけ減らし、大切な甲状腺検査が継続して実施できるように交渉を続けたい。

また、校庭に設置されているモニタリングポストを撤去しようとする動きもあった。市民を中心に反対運動があり、撤去はされていないが、東電福島第一原発の廃炉には今後数十年もかかり、工事の途中で再び放射性物質が拡散される可能性もある。注意して情勢を見ていかなければならない。これからも子どもたちの安全のための手だてを求め続けていきたい。

二　災害時　熊本地震

熊本地震の発生状況

二〇一六年四月一四日と一六日、震度七の巨大地震が熊本県の北東部を襲った。特に震源地の益城町には、布田川・日奈久断層帯が走り、並走する県道二八号線沿いでは、家屋の全半壊と死者を伴う人災など、甚大な被害が出た。南阿蘇村では、生活道路である国道三二五号線に架かっていた阿蘇大橋が崩落した。

被害状況

内閣府「熊本県熊本地方を震源とする地震に係る被害状況等について」（一九年四月一二日）によると、地震関連の死者は熊本県二七〇人、大分県三人、重傷者は福岡県一人、佐賀県四人、熊本県一一八四人、大分県一一人、宮崎県三人、軽傷者は福岡県一六人、佐賀県九人、熊本県一五五三人、大分県二三人、宮崎県五人であった。また、建物被害においては、全壊家屋八六六七棟、半壊家屋三万四七一九棟であった。避難所への避難者の最大数は熊本で一八万三八八二人、大分で一万二四四三人だった。

日教組は、「熊本地震」にかかわって、四月二一日と二二日に熊本、大分に中央執行委員をそれぞれ派遣し、現地単組から被害状況を聴取した。

熊本の被害状況：

・県教組の建物の五階の天井が落ち、危険な状況にある

・高教組の建物は、基礎部分に損傷があり、立ち入り禁止となっている
・組合員の住宅の相当数に被害が出ている
・避難場所となった学校の運営を教職員が中心となって担っている
・精神面で不調を訴える子どもたちが多くいる

大分の被害状況：
・二一日の豪雨により通学路で土砂崩れが起き、再び休校となった学校がある
・高速道路や一般道が復旧せず、迂回しながら勤務する組合員が多数いる
・支部書記会館に破損がある
・夜間のみ避難所に移動する家庭がある

日教組は、日教組「熊本地震」災害対策本部を設置し、様々なとりくみ・支援を行なった。教職員への支援と学校教育の早期復興のためのカンパ活動を行ない、一六年一一月三〇日時点で、八千万円以上のカンパが寄せられた。また「被災地域の教育復興のため、学校を活動場所として、子ども・学校・教職員にかかわる支援活動」「避難所・仮設住宅などにおいて、子どもへの対応を中心に被災地・被災者の支援活動」「被災単組・自治体などの要請にもとづき、被災地・被災者の支援活動」を目的に、全単組に呼びかけ、ボランティア活動を行ない、連合とともに救援・復興支援活動にとりくんだ。さらに、子ども・教職員の安全確保、子どもの学習権の保障、学校の再開と教職員配置を含めた教育環境の整備などを求めて、文科省、公立学校共済組合にたいして要請を行なっている。六月からは、被災地域の教育復興、被災地・被災者支援を行なうことを目的に独自ボランティアが組織された。その参加者は、避難所の運営支援を行

ないながら被災者と交流し、震災から二カ月が過ぎようとしているなか、生活の見通しの立たないつらい胸中を聞いたり、励ましたりした。また、多くの子どもとふれあい、遊びを通して被災した子どもたちに寄り添った。

日教組養護教員部も、一六年第五六回日養研の開会行事のなかで、被災県報告として、東日本大震災の被災県とともに、熊本からの報告を受け、現状を交流した。

【参考資料】

- 内閣府「平成二八年（二〇一六年）熊本県熊本地方を震源とする地震に係る被害状況等について」http://www.bousai.go.jp/updates/h280414jishin/pdf/h280414jishin_55.pdf
- 日本教職員組合ホームページ http://www.jtu-net.jtv.or.jp
- 沖縄県高等学校障害児学校教職員組合第五二回定期大会議案書

熊本地震を振り返って

――熊本県教職員組合養護教員部元部長　穴井　美和子

（二〇二一年二月　寄稿）

一．校舎の被災と移転

二〇一六年四月、新学期が始まったばかりの週末に起こった熊本地震。阿蘇市の西側に位置する阿蘇西小学校は、この年の四月に隣の尾ケ石東部小学校と統合し、新たな阿蘇西小学校としてスタートを切ったばかりだった。プールから校舎にかけて保健室の真下を横切るように、約五〇センチの縦ずれ断層が確認された。保健室の片側のドアは開かず、壁は裂け、外の景色が見えていた。その後も余震が続き、校舎の被害は広がっていった。被災した校舎に代わり、閉校したばかりの旧尾ケ石東部小学校へ移転することが決まり、三週間後となる連休明けの五月九日から授業が再開されることとなった。

私自身もこの四月に異動してきたばかりだった。臨時休校中、安否確認等のため、職員で手分けして家庭訪問を行なった。ペアの教員と一緒に回りながら、校区の概観を知った。面識のある教員の顔を見て思わず涙を流す保護者もいた。子どもの顔を見て直接声をかけたり、実際の被災状況や避難生活の様子を保護者と話したりできたことがお互いの安心感につながったと感じる。地震後の一週間は、子どもや地域の様子の把握、校舎内の片づけ、避難所（体育館）の手伝い、移転準備等、とにかくあっという間に過ぎていった。その週末には、校舎移転の報告を兼ねて保護者会を開くことになった。

地震から数日後、ようやく自分が「養護教員」であることを思い出した。「今、養護教員として、しなくてはいけないことがある…」と。幸いなことに、自宅ではパソコンが使えた。「阪神淡路大震災」や「東日本大震災」などの参考となる資料を探し、改めてこれまでの災害時のとりくみに学びながら地震後の心のケアについて資料をまとめ、職員に提示し、保護者会で紹介していった。

地震から三週間後、旧尾ケ石東部小校舎へ移転しての学校再開となった。再開を前に、安全点検、水質検査、新登校ルート決め、校内各部屋の整備、そして子どもを無事に受け入れるためのシミュレーションを行なうなど、とにかく時間に追われた。旧尾ケ石東部小校区は、数年前の大水害時にも被害を受けた地域で、学校周りは洪水対策のかさ上げ工事がすすめられていた。また、目前にある外輪山の山肌にはいくつものがけ崩れが起こっており、雨が降ると地震と水害との両方の恐怖を感じた。

二．被災後の子どもたち

地震直後は、避難所、地域の公民館（自主避難所）や車、親戚宅等で過ごしていた。学校再開の時点で、約一割の家庭が損壊等により自宅からは通学できない状況であったが、人的被害がなかったことが幸いであった。不安を抱えたなかで迎えた学校再開の日、子どもたちの元気な声が校舎内に響いた。

学校の統合と地震、そして学校移転という大きな不安を一度に味わった影響は大きく、再開後の狭い保健室は、当然ながら体調不良、不安感を訴える子どもたちであふれた。その後、一時的な不登校となる子が一人また一人と続いた。

学校が再開した日、休校中の実態把握も兼ね、手探りでつくったチェックシートへの記入を児童、保護者に依頼した。その後も、数回実施しながら、子どもたちの状態を把握することに努めた。チェック項目の最後には、「怖い、嫌だ」という項目だけで終わらないように、「今日、学校で友だちや

資料①

＊チェックシートより〜子どもの様子〜
・家族から離れない、だっこ、くっつく
・一人で行けない（トイレ、お風呂、寝る）
・夜が怖い・音に敏感
・いつもバッグを持ち歩く（大事な物）
・トラックが通ると家が揺れて怖い
・雨がふると土砂が家まで来ないかと怖い
・水汲み等、お手伝いやボランティアをする
・必要以上に大笑いする、オーバーアクション
・自分も不安ななか、明るくしようとふるまう

こころとからだのチェックシート

2016. 5. 9

5 年　　番　なまえ

私たちの心とからだは、とてもこわいことやかなしいできごとのあとで、いろいろな変化《へんか》をします。なぜなら、こころもびっくりしてきずついたりしてしまうからです。

それは、だれにでもおこることです。でも、それをそのままにしておくのはよくありません。自分の心やからだのようすを、知ることが大切です。

下の表で自分の心とからだのようすをチェックしてみましょう。あてはまることがあるかな？　（これはテストではありません。書きたくないときは、途中《とちゅう》でやめてもいいですよ）

こたえかた：自分があてはまると思うところに○をつけてください。	ないない	ない	ある	あるある
① 何となくしんぱいで、おちつかない感じがする。	○			
② イライラして、ちょっとのことでカッとなる。	○			
③ よくねむれなかったり、途中《とちゅう》で目がさめたりする。	○			
④ あたまやおなかがよくいたくなる。	○			
⑤ 食欲《しょくよく》があまりない。	○			
⑥ なんとなく　やる気がおこらない。	○			
⑦ こわかったことをよく思いだす。	○			
⑧ 地震のゆめやこわいゆめをみる。	○			
⑨ ちいさな音にもびっくりする。	○			
⑩ いつもゆれているような感じがする。	○			
⑪ またこわいことが起こりそうで不安になる。	○			
⑫ ひとりで寝たり、一人でトイレにいくのが不安。	○			
⑬ 今日、家族とはなれて学校へ行くのはいやだった。	○			
⑭ 今日、学校で友達や先生とあえて、うれしい。				○

（1）学校が休みの間、どんなふうにすごしていましたか？また、今、どんな気持ちですか？
何か不安なことはありませんか？　～書ける人は書いてみてくださいね～

〇元気ですごしていました
〇よくねむれました。

（2）休み中に、病気やけがをしませんでしたか？　した　しなかった（○）
どんな病気やけがですか？　（　　　　　　　　　　）

先生と会えてうれしかったか」という項目を加えた。また、無理して記入しなくていいことはもちろんだが、今の自分の心に意識を向けそれを表すことも、一つの心のケアにつながるのではないかという思いもあった。

シートから見える子どもの様子は**資料**①の通り〔後からは、県から降りてきた、統一されたチェックシート（**資料**②）を使うことになった〕。

食にかかわっての問題も見受けられた。給食センターも大きな被害を受け、一学期中はパンと牛乳という簡易給食だった。支援物資も炭水化物（パン、おにぎり、麺類等）が中心だった。このような非常時にバランスのとれた食事は当然ながら難しい。その上、校舎が移転し児童の四分の三がスクールバス通学となり、被災後の生活による運動不足も重なり、体重が増加する児童が目立った。四月から七月までの四カ月で、一年生で平均一・一キロ、六年生では平均二・七キロ、およそ半年分の増加となった。

三．心のケアを探って

保健室では、とにかく心身の不調を訴える子どもたちの話を聴くことにつとめた。チャイムで教室へ戻る子はいいが、なかなか動こうとしない子どももいた。気になる子は、担任と相談してベッドに休ませ、じっくりと話を聴いた。学校再開時と直近のチェックシートを比べ、少しずつ心も変化していくことを示しながら話を聴いた。主要な道路が寸断され、家族の仕事や通勤、生活にも影響を及ぼしており、地震の恐怖や不安だけでなく家族や家庭生活へ向けられたその子なりの心の揺れに気づくこともあった。

①全校合唱

学校再開後の五月中旬、県内のテレビ番組への出演依頼があり、全校合唱にとりくんだ。多くの支援へのお礼も兼ね、みんなで「ＢＥＬＩＥＶＥ」を声高らかに歌った。感謝の気持ちと頑張っていきますというメッセージを込めた歌声はテレビを通してたくさんの方に届き、逆に「感動をありがとう」のメッセージが返ってきた。心を一つにして一生懸命に歌う子どもたちの姿は輝いていた。その場にいた私たちは自然に涙があふれてきた。子どもたち自身も力がわいてくるようだった。その後も、機会あるごとに全校合唱にとりくんでいった。今振り返っても、何よりも子どもたちの心のケアとなったように思う。

②講演会「医笑同源：こころが笑う　脳が笑う」（ＮＰＯ法人　健康笑い塾　主宰　中井宏次）

市学校等保健委員会では、この年「こころが笑う　脳が笑う」という講演会を実施した。講師の方も阪神淡路大震災の被災者であり、演題通りの講演内容で元気をもらえた。ぜひ本校の保護者にも聞いてほしいと管理職と相談し、親子講演会が実現した。「地震があり、頑張らなければならないことばかりでした。今日は、楽しく笑えて心が幸せになりました」と感想が寄せられた。

四．支援に励まされて

震災直後から、たくさんの支援をいただいた。以前に災害を経験した地域をはじめ、各地から様々な形で支援は届けられた。福島の南相馬市の団体とは、一年目の支援をきっかけに毎年交流を続けてきた。福島から本校まで実際に来ていただき、直接交流することもできた。「支援」を受けて、たくさんの方に応援してもらっていることを実感した。感謝すると同時に、人と人とのつながりの温かさを数々の支援を通して教えられた。

本校は、阿蘇市内では被害が大きい学校ではあったが、小規模校でもあり、五月に二日間だけ他県からの養護教員の派遣があった。養護教員の加配措置がとられたのは二学期からであった。他の学校との兼務であり週に二日間、年度末までの配置だった。初めての二人体制で最初は戸惑いもあったが、相談しながら様々な事案に対応ができ、子どもたちはもちろんだが、私自身にとっても、大きな支えとなった。

五．郡市養護教諭部会

基本的に学校に一人の養護教員は、日常の執務に加え、多くの課題を抱えながら子どもたちの対応に追われている。子どもたちの声を受け止め、少しでも不安感を和らげられたらと思い、対応を探る日々だった。これでいいのかという不安とプレッシャーを感じながらも、とにかくやっていくしかなかった。そのような中、一学期後半に郡市の養護教諭研修会が例年同様に開催された。地域により被災の状況に違いはあるが、養護教員だからこそ通じ合えるものがあり、仲間の顔を見てほっとしたことを覚えている。不安や葛藤を抱えて過ごしていたことを共感し合うことができ、まさにピアカウンセリングの場となった。

六．地震を経験して

地震から三年が過ぎた一九年四月、元の阿蘇西小に新校舎が完成し、新たな学校生活がスタートした。地震から五年目となった今年、仮設住宅で過ごしていた最後の家庭が自宅を再建した。低学年だった子どもたちが高学年となり、学校を支えている。今年は新型コロナウイルス感染症の流行により、心配された「荒れ」や「不安定さ」は特段感じられないが、今後も経過観察が大事だと考えている。

遮断されていた主要な道路やＪＲは、全国からの支援のおかげで今年度全線復旧し、便利さは地震前以上の状態となった。しかし、崩落した阿蘇大橋付近を通るとき、何となく胸がざわつくのも事実である。表面上は整い復旧できたが、地震の恐怖は心の奥に残っていて消えることはないだろう。

毎年のように「経験したことがない災害」がどこかで起こっている。昨年は、信じられないような大水害が県南地域を襲った。しかし、今年の新型コロナウイルス感染症の拡大においては、熊本地震の時のような、全国からの人的支援は難しい。支援のあり方も少しずつ変わっていくのかもしれないが、人は支え合うこと、思いを寄せてもらうことで、力を得られることを経験してきた。まさに「養護」の基本「あなたの事が大事」「あなたのことを見ているよ」の姿勢と重なると感じている。

熊本地震を経験したからこそ、普通のありふれた毎日がどれほど貴重であるかにも気づかされた。この被災の経験が、これからを生きていく子どもたちに、地域や仲間とつながりながらたくましく生きていく力となっていくことを期待したい。

第六節　就学援助費にかかる医療費補助へのとりくみ

生活保護受給世帯や就学援助受給者が年々激増している中、日教組養護教員部は就学援助費における医療費の増額、さらに学校保健法施行令にある対象疾病の見直しをはかるため、毎年文部科学省（以下、文科省）要請を実施し、法改正にむけてとりくみを行なってきた。

二〇〇二年七月一八日、参議院文教科学委員会で、日政連議員の神本美恵子参議院議員が学校保健法の就学援助における医療費補助に関する件で質問に立った。「対象疾病は、学校から治療を促すのであれば、すべてを対象にすべきである。また『う歯』の治療については、アマルガム充填は、水銀等の問題から現在では使われなくなっているなど、現状等との乖離も甚だしい。治療の方法を限定すべきではなく、少なくとも保険適用される治療方法は認めるべきである」と、早急に学校保健法など関係法規の改正を行なうよう迫った。これにたいし、スポーツ・青少年局長は、「〇三年度に学校保健に関する事項全般の見直しをはかる」という主旨の答弁をした。

〇三年、学校保健法施行令の一部が改正され、〇四年四月から「『う歯』の治療については保険診療の範囲であれば認める」こととなった。

しかし、国の「三位一体改革」の中で、〇五年度から就学援助費補助金の大幅削減に伴い、準要保護児童生徒にたいする国による医療費補助が廃止となった。これにより「準要保護」の資格要件を厳しくする自治体も出てきたことから、日教組養護教員部は「設置者の責任において、医療費の削減は行なわないこと」を各自治体に対して要請するよう、単組へ指示した。

日教組養護教員部は、就学援助の対象疾病の見直しについて、文科省に要請を続けてきた。〇九年の要請行動では、文科省は、「アレルギー疾患は体質的なものであり、根本的な治療は難しい。増えていることは認めるが、実態がつかめていない。健康診断のスクリーニングであがってくる疾病について就学援助の対象とするのは難しい。アタマジラミについては法律で定められていない」と回答している。一一年、文科省は「今後の健康診断の在り方等に関する検討会」（以下、検討会）を設置し、六つの論点の一つとして、「学校病等」についても話し合われることになった。第四回検討会では、いわゆる「学校病」については、地域医療や福祉制度との関係等もあることから、別にワーキンググループを設置して論議することとした。その後、検討会は、「『学校病』の制度は中止すべきではない。対象者が非常に少ない疾病も含まれるが、『学校病』として利用されている実態を考慮すると、現在指定されている疾病を削除することはよくない」とする意見書を提出している。

現在は、公費負担制度として、乳幼児・一人親・子ども医療費助成制度などにより、自治体による援助が何らかの形で行なわれている。しかし、援助の対象となる年齢や所得制限の有無、制度利用において一部自己負担かそれとも無料かについても、自治体間のばらつきは大きい。就学援助制度の医療費は、対象となる疾病は限定されているものの、自己負担はない。一方、子ども医療費助成制度では、一部自己負担が必要な自治体も多い。住んでいる場所によって、医療費の助成を受給できるかどうか、また、受給できた場合でも、給付面など、各自治体による考え方や対応の違いが不公平を生じさせている実態がある。しかし、「学校病」による医療券申請には、地域によりマイナンバーの提出も必要とされるなど、手続きの煩雑さから、就学援助ではなく、子ども医療費助成制度を使用する家庭も多い。

このような構造によって、子どもたちが不利益をこうむることのないよう、就学支援にかかわっては、援助費の充実と、学校保健安全法施行令の対象疾病の抜本的な見直しなど、法改正にむけたとりくみをすすめなければならない。また現場実態をふまえた柔軟な対応を求めるとともに、事務の簡素化にむけたとりくみをすすめる必要がある。

【参考資料】

- 厚生労働省「令和元年度『乳幼児等に係る医療費の援助についての調査』」結果
- 横山純一「『子どもの貧困』と就学援助制度の動向」『自治総研』四三七号（二〇一八年三月号）、地方自治総合研究所

養護教員部七〇年史に寄せて

菅谷　宝子

私が採用されたのは一九九五年です。当時私が採用になった地域は、北海道教職員組合（以下、北教組）の中でも組織率が高く、管理職も組合員だった人たちが担っており、原則的なとりくみができる恵まれた環境でした。両親も北教組組合員だったので、組合に入ることは極々自然なことでした。

私は学校でインフルエンザの予防接種を受けたことはありません。小学校に入学したのは一九八〇年。母親は前年に退職していましたが、接種後の死亡事故をうけての反対のとりくみやそれ以前の学校における集団予防接種等を厚生行政に返上する運動を、養護教員だった母親も行なっていたのではないかと思います。学校での集団接種が行なわれた日に、「熱っぽく、体調が悪いから」という理由で接種しなかったことを記憶しています。薬や医療などについて、「有効性・安全性・必要性」をもって自分で判断するという考えは、そういう家庭環境で作られたもので、今考えると私が北教組組合員になり、日教組養護教員部にかかわることになったのは運命的な流れがあったのかもしれません。

一八―一九年度に副部長を、二〇―二一年に部長をさせていただきました。単組での執行委員などの経験がないことで、日教組での仕事はわからないことばかりでした。それに加えて、新型コロナウイルス感染症による出勤の制限やWｅｂを活用した会議や集会の運営など、新たな状況に対応しなければならないことがたくさんあり、特に会議の運営では、常任委員や保健研究委員にも大変な思いをさせました。また、「うつる病気」やワクチンのこと、陽性者や濃厚接触者への対応、検査など、養護教員部にもかかわることが矢継ぎ早におろされ、その対応が十分にできなかったこともたくさんありました。

新型コロナウイルス感染症流行の状況下で、会って話をすることができなくなり、少数職種の養護教員にとって、「なかまとのつながり」が必要だということを改めて強く感じることになりました。私の養護教員としての基本的な考え方は、養護教員部の先輩たちが子どもの実態や課題など、議論を交わすのを見聞きする中で培われました。自分を養護教員として育ててくれたのは、組合の学習会や教研活動です。第六〇回日教組養護教員部研究集会はＷｅｂ開催となりましたが、六〇〇超もの人が参加してくださったのは、「なかまとのつながりを感じたい」という気持ちの表れだったと思っています。学校は多忙になり、なかまと話をする時間を十分にとることもできず、変だと思っても言えないような状況もたくさんあります。学校のあり方が大きく変わっていくことが予想されます。時代に合わせた変化は必要なことかもしれませんが、「子どもにとってどうなのか」ということを問い続けることのできる養護教員部でありたいと強く願っています。

第七節　子どもの学校事故にたいする災害補償制度の確立にむけて

一九五一年、日教組第八回定期大会で「児童生徒の災害補償制度」の確立にむけた運動方針が決定され、日政連議員を中心に「国立及び公立の義務諸学校の児童及び生徒の災害補償に関する法律案」を提出するなど、日教組は国会対策を強化した。

しかし、様々な状況の中、児童生徒の災害補償制度は、設置者と保護者による共済制度（日本学校安全会法、五九年制定）へとすり替えられた。六〇年に設立された「日本学校安全会」は、その審議過程（五九年一二月一日、第三三回国会参議院文教委員会）において、「義務教育国庫負担の趣旨にのっとって漸次父兄負担を軽減していきたいという方針」（文部大臣・松田竹千代）、将来的には掛金を「相当部分設置者が持って、なるべく少ない部分を保護者その他が持つようにいたしたい」（文部省体育局長・清水康平）という発言があったにもかかわらず、三年ごとに掛金の値上げを行ない、給付を拡大すれば掛金を引き上げるという悪循環で、給付の拡大要求を抑えこんだ。

その後、災害共済給付に関する業務の名称は、八二年七月二六日より、日本学校安全会と日本学校給食会が統合され「日本学校健康会」に、八六年三月一日より「日本体育・学校健康センター」に、そして二〇〇三年一〇月一日より、「独立行政法人・日本スポーツ振興センター」（以下、日本スポーツ振興センター）へと変更され、業務が継承されてきた。

この間、日教組養護教員部は扶助共済方式ではなく、国家賠償としての補償制度となるよう学校災害補償制度の確立をめざし、掛金の全額設置者負担、見舞金および給付金の改善・増額、災害給付金の適用範囲の見直し、事務の簡素化等を求め、文部科学省（以下、文科省）交渉を行なった。

また日本スポーツ振興センターが、〇五年度より災害共済給付金請求事務のオンライン化を導入したことにより、それに伴う個人情報の取り扱いやパソコンの設置状況等から担当者に過大な負担がかかるなど、混乱が生じたことから、日教組養護教員部はこれらの問題点を指摘し、設置者や学校の実情も勘案し、学校からの給付金申請においてオンラインによる申請を強制としないことなどを確認してきた。

二〇一一年の東日本大震災において学校現場でも多くの子どもや教職員が犠牲となったが、津波で亡くなった子どもは、非常災害という理由で、日本スポーツ振興センターの補償の対象にはならないとされた。それにたいし日教組は、日政連議員および連合などと連携し、国会対策や文科省との協議をすすめた。その結果、本来の給付金より減額はされたものの、学校管理下において津波で亡くなった子どもも、日本スポーツ振興センターの補償の対象となり、給付金が支給されることとなった。

日教組養護教員部はこれらの経過をふまえ、第八一回日教組養護教員部総会から「学校管理下における『非常災害』等も対象とするよう」災害救済給付金の適用範囲の拡大を方針化し、文科省および日本スポーツ振興センターへのとりくみを強化している。

文科省は一六年「災害共済給付事業の今後の在り方に関する検討会議」を設置し、一七年同会議のとりまとめ結果である「災害共済給付事業の今後の在り方に関する検討会議報告書」を公表した。この報告書では、地方公共団体がそれぞれ実施する医療費助成制度との調整、また給付水準等のあり方、制度の適正性の確保などが課題であるとされた。このうち、医療費助成制度が全国的に普及している現状において、実施状況をふまえた掛金等を検討することなどが課題に挙げられている。

学校事故にたいする医療費負担については、居住している自治体間で大きなばらつきが出ている。公費負担制度の対象者の範囲や全額公費負担になるのか、保護者による一部負担が発生するのかの違い、さらには、これに伴う申請の手続きが煩雑になっているなどの実態もある。

日教組は、学校教育で生じた事故や災害については今後も引き続き、国や設置者の責任においてすべての子どもにたいして全額公費負担となるよう、現システムを根本から見直すことが必要であると考え、とりくみをすすめている。

2019年度改定以降：災害共済給付にかかわる共済掛金額（児童生徒等一人当たり年額）／単位：円

<table>
<tr><th colspan="2">掛金の額
学校種別</th><th>2019年度～</th><th>学校の設置者が保護者から徴収する額の範囲</th></tr>
<tr><td colspan="2">義務教育諸学校</td><td>920（460）</td><td>4～6割</td></tr>
<tr><td rowspan="3">高等学校
高等専修学校</td><td>全日制
昼間学科</td><td>2,150（1,075）</td><td rowspan="7">6～9割</td></tr>
<tr><td>定時制
夜間等学科</td><td>980（490）</td></tr>
<tr><td>通信制
通信制学科</td><td>280（140）</td></tr>
<tr><td colspan="2">高等専門学校</td><td>1,930（965）</td></tr>
<tr><td colspan="2">幼稚園</td><td>270（135）</td></tr>
<tr><td colspan="2">幼保連携型認定こども園</td><td>270（135）</td></tr>
<tr><td colspan="2">保育所等</td><td>350（175）</td></tr>
</table>

（　）内は沖縄県における共済掛金額である。
独立行政法人日本スポーツ振興センター「令和3年度学校安全・災害共済給付ガイド」より

2019年度以降　死亡・障害　見舞金（単位：千円）

区分	学校内事故	通学（園）途中事故*
死亡	30,000	15,000
第1級	40,000	20,000
第2級	36,000	18,000
第3級	31,400	15,700
第4級	21,800	10,900
第5級	18,200	9,100
第6級	15,100	7,550
第7級	12,700	6,350
第8級	7,400	3,700
第9級	5,900	2,950
第10級	4,300	2,150
第11級	3,100	1,550
第12級	2,250	1,125
第13級	1,500	750
第14級	880	440

＊通学に準ずる場合を含む。運動などの行為と関連のない場合の突然死は通学中及びそれに準ずる場合と同額

第三章　養護教員の未来をみつめて

第一節　養護教員部の新たなとりくみ

一　地域保健・地域医療とのかかわり

健康日本21

厚生省（二〇〇一年から厚生労働省）は「二十一世紀における国民健康づくり運動（健康日本21）」構想を二〇〇〇年三月にまとめ、各都道府県に通知した。

この「健康日本21」は、少子・高齢化の進行、要介護高齢者の増加、「生活習慣病」の増加、医療費の増加を背景に、「全ての人が明るく元気に生活できる社会」を実現するための運動として通知されたものである。国や地方自治体が二〇一〇年を目途に九つの領域、七〇の数値目標を設定した。この目標に国民みんながとりくむことで、早世（早死）を減少させ、痴呆や寝たきりにならない状態で生活できる期間（健康寿命）を延伸させ、「個人の力と社会の力」を合わせて、国民の健康づくりを総合的に推進させようとするものであった。

「健康日本21」構想が始まった九〇年代の日本においては、糖尿病などの直接死因としての死亡率は高くないものの、合併症によって生活の質を低下させる疾患の増加が見られるようになった。また、成人病と呼ばれる疾患の発生には、食生活、運動、飲酒、喫煙などの生活習慣が大きく影響することが明らかになった。

一九九六年一二月、公衆衛生審議会は「生活習慣に着目した疾病概念を導入し、特に一次予防対策を強力に推進していくことが肝要」と提唱し、初めて「生活習慣病」という概念を導入した。厚生労働省（以下、厚労省）は、成人病と呼ばれていた糖尿病などの病気を生活習慣病と言い換えることにより、病気にたいする考え方を一八〇度転換させたのである。成人病は、歳を重ねていく中で誰しもがかかる可能性のある病気ととらえられていたが、生活習慣病と呼称を変えたことにより、病気は本人の生活習慣に起因するものと考えられるようになった。こうして、生活習慣の改善にむけて一次予防を重視した国民健康づくりがスタートした。

国民一人ひとりに行動変容を求めることを目的とした「健康日本21」には、「栄養・食生活」「身体活動・運動」「休養・こころの健康づくり」「たばこ」「アルコール」「歯の健康」「糖尿病」「循環器病」「がん」の九分野にわたる、七〇項目の具体的目標が設定され、達成の目途は二〇一〇年までの一〇年間とされた。直接、子どもにかかわることとして、「肥満児の減少」「中高生の朝食欠食をなくす」「未成年者の飲酒をなくす」「三歳までのフッ化物応用者の割合を九〇％以上」「一二歳時の一人平均ＤＭＦ歯数を一歯以下にする」などが示された。

この「健康日本21」をすすめるため、各自治体において、住民が生まれてから死ぬまでの健康づくりが策定され、今まで分離していた学校保健の分野との連携や協力が求められるようになった。生活習慣病は大人になってから予防するのではなく、幼少期から生活習慣の改善をすすめることこそが真の予防につながるとの考えが基本となり、学校等に積極的に健康施策が入ってくるようになった。健康診断結果（身長・体重）や歯科のデータ収集、学校におけるフッ素洗口・塗布導入問題など、学校現場や養護教員への協力要請がより強まった。

日教組養護教員部は、「健康」は一人ひとりの多様な生き方や価値観に基づくものであると考えてきた。国が一律に「目標値」「理想値」を設定し、どの年代においても、「病気にならない」ための「自助努力と自己責任」を求めていく方向は、病気や障害を排除しようとする「健康観」につながることが危惧される。

二〇一三年から二二年までの第二次施策が開始され、具体的に学校現場には、「健康日本21」推進のための肥満・やせの調査、採血による生活習慣病予防健診、「歯科口腔保健推進法」や歯科保健条例に基づく集団フッ素洗口・塗布、「がん対策基本法」に基づく中学生・高校生へのピロリ菌検査など、本来、学校で行なうものではない施策が次々と下りている。

健康増進法

二〇〇〇年に「健康日本21」が通知され、国民健康づくり対策がスタートしたが、「健康日本21」は厚労省の事務次官通知に基づいて実施されたため、市町村での健康づくりへのとりくみに大きな差が出た。「通知に基づくものでは行政の優先順位が低く、後回しにされがちになる」というのが主な理由であった。これらを受け、地方自治体からは、「健康日本21」を推進するためには法的裏づけが必要であるとして法令化への要望が強く出された。

「健康増進法」は、〇二年七月、第一五四回国会にて成立し、〇三年五月一日に施行された。国民一人ひとりが日々の生活習慣を主体的に見直して、病気にならないように努める「疾病予防・健康づくり」を目的とし、これまであった「栄養改善法」を廃止し、健康に関することすべてを網羅したものである。趣旨は「国民の健康の増進」となっているものの、第二条では健康を「国民の責務」として位置づけ、「健康診断の義務化」や、第九条では「健康手帳の交付」などを具体策として挙げている。つまり、病気や障害のあることを個人の責任とし、公的機関での個人データが今まで以上に管理されることが予想されるものであった。また、「健康増進法」では、学校は健康増進施設と位置づけられることとなった。

こうして、生活習慣病予防を目的とし、生活習慣を改善する運動として生まれた「健康日本21」は「健康増進法」に裏づけされることにより、さらに強固なものになったのである。

日教組養護教員部は、〇一年一二月、『学習シリーズ⑩「健康日本21」を問う』を発行し、組織購読を勧めるとともに、とりくみの共通認識をはかった。また、各単組に学習資料を配布し、意見集約をはかるとともに、〇三年七月、『学習シリーズ⑫「健康増進法」のねらいを考える』を発行し、第四三回日教組養護教員部研究集会で問題提起した。

一方、「健康日本21」策定後、国が行なう様々な健康施策が、どのような意図をもって実施されようとしているのか、学校の健康教育と、「健康増進法」ですすめられている健康施策についての違いを整理する必要があることから、日教組養護教員部では、一八・一九年度の保健研究委員会において、調査・研究を行ない、「養護教員の健康観を問う～健康教育と健康施策をどう考えるか～」と題して報告書にまとめた。この研究では、私たちは健康教育をどのようにすすめていけばよいかを明らかにした。

アンケート調査では、「健康施策は健康教育に有効なのか」という問いにたいし、「有効である」と答えている割合は全体で六・二％とわずかであった。「施策によっては有効である」という回答が六割近くを占めており、子どもの実態に合っていれば、という記述が多く、子どもを主体に考えていることがわかる。「有効ではない」では、子どもの実態に合わないにもかかわらず、実施せざるを得ない状況があることや、一方的な健康観の押しつけにつながるのではないかという記述が多く見られた。子どもの背景や構造的な問題を見ずに、一律的に「健康はよいこと」として押しつけていないか、子どもたちを置き去りにして施策を実施することが目的のようになってしまっていないか、国がすすめる施策をそのまま安易に請け負うのではなく、しっかり情報を得たうえで、養護教員自身がどうあるべきかを考えることが重要である。様々な健康施策の中で、私たちはどのような健康教育を行なっていくのか、病気や障害を否定的にとらえることなく、目の前の子どもの個性を生かしながら、子どもたちに寄り添うことができる養護教員の「健康観」も問い直し続けることが大切である。

憲法二十五条では「すべて国民は、健康で文化的な最低限度の生活を営む権利を有する」とされている。しかし、「健康日本21」「健康増進法」制定以降の約二〇年間に、健康であることや病気を予防することを「国民の責務」とした、健康にかかわる法律（次頁・**国の健康施策**参照）が次々と策定された。さらに、妊婦健康診断（健康診断は以下、健診）、乳幼児健診、学校における健診等の結果をビッグデータ化し、将来の病気予防に役立てようとする研究もすすめられている。私たちは、かつて国の健康増進施策に基づき、子どもたちを戦場に送る一翼を担った辛い歴史をもつ。私たちが国の健康施策を考えるときに重要なことは、過去の歴史に学ぶことと、その社会的背景をしっかりととらえることである。

「健康増進法」では、学校は健康増進事業実施者として、「健康教育、健康相談その他国民の健康の増進のために必要な事業を積極的に推進するよう努めなければならない」とされており、国が推奨する健康づくりを積極的に担うことが求められている。

国・自治体や企業がすすめる子どもの健康づくり施策にたいしては「安全性・必要性・有効性」の観点に基づき、「誰のため、何のための施策か」「それは学校で行なわなければならないものなのか」を常に考える必要がある。過去の過ちを繰り返さないためにも、一人ひとりが学習を深め、自らの「健康観」を問い直すとともに、改めて「養護をつかさどる」意味を考えることが大切である。

国の健康施策（「健康日本21」以降　抜粋）

・二〇〇〇年　二十一世紀における国民健康づくり運動（「健康日本21」）策定
・　〇三年　健康増進法施行
・　〇五年　食育基本法施行
・　〇六年　がん対策基本法成立
　　　　　　食育推進基本計画策定　「早寝早起き朝ごはん」国民運動展開
　　　　　　自殺対策基本法成立・施行
・　〇七年　がん対策推進基本計画（第一期）策定
・　〇九年　学校保健法が学校保健安全法に改題
・　一一年　歯科口腔保健の推進に関する法律
　　　　　　スポーツ基本法施行
・　一二年　がん対策推進基本計画（第二期）策定
・　一三年　「健康日本21」（第二次）
　　　　　　予防接種法一部改正
・　一五年　アレルギー疾患対策基本法施行
・　一七年　がん対策推進基本計画（第三期）策定
　　　　　　スポーツ基本計画（第二期）策定
・　一八年　健康増進法一部改正
・　二一年　食育推進基本計画（第四次）

【参考資料】

・日本教職員組合養護教員部編『学習シリーズ⑫「健康増進法」のねらいを考える～「健康日本21」の法制化～』アドバンテージサーバー、二〇〇三年七月

・日教組養護教員部保健研究委員会報告「養護教員の健康観を問う～健康教育と健康施策をどう考えるか～」二〇二〇年三月

二　がん対策「がん教育」

二〇二〇年、がんは日本人の死因の第一位で、年間三七万八〇〇〇人が、がんを原因として亡くなっているとされる（厚労省「二〇二〇年人口動態統計」）。また、生涯のうちに国民の二人に一人が、がんにかかると推測されている。

健康を国民の権利から責務へという流れは、健康日本21（二〇〇〇年）から始まった国の健康施策により、健康増進法で法律に位置づけられ、小泉・安倍政権の新自由主義・改革路線の中で、「自己責任・個人の努力・受益者負担」を原則とするものへと大きく変換してきたと考えられる。その流れは健康増進法（〇二年）に始まり、食育基本法（〇五年）、がん対策基本法（〇六年）と続き、次々と国民の健康に関して国民に責務を求める法律が策定された。

「がん対策基本法」（〇六年）（抜粋）

第一条　がん対策の一層の充実を図るため、がん対策に関し、基本理念を定め、国、地方公共団

体、医療保険者、国民、医師等及び事業主の責務を明らかにし、並びにがん対策の推進に関する計画の策定について定めるとともに、がん対策の基本となる事項を定めることにより、がん対策を総合的かつ計画的に推進することを目的とする。

第六条　国民は、喫煙、食生活、運動その他の生活習慣が健康に及ぼす影響、がんの原因となるおそれのある感染症等がんに関する正しい知識を持ち、がんの予防に必要な注意を払い、必要に応じ、がん検診を受けるよう努めるほか、がん患者に関する理解を深めるよう努めなければならない。

政府はこのがん対策基本法に基づく「がん対策推進基本計画」（〇七年）を出し、「がんの年齢調整死亡率（七五歳未満）の二〇％減少」という目標を立てたが、達成には至らなかった。その五年後に見直された「第2期がん対策推進基本計画」（一二年）では、がん予防の施策として、次のことが打ち出された。

「第2期がん対策推進基本計画」（一二年）（抜粋）

・子宮頸がん予防（ＨＰＶ）ワクチンの普及啓発
・肺炎ウイルス検査体制の充実や普及啓発
・Ｂ型肝炎ウイルスワクチンの接種の方法等のあり方について検討
・ＨＴＬＶ―１感染予防対策
・ヘリコバクター・ピロリ除菌の有用性について検討　等

この計画の中で「子どもに対しては、健康と命の大切さについて学び、自らの健康を適切に管理し、がんに対する正しい知識とがん患者に対する正しい認識を持つよう教育することを目指し、五年以内に、学校での教育のあり方を含め、健康教育全体の中で『がん』教育をどのようにするべきか検討し、検討結果に基づく教育活動の実施を目標とする」と明文化され、学校における「がん教育」の必要性と重要性が明言された。

一四年文部科学省（以下、文科省）は、「がんの教育総合支援事業」（一四～一六年度）を立ち上げ、全国でモデル事業を実施した。モデル事業は「都道府県・政令指定都市において『がんの教育に関する計画』を作成し、作成した計画に基づき、がんの教育に関する多様な取組を実施する」とし、一四年度から一六年度までに四八地域二八七校で実施された。

さらに、「がん教育の在り方に関する検討会」を設置し、「がん教育」の指導内容や教材の開発、外部講師の活用方法等について検討をすすめた。

一五年、「学校におけるがん教育の在り方について（報告）」が出され、モデル事業の成果をふまえた「がん教育」について一七年度以降全国に展開することをめざすとして、文科省は「外部講師を用いたがん教育ガイドライン」（一六年四月）、「がん教育推進のための教材」（同上）および補助資料等を作成した。なおガイドラインや補助教材は改訂を経ており、二一年三月現在にも一部改訂が行なわれた。

また、教育課程上の位置づけを課題とし、「中央教育審議会における教育課程の在り方に関する議論において、健康教育の在り方全体の議論の中で、検討する必要がある」（「学校におけるがん教育の在り方について（報告）」より）とした。

「学校におけるがん教育の在り方について」（がん教育検討会　報告）（一五年）文科省

〈がん教育の定義〉

がん教育は、健康教育の一環として、がんについての正しい理解と、がん患者や家族などのがんと向き合う人々に対する共感的な理解を深めることを通して、自他の健康と命の大切さについて学び、共に生きる社会づくりに寄与する資質や能力の育成を図る教育である。
〈がん教育の目標〉
①がんについて正しく理解することができるようにする
②健康と命の大切さについて主体的に考えることができるようにする

一六年一二月に改正された「がん対策基本法」において、「がんに関する教育の推進のために必要な施策を講ずる」旨の文言が新たに記載されたことを受け、「第３期がん対策推進基本計画（一七〜二二年度・一八年三月閣議決定）」では、「国は、全国での実施状況を把握した上で、地域の実情に応じて、外部講師の活用体制を整備し、がん教育の充実に努める」ことが示された。それを受け、一八年度から全国でのがん教育の実施状況等を把握し、今後の施策の参考とすることを目的に「がん教育実施状況調査」が行なわれた。

また、二一年度から全面実施された中学校の新学習指導要領（一七年三月公示）では、保健体育の「健康な生活と疾病の予防」の中で「がんについても取り扱うものとする」と明記された。

高等学校においては、生活習慣病の項目においてすでに悪性新生物についてふれられているが、二二年度入学生より年次進行で実施された高等学校の新学習指導要領（一八年三月公示）においても、同じく「がんについても取り扱うものとする」と明記された。

一七年度以降も、文科省「がん教育総合支援事業」には予算が計上され（一八年度三二〇〇万円、一九年度三三〇〇万円)、また「がん教育」が小学校、中学校、高等学校の新学習指導要領に明文化されたことにより、各市町で研修会等が行なわれ、多くの学校で「がん教育」が導入され始めている。しかし、「がん教育」を実施するにあたっては、がんに罹患した原因について個人の責任が問われることがないように配慮が必要となるが、配慮の方法や内容が明確にされないますますすめられているため、対応は学校にまかせきりとなっているのが現状である。遺伝、環境要因など原因がはっきりわからない部分も多い中、個人の責任に押しつける方向ですすんでよいのか、指導する立場の教員が常に問題意識をもち考えていくと同時に、国にたいして問題提起をしていく必要がある。

日教組養護教員部ではこれらの経緯をふまえ、一八・一九年度の保健研究委員会において「養護教員の健康観を問う〜健康教育と健康施策をどう考えるか〜」の中で、「がん教育」をとりあげ、学校現場の状況を調査した。この調査研究では、「がん教育」を通して、学校で行なう健康施策の課題を明らかにするとともに、健康施策が自己責任や自助努力とならないようにするために、養護教員が健康教育をどのようにすすめていけばよいかを検討し、考えていくことを目的の一つとしてとりくんだ。

報告からは、「がん教育」を実施した学校での問題点として、「当事者またはがん患者への配慮」があげられている。これにたいし「『聞きたくない子は別室にいてもいいよ』というような『がん授業』を行なうのではなく、授業とは本来、だれも傷つかない内容を行なうべきで、またそうすることが教員の役目のはずである。養護教員は弱い立場の子どもたちに寄り添う存在だということを忘れないようにしたい」とした意見が示された。また、子どもやその家族にがん患者がいる場合の配慮をどのようにするのか、外部講師などの関係機関との連携をどうするのかなど、「がん教育」をすすめていく上での今後の課題も確認された。

実際の「がん教育」の授業では、子どもを通して家族に「がん検診をすすめる」ことをねらいとしている。外部講師としてがん経験者を招いた授業では、「困難を乗り越えた」など美談にして教育に活用している問題もある。一口にがん患者、がん経験者といっても一人ひとり状況が違うことから、授業で扱うにはあまりにもデリケートな内容である。「がん教育」の実施にあたっては、一斉授業において、子どもの精神的苦痛や病気にたいする不安感を与えない配慮がはたして可能なのか考える必要がある。

さらに、学習指導要領で「がん教育」を行なうと明記されたからには評価についても考えなければならない。個人の生き方や思想、倫理観といった人の生き方にかかわる内容であり、それらが多様であることを念頭に、授業だけに限らない「私たちのめざす健康教育」について自主編成していく必要がある。

また、「がん教育」をふまえ、がん予防対策として不要な検診導入やHPVワクチンなどの予防接種をすすめられることが、より一層危惧される。さらに、「がん教育」の中ですすめられたわけではないが、地域のがん対策の一環として、中学生・高校生へのピロリ菌検査が導入される学校が全国的に増えている。

子ども、学校、地域の実態に即し、子ども一人ひとりの思いを大切にできるように、保護者、教職員の共通理解をはかることが必要である。

最後に、日教組養護教員部は「がん教育」自体を否定しているわけではなく、自他の健康と命の大切さを学ぶことは重要だと考えている。一方で、命の大切さを知ることにたいし、がんを特別扱いする必要はなく、包括的な健康教育を行なうことが必要と考え、鉤括弧付きで「がん教育」と示していることを明記しておく。

【参考資料】

・日教組養護教員部保健研究委員会報告「養護教員の健康観を問う～健康教育と健康施策をどう考えるか～」（二〇二〇年三月）

ピロリ菌検査について

二〇〇〇年、二一世紀における国民の健康づくり「健康日本21」が始まった。その内容は、九つの領域で七〇項目の数値目標を設定し、国が示す「目標値」にむかって、国民が健康づくりをするというものである。この九つの領域の中に「がん」が含まれていた。〇二年には、「健康増進法」が制定され、健康増進が国民の責務とされた。〇八年、国は「特定健康診査・特定保健指導」を開始し、同年、厚生労働省（以下、厚労省）は、がん予防重点健康教育及びがん検診実施のための指針を定め、市町村による科学的根拠に基づくがん検診の推進を始めた。この頃から「将来胃がんに罹患するのを防ぐため」「大人の胃がん検診受診率が低いから」「地域の胃がん死亡率が高いから」等を理由に、地域医療の一環として中学生・高校生を対象にピロリ菌検査を実施する自治体が出てきた。しかし、その指針で定めるがん検診の内容には、ピロリ菌検査は含まれていなかった。

一三年には、「健康寿命の延伸と健康格差の縮小」を全体目標に、「健康日本21（第二次）」が策定された。この施策では、がんの領域においては、「七五歳未満のがんの年齢調整死亡率の減少」「がん検診の受診率の向上」が目標とされている。また、第二次の改正の内容としては、都道府県健康増進計画及び市町村健康増進計画の策定に関する基本的な事項として、健康増進計画の策定に当たり、地方公共団体は、「地域住民の健康に関する各種指標を活用しつつ、地域の社会資源等の実情を踏まえ、独自に重要な課題を選択し、その到達すべき目標を設定し、定期的に評価及び改定を実施することが必要である」と記載されており、各自治体でのとりくみの強化を求めるものであった。

また、がんについては、国は一九八四年、「対がん一〇ヵ年総合戦略」から、がん研究の推進を始めている。その後、〇六年には、「がん対策基本法」が制定され、第六条に国民の責務として「がんの予防に必要な注意を払うよう努めるとともに、必要に応じ、がん検診を受けるように努めなければならない」となった。〇七年には、「がん対策推進基本計画」が策定された。一七年には、「第三期がん対策推進基本計画」が策定され、計画の中で、がんの一次予防の一つとして、「機会があれば、ヘリコバクター・ピロリの検査を受ける」と記載された。また、とりくむべき施策として「胃がんについては、胃がんの罹患率が減少していること等を踏まえ、国は引き続きヘリコバクター・ピロリの除菌の胃がん発症予防における有効性等について、国内外の知見を速やかに収集し、科学的根拠に基づいた対策について検討する」と書かれている。このような、国の施策を背景に、学校でのピロリ菌検査が導入されてきたと考えられる。

ピロリ菌検査については、一三年の日養研の分科会で話題に出始めている。日教組は一六年から文部科学省（以下文科省）にたいして「『健康日本21』『健康増進法』にかかわる施策については学校現場の実態を尊重し、導入にあたっては十分な協議をはかること」、また、厚労省にたいして、「地域医療に基づく検査等を、安易に学校に持ち込まないよう、働きかけること」を要請した。厚労省は「胃がん対策としてのピロリ菌検査には胃がんの死亡率を下げるというエビデンスがない」として、「四〇歳以上の胃がん検診にもピロリ菌検査を推奨していない」と回答した。文科省も「学校現場の実態を尊重して施策をすすめるよう引き続き連携協議していきたい」と回答している。

一七年、日教組養護教員部は、「子どもの健康問題対策委員会」を立ち上げ、学校保健安全法にない検査等が安易に学校で実施されていないか、実態調査を行なうこととした。その調査結果をもとに、討議資料を作成し、教職員による学習をすすめるとともに、国会対策、文科省・厚労省との協議、社会的対話等のとりくみにいかしていくことにした。この調査では、市町村立学校、および都道府県立学校をそれぞれの自治体単位で集計を行なった。回答があった一〇六八件のうち、ピロリ菌検査を実施していたのは六五件だった。検査対象は、中学二年生、中学三年生がほとんどだったが、中学一年生、高校一年生を対象にした県もあった。六五件中、四三件で健康診断時の尿を使用、一三件で検査結果を学校から配付、四一件で陽性の場合に全額または一部除菌費用を助成、という実態が明らかになった。多くの保護者や子どもたちは、「健康診断の尿検査を使用していること」「学校を通して同意書や検査結果を配付していること」により、「ピロリ菌検査が学校健康診断の一環であり、学校が推奨する安全で有効な検査」ととらえることが予見される。さらに教職員にたいしては、説明責任が求められることも危惧される中で、説明が不十分だったり、子どもたちの、病気にたいする不安が助長されたりしている実態もあがっている。

一方、ピロリ菌除菌には副作用も報告されている。一八年、日本小児栄養消化器肝臓学会は「小児期ヘリコバクター・ピロリ感染症の診療と管理ガイドライン２０１８」をまとめ、症状のない一五歳以下の子どもには胃がん予防のためにピロリ菌の検査や除菌をしないように提案する指針を公表した。このガイドラインでは、「日本の小児に除菌療法は二〇一七年一二月時点で保険収載されていないことからも、薬剤の安全性は確立されておらず、Helicobacter pylori（H.pylori）に感染している無症状の乳幼児への除菌は避けるべきである」としている。また、「胃癌予防に関しては成人に対する test and treat で問題はなく、希望がある場合などを除いて、中学生を含む小児に一律に test and treat を行うことは推奨できない」と指摘している。

ピロリ菌検査については、学会によって考え方がまったく異なる状況にある。

ピロリ菌検査は、学校で行なう健康診断の項目にないものであり、安全性や必要性が確立されていないものであることを教職員で共通認識する必要があり、健康施策を目的とした自治体の事業を学校に安易に入れないようとりくむ必要がある。

学校での健康診断は、子どもの学習する権利を保障するために実施するものであり、その法的根拠は、あくまで「学校保健安全法」に基づいて行なわれるべきである。子どもの健康を守るために養護教員は何をすべきか、何をしてはいけないかを改めて考え、自らの健康観を問い直すことが必要である。

【参考資料】

・日本小児栄養消化器肝臓学会「小児期ヘリコバクター・ピロリ感染症の診療と管理ガイドライン２０１８（改定２版）」

「ピロリ菌検査」の流れと問題点――北海道教職員組合養護教員部

一．はじめに

二〇〇二年の「健康増進法」の中にピロリ菌検査・除菌が明示された。北海道は全国でもがん患者が多いという統計結果が新聞でも報道され、ピロリ菌検査・除菌が成人を対象にすすめられた。北海道大学にヘリコバクター・ピロリ感染症を研究する医師が存在していたことも、北海道で研究が広まった要因である。

二．北海道教職員組合（以下北教組）としてのとりくみ

道内では、家族の胃がん早期発見のため、中学生へのピロリ菌検査が導入されてきた。

一四年、医師会や研究者が主体となって教育委員会に働きかけ、中学生を対象に定期健康診断の尿検査時にピロリ菌の早期発見・早期除菌を目的としたピロリ菌検査が九市町村に導入された。

一七年度の実態調査から、道内の一八市町村で実施されていることがわかっており、年々増加傾向にある。一九年現在、北海道では五五市町村で実施されている。

北教組は通常は管理運営事項であるとして交渉に応じない道教委へ、九月の教育予算交渉で「学校保健安全法に定められていない検診項目について、調査研究のためと称して学校で行なわれている実態があることから、健康診断は学校保健安全法に定められている項目を基本とし、ピロリ菌検査など研究目的の検診や精密検査を行なわないこと」を要求し、道教委からは「健康診断における検査項目については、学校保健安全法施行規則第六条の規定に基づき実施している。学校保健安全法施行規則に定められている項目以外の検査を学校等の判断で臨床医学的検査として実施する場合は、児童生徒及び保護者等にたいしては、これらの検査が義務付けでない旨を十分説明した上で、同意の得られたものにたいしてのみ実施する

など配慮している」との回答を毎年確認している。北教組は、希望制・医療機関実施を求め、学校の健康診断に導入させないとりくみを強化した。

各支部・支会では市町村教育委員会（以下、地教委）にたいし、「検査の中止を求め、継続するなら学校外実施とすること」「学校を介さないように働きかけを続けること」「住民健診として行なうこと」の三点を要求した。

その結果、「中学二年生の希望制と、中学三年生のみとすること」「対象者保護者への配付文書に、『学校の健診ではない』『住民健診である』などを付記すること」「案内文書、承諾書などは町から直接保護者に郵送とし、学校はかかわらないこと」「実施時期を変更する（学校健診で多忙な時期を避けること）」、これらの成果があった。

一方、住民健診であると確認しているにもかかわらず、学校健診尿検査の検体を使用、もしくは尿検査に合わせて一緒に回収される動きがあり改善が見られない、といった課題が残った。

なぜ発症もしていない中・高校生にピロリ菌検査が必要であるのか。推進派の意見とそれにたいする疑問点は以下の通りである。

〈**推進派の意見**〉（二〇一〇年二月二五日「北教号外資料編第六号『健康施策から考える　子どもの人権』」参照）

○「ピロリ菌」を一〇代のうちに除菌すれば、将来的に胃がんを発症することはほぼない。

○ピロリ菌の感染自体が、すでに病気という状態。菌が一度くっつくと感染は生涯持続して胃が荒廃し、最終的にはピロリ菌も住めない胃になってしまう。

○成人になってから萎縮性胃炎が起こってももとには戻れないが若い人ほど除菌効果がある。中学生であれば大人の標準量の治療薬で除菌できるし、萎縮性胃炎の進行がそれほどでない。

○義務教育期間中にやることが大事である。子どもの感染源は母親であることが多いので、一緒に治療できるメリットがある。

○一次検査は尿中抗体検査で行ない、陽性と判定された場合、二次で「尿素呼気検査」や「便中抗原反応」を行なう。便は臨床検査に使えるので、より安全に研究ができる。

○将来的には学校保健安全法を変え、学校健診の尿検査で一斉に調べる方

除菌後はアレルギー症状や、逆流性食道炎になることが報告されている。逆流性食道炎は様々な症状を引き起こし食道がんになるリスクが高くなると言われている。

大人のがん対策のためなのか?

学校健診の目的は学校生活に支障がないかスクリーニングすること。多項目化・精密化には反対。

法にしたい。それが一番やりやすい。
○自治体や国で除菌まで無料で事業として行なうことが重要。
○将来的には本当に胃がんを予防できたかどうか把握したい。そのために、除菌治療をした人の住所と電話番号を確認し、「がんを発病したか」聞き取りする予定。

やはり研究目的なのか？個人の情報は守られるのか？

また、これとは別に、日本小児栄養消化器肝臓学会からは、「私たち人間にとってピロリ菌も常在菌の一つ。ピロリ菌も一五歳以下の子どもには、喘息などのアレルギー疾患を防いだり弱めたりする働きがあることがわかってきている」という見解も出されている。
北海道各地での導入の動きにたいしての具体的なとりくみは次の通りである。

A支会

一六年度、管内の一部の町で、ピロリ菌検査が導入された。住民健診の一環として、町保健福祉課が事業主体となり中学二年生（初年度は三年生も）を対象とした。導入を阻止することはかなわなかったが、A支会は保健福祉課・地教委・対象校担当者と話し合いをもち、「この検査はあくまで住民健診の一環であること」「学校保健安全法にない検査であり、尿検査の検体を流用することは検体の目的外使用になること」「この形で継続するのではなく、あくまでも住民健診として実施できるよう環境を整えていくこと」の三点を確認した。

その結果、学校外での実施や尿検査の検体を使わないこと（別日での実施・検体を別に採取など）を勝ちとることはできなかったが、①保護者への説明は学校任せにせず、説明の場を設けることを検討すること、②同意書の様式を変更すること、③除菌治療の保護者負担を軽減するよう検討すること、④除菌治療確認検査の方法について、詳細を把握し、子どもの日常生活にできるだけ負担がかからないよう配慮事項を検討すること、などの回答を得ることができた。

また、意見交流する中で、「学校が案内文書を配付・回収することで保護者は『受けるのが当たり前』という意識をもってしまうこと」「小児の陽性者から大人の健診へつなげることは本来の健診のあり方ではないこと」「現段階で小児への投薬治療は確立されておらず、健康な子どもに抗生物質を使用することの問題点ははっきりしていないこと」「この治療によって将来的に胃がんが減少するかどうかはまだはっきりしていないこと」「家族の検査やいつ除菌を開始するのかなどといったことを選択できる情報を伝える必要性」の五点について意見反映することができた。

A支会では、保護者むけ資料を作成し、町発出の資料として町から説明をさせ、足りないところは養護教員が補足し保護者へ伝えた。

B支部

C支会では、一三年から始まった「学童健診（小児生活習慣病予防健診）」の一環として、一七年度から中学二年生を対象としたピロリ菌検査も導入された。一六年二月の町議会で、学童健診にピロリ菌検査を導入してはどうかとの質問に、町長が前向きに検討すると答弁した新聞報道を受け、支会養護教員部がすぐに連合推薦議員と連絡をとったところ、すでに予算づけされ実施の方向で動いていることが判明した。健診実施主体の健康ふくし課は交渉相手ではないため、支会書記局とともに地教委交渉をもち、「採血することで（ピロリ菌検査は採血での検査で実施）気分が悪くなる場合があるので、保護者同伴・学校外実施が望ましい（学童健診の会場の一つに学校がなっている）」「ピロリ菌は常在菌でアレルギー疾患を防いだり弱めたりする働きがある。除菌してしまうことで、腸内環境が変わってしまうことがある。除菌に使う抗生物質は子どもへの処方を前提にしたものではなく、大人でも副作用がある。除菌しても胃がんにならないわけではない。これらの懸念を理解した上で話をすすめているのか」「検査機関から、検査の概要の説明を保護者にするべきだと考えるがいかがか」と交渉した。

それにたいする回答は、「私たちの方が子どもの健康について十分考えている。話は伝えるが、どうなるかは健康ふくし課の判断次第である」というものだった。

健診時には採血によって具合の悪くなる生徒が毎年出ており、採血場所に医師の立ち会いはあったが、体調が戻るまでは同席せず、採血が終了した時点で帰って行った。健康ふくし課の保健師に、案内文書の変更（学校健診→学校会場、「少年団活動・部活動の中止」を前提に学校での学童健診を認めたのだから、その旨を記述すること）を申し入れたが、「意見としては聞くが、こちらで判断して決めること」と言われ、改善のないまま現在に至っている。

D支会では、一七年二月、地教委から学校に電話があり「町教育委員会としてピロリ菌検査の予算を要求し、議会で承認された。学校健診として中学二年生を（今年は三年生も）対象に行なうことにした。四月の参観日で保護者に説明して尿検査を実施する」という決定内容が通達された。すぐに養護教員部は地教委に説明を求めた。その内容は、「一次検査の尿検査のみ町が負担し、それ以外は自己負担する。D町の胃がんが多い現状から、ピロリ菌検査を実施したい、中学生のうちに除菌しておけば胃がんを防ぐと聞いていると住民健診をお願いしている地元近隣の基幹病院から話がきた」というものだった。住民健診としてできないかと提案をしたが、議会での説明と矛盾してしまうので今更変更できないという回答であった。

B支部の養護教員部は、これらの実態の把握後、支部全体にたいして、議会対策が必要であることとともに、保護者や地域住民にも中・高校生のピロリ菌検査と除菌にかかわる問題点を知らせる努力をするよう指示した。

それを受けたE支会では、中・高校生対象のピロリ菌検査の問題点の資料を作り、推薦議員や連合で配付や説明を行なった。議会で質問にあげられるという動きがあることを知り、資料を読み理解してくれていた人が、質問をする議員を説得し、趣旨を一八〇度変更した質問にすることができたため、中・高校生のピロリ菌検査は行なわないという決定を議会で導き出すことができた。日頃からの、各単組で抱える問題を広く知らせる努力が大切であると実感できた事例であった。

F市支部

一五年秋、医師会会長が、校長会・教頭会の代表と市教委を交えて、学習会を開催した。講師は、全道的に中学生に対するピロリ菌除菌の活動を行なっている北海道大学病院医局の出身で、現在はF市内病院に勤務する内科医だった。内容は「胃がんを防止するため、早期にピロリ菌除菌が必要であり、子どもの健康を守る観点で、F市で中学生のピロリ菌検査を実施したい」という趣旨であった。

一六年一月中旬に、二月のF市学校保健会医学講演会の案内が全PTAに配布された。講演内容は「ピロリ菌と胃の病気～早く根治して健康な胃に～」（国立病院機構F病院　消化器科部長　M氏）。二月一一日、地元新聞は「中3対象にピロリ菌検査実施へ」の記事を掲載。市長の会見前であり、まだ校長会にも下ろされておらず、学校現場にも知らされていない状態にもかかわらず実施の報道が出され、学校現場には大きな衝撃が走った。二月一九日に講演会が行なわれ、その中では「若年層のピロリ菌検査の効果と必要性」の他、「下痢軟便などの副作用やペニシリン系のアレルギーのある人は除菌薬が使えない」「中・高校生のデータ収集を希望する」などデメリットや本音の言葉も聞かれた。その後、F市支部養護教員部が市教委交渉を行なった。しかし、市教委の回答は「臨床研究ではない。普段の尿検査と一緒が楽だろう。一年だけではなく継続して行なう予定だ。二次検査以降は、保護者の希望である。市教委は結果を通知するのみ」というものだった。学校の方がたくさん回収でき、貧困対策の一つであるという見識も示した。実際の実施にあたっては、市は学校にできるだけ負担をかけないようにすると言いながら、結局、実際の検査のほとんどは学校が動かざるを得ない。責任の所在も不明確で、教員に不安をつぶやく生徒も少なくなかった。

同様に、北海道全域でピロリ菌検査が突然下ろされ、各地でとりくむこととなった。G支部では二市町村で、ある支会では、一三年一二月に医師会が臨床研究の一環として町に要請し、一四年九月に各中学校の体育館で希望者対象の検査が管理職対応によって実施された。また、H支部では、一一市町村中、七市町村で実施されている。各支部や支会では地教委交渉をもち、学校での検査をやめるよう動き、導入された場合も、学校の健康診断ではなく、住民健診であることを伝えるとりくみをしてきた。

三．まとめ

北海道では一二年四月に全国の都道府県で一七番目に「がん対策推進条例」が患者らの訴えを契機に制定された。予防や早期発見の推進、道民の責務などが盛り込まれているが、素案にたいして一番意見が多かった「患者らへの経済的支援」についてはまったく方策が盛り込まれていない。

一五年には北海道がん対策条例を受け、道保健福祉部は、北海道大学がん予防内科が作成した「中学生・高校生のピロリ菌検査除菌事業手順書」を全市町村に配布した。北海道で中・高校生対象のピロリ菌検査が急激に導入されていった背景には、北海道大学の医師の存在が大きい。北海道大学の医師は、当初〝血液検査や内視鏡検査などハードルの高い検査を尿検査で行なえる。健康診断時に集める尿検査検体をそのまま使える。一四才以下は内視鏡検査はいらない〟という資料を広め、それを受けた各自治体は手軽に胃がん予防ができると考えたと思われる。

しかし、中・高校生へのピロリ菌検査・除菌には次のような懸念点がある。

①中・高校生の除菌が将来の胃がんを防ぐという実績がない今の段階では、臨床研究である。
②症状がないのに抗菌剤を服用することの影響が不明である。
③抗菌剤は、子どもへの処方を前提としたものではない。
④抗生物質にアレルギーがある場合は除菌ができない。
⑤ピロリ菌を除菌しても防げない胃がんがある（スキルス性胃がんなど）。
⑥一回の除菌で完了しない人もいる。抗生物質に耐性のあるピロリ菌も存在する。
⑦除菌治療は二回目まで保険適応になるが、それ以降は、治療方法が確立されておらず保険適応外に

なる。

⑧本人だけでなく家族の感染状況も把握される。

⑨本人を除菌し、将来その子どもにピロリ菌をなくすのが目的（世代感染の防止）。

※現代の感染は母子感染を主とする家族内感染のみと言われている。中・高校生が親になってその子どもに感染させないようにする。

⑩常在菌を排除することは、体内の環境バランスを崩すことになる。

実際、まだ、実験段階のピロリ菌検査。北海道大学の医師が研究しているものであり、大人の除菌で胃がんを減らしたという実績から、中学生にも実施したら将来の胃がんを減らすという仮説のもと、すすめられているものである。実際に中学生が胃がんの好発年齢になって胃がんが減ったという実績はまだない。

今後も、ピロリ菌検査は地域医療（住民健診）であるため、学校現場に導入させないことを基本に、学校外（医療機関実施）・希望制を強く求めていくことが重要である。

また、やむを得ず、学校への関与を継続せざるを得ない場合は、①住民健診であることを明記し、説明する、②案内文書には、安全性・有効性・必要性を明記する、③希望制であり、申込書の提出は希望者のみとする、④学校は案内文書の配付のみとする、⑤検査は、個別に医療機関での実施が望ましい、⑥学校健診を活用せず、別時期の実施を求める、⑦結果は、直接保護者（郵送）に伝える、などのことについて改善を求め、継続的にとりくむ必要がある。

国ではどうとらえているのかというと、厚労省が推奨している胃がん対策は、〝レントゲン検査・内視鏡検査であり、現状では中学生はピロリ菌検査をするのにはあてはまらない。がん対策の項目として将来的に効果が確立されれば国として推奨する可能性はあるが、中学生よりまず成人である〟（「日教組養護教員部ニュース」№94、二〇一七年一二月二二日から抜粋）という見解を示している。厚労省では「がん検診のあり方に関する検討会」でピロリ菌検査について論議されているが、現時点では死亡率減少を示すエビデンスがないとして、さらなる検証が必要だとしている。文科省は各都道府県で子どもに検査を実施している実態を把握しておらず、今後、情報収集を行なうとしている。

学校を、医師や大学などの「研究・データ収集の場」とさせないために、「誰のための・何のための」健康診断なのかを問い直し、とりくむことが必要である。

【参考資料】

- 日本小児栄養消化器肝臓学会「小児期へリコバクター・ピロリ感染症の診療と管理ガイドライン２０１８（改定２版）」
- 第六六次北教組上川・旭川支部教育研究集会リポート
- 第六六次合同教育研究全道集会リポート
- 第六七次合同教育研究全道集会リポート
- 第六八次北教組上川・旭川支部教育研究集会リポート
- 北教号外資料編第六号「健康施策から考える　子どもの人権」、二〇二〇年二月二五日
- 「日教組養護教員部ニュース」№94、二〇一七年一二月二二日

三　健康診断票のビッグデータ利活用

二〇一三年、当時の安倍政権は、経済成長戦略（アベノミクス）の一つとして「健康・医療戦略」を掲げた。できれば「健康でありたい」とは誰もが思うことではある。しかし、経済成長として医療を掲げるということは、産業界（企業）が医療分野においていかに利益を追求するかということにほかならない。その結果、個人の「健康でありたい」という思いを具現化するよりも、「利益」が優先に考えられることとなった。

また、近年は、ＩＣＴの発展により大量のデータ（情報）を集積することが可能になり、収集したデータを、ＡＩ（人工知能）を用いて分析することも可能となってきた。このような時代の流れのなか、一六年に京都大学発のベンチャー企業が、文部科学省（以下、文科省）・総務省の補助金事業として中学三年生の健康診断票を丸ごとスキャンし、健康診断情報をビッグデータとして利活用する事業を始めた。分析したレポートを各保護者に還元して健康意識の向上につなげることを目的としているが、同時に疾病予防や医療費削減も意図している。将来的には診療報酬明細書（レセプト）情報とデータをつなぎ合わせ、病気の予防や健康増進に活用していくとしている。

企業側は、「乳幼児期や学童期の生活習慣や食習慣が将来の病気の大きな要因になっていることから、中学三年生の健康診断等結果（小中九年間分）を情報提供してほしい。収集したデータの結果については生徒本人へ返す。情報提供（健康診断票をスキャンする）の時点で、名前などの個人が特定できる情報は匿名・暗号化されることになっており、外部に漏れることはない」と説明している（『学習シリーズ㉓守ろう！子どもの個人情報』アドバンテージサーバー、二〇一八年）。これらにかかわる説明書は学校を通して配られるため、学校が行なっていると受け止める保護者も多く、「悪いことではない」ととらえ、説明書などを十分に読まずに判断することも考えられる。その上、情報提供に同意しない保護者は、平日の昼間に企業へ直接、電話でその旨を伝えなければならないしくみとなっているなど、多くの課題を含んだまま、一六年には、五〇の自治体にこの事業が広まった。その後もこの事業は拡大を続け、二〇年には「全国一四八自治体、九学年分（小学一年～中学三年）の約二八万人の児童生徒の学校健康診断結果（二一年四月）」がデータベース化されている〔一般社団法人健康・医療・教育情報評価推進機構　SHRデータベース（学校健診情報）より〕。

日教組養護教員部ではこれらの経緯をふまえ、日教組養護教員部研究集会や各ブロック・単組での学習会、一八年発行の『学習シリーズ㉓守ろう！子どもの個人情報』をもとに情報共有に努め、各々がビッグデータの動きにたいしてアンテナを高く張ることができるようとりくみをはかった。健康診断結果は「要配慮」個人情報であり、子どもの健康情報の扱いについては慎重を期す必要がある。さらに、子どもの情報の利活用がビジネスモデルとして推進されることに注視しなくてはならない。このようなとりくみの結果、地区執行部とも連携して導入の動きを阻止することができた単組もあった。

また、一九年には、文科省が「医療分野の研究開発に資するための匿名加工医療情報に関する法律等の施行に伴う学校における取扱いについて」を発出した。医療情報の提供にあたっては「本人に対して（本人が一六歳未満又は一六歳以上で判断能力を有していない者である場合は、本人に加え保護者等に対しても）医療情報の提供に係るあらかじめの通知」が必要、また、通知を受けた「本人（及び保護者）は医療情報の提供停止を求めることができる」（「学校における健康診断結果の提供に係るQ＆A」より）と書かれている。今後、子どもたちの意思表示をどのように行なうのか、教職員で共通理解する必要がある。

さらに同年、文科省は「データ時代における学校健康診断情報の利活用検討会」を設置し、その趣旨を「データ時代の今日にあって、健康診断結果は、検診時点のみならずそれまでの発育や健康状態の経過等を含めた情報を合わせて把握・蓄積することによって、保健指導や本人の健康の保持増進にもより効果的に役立てることが期待できる」「生涯にわたる一貫した健康情報の管理が求められている」ことから、「政府全体のＰＨＲ※推進にかかわる議論と連携して、今後の必要な取組及び工程を整理する必要がある」ため、「学校健康診断情報の電子化の在り方や、電子化した健康診断情報の利活用の在り方について」検討するとした。

二〇年度「健康診断情報の電子化推進に係る学校保健調査研究事業」（以下、学校保健調査研究事業）は一四〇〇万円の予算だったが、二一年度は「学校健康診断情報のＰＨＲへの活用に関する調査研究事業（以下、ＰＨＲ活用調査研究事業）」として一億五五〇〇万円と約一〇倍に増額された。日教組養護教員部は、『ＰＨＲ活用調査研究事業』について、文科省協議（二一年四月）を行なった。文科省からは、ＰＨＲ活用調査研究事業の目的は「二〇年度の学校保健調査研究事業で作成された様式を用いて、電子的に健康診断結果を個人に返す方法について調査研究するものであり、健康診断情報を校務支援システムに入力、マイナポータルにつないで、個人が健康管理等に活用することが可能かどうかということも調査研究する。目的はあくまで『個人への返却、活用』をすすめることである」、また、国の方針としてのビッグデータの利活用については「ＰＨＲ構想として厚生労働省（以下、厚労省）がすすめているもの。現時点では厚労省も個人の活用をすすめるための整理、システムの構築に主眼をおいて行なっているところであると聞いている」と回答を得た。また「健康診断結果を個人に戻す手段の一つであること」を確認し、ＰＨＲについては活用したい個人が希望するものであること、健康診断結果は個人のものであり、「法に基づく医療情報」として位置づけられている「要配慮個人情報」であることから、取り扱いは慎重に行なわれなければならないことを伝え、今後も継続して協議していくことを確認した。

厚労省が所管する乳幼児健診や妊婦健診などでは、マイナポータルを活用したデータ管理が実用化されているが、マイナンバーの活用については制限されているため、二一年現在、学校健診でマイナンバーを活用することはできないが、今後導入されることが危惧される。国による「生まれてから死ぬまでの健康管理」が行なわれることのないよう注視していく必要がある。

日教組は、学校における個人情報の保護について、教職員で学習を深め、共通認識をはかるとともに、子どもの情報がビジネスモデルとならないよう、誰のための、何のための利活用なのかを考えてとりくむ必要がある。

※ＰＨＲ（Personal Health Record）

個人の健康診断結果や服薬履歴等の健康情報等を電子記録として本人や家族が正確に把握するための仕組み。

これまでの流れ・背景

二〇〇〇年【健康日本21】具体的な数値目標を掲げた国民健康づくり運動が始まった。

〇二年【健康増進法成立】国の医療費削減を目的に、健康であることを国民の責務とした。

【住民基本台帳ネットワークシステム スタート】住民基本台帳のオンライン化をねらったが、国民総背番号制という批判・議論が巻き起こり普及しなかった。

〇五年【個人情報保護法全面施行】個人情報の取り扱いのルールが示されたが、個人情報の規定が

ある市での実態

市教委から「健康診断結果の情報提供」の依頼が校長会や養護教員が集まる会議を通して学校に下りてきた。

↓

【内容】
・「京都大学及び一般社団法人 健康・医療・教育情報評価推進機構」と情報提供を結ぶ。
・中学三年生の健康診断等結果（小中九年間分）を情報提供してほしい。
・収集したデータの結果については生徒個人へ返す。
・情報提供の時点で、名前等の個人が特定できる情報は匿名・暗号化されることになっており、外部に漏れることはない。

【同意書についての記載】
「趣旨に賛同できない・情報提供を拒否する場合は『一般社団法人 健康・医療・教育情報評価推進機構』（電話番号記載）に連絡を」と記載。

↓

・学校でデータの収集が行なわれる。健康診断票をスキャンした後、個人が特定できる名前、生年月日、出席番号のデータは、パソコン上で塗りつぶすことができる機能を使って見えないようにする。
　→これで「匿名加工情報」となる。
・担当者がこの匿名加工情報を持っていき、学校は名前等の入った暗号化フォルダ（ＣＤⒶ）を受け取る。
・健診データ（ＣＤⒷ）が後日学校に送付されてくる。
・ⒶⒷの２枚を合わせ読み込むことで、名前等がデータに挿入される。これを印刷して、生徒へ返す。

あいまいだった。

一一年【文科省科学技術イノベーション政策における「政策のための科学」（ＳｃｉＲＥＸ）推進事業開始】

・公募型研究開発プログラムの推進
・データ・情報基盤の構築
・基盤的研究・人材育成拠点の整備

一体的推進をする。

一三年【特定秘密保護法成立】日本の安全保障に関する情報のうち、特に秘匿することが必要であるものの保護に関し、必要な事項を定める。

【マイナンバー法成立】国民一人ひとりに一二桁のマイナンバーが与えられる。

一四年【総務省「地域ＩＣＴ振興型研究開発」事業】京都大学の研究課題「学校健診のデータベース構築による地域健康増進と新規ヘルスケアニーズの探索」。

一六年【マイナンバー本格運用開始】新薬や治療の研究に活かすため、治療や検査の大量のデータを収集し、安全に管理・匿名化する。

機関をつくることが方向づけられた。

【ＳｃｉＲＥＸ推進事業】京都大学の研究課題「自治体の持つ学校健診情報の可視化とその利用に向けての基盤構築」。

【京都大学発ベンチャー企業が学校健診をビッグデータとして活用する新事業を開始】

・一般社団法人 健康・医療・教育情報評価推進機構（ＨＣＥＩ）
・国立大学法人 京都大学大学院医学研究科

・株式会社 学校健診情報センター

一七年　【改正個人情報保護法全面施行】 情報化通信技術の進展、それに伴う個人情報大量流出、また、ビッグデータ利活用の時代がきたことなどにより、法改正された。個人情報の保護は強化された一方で、本人が特定されないよう加工（匿名加工）すれば、多くの情報が収集・利活用できるともされた。

要配慮個人情報として「人種、信条、社会的身分、病歴、犯罪の経歴」など「本人に対する不当な差別、偏見その他の不利益」が生じる可能性のある個人情報と明記され、これらについては、第三者提供は認めないとされた。

一八年　【次世代医療基盤法（医療分野の研究開発に資するための匿名加工医療情報に関する法律）施行】 国民の医療情報を匿名加工化し、ビッグデータ化して分析することによって、新たな医療行政や創薬、医療機器開発などの研究に生かすことができるとした。医療情報等は、本人が拒否しない限り第三者への提供が可能となった。

【参考資料】

• 日本教職員組合養護教員部編『学習シリーズ㉓守ろう！子どもの個人情報～健康診断結果のビッグデータ化って⁉～』アドバンテージサーバー、二〇一八年三月

神奈川県教組のとりくみ――神奈川県教職員組合

神奈川県では一七年度に、二市の全中学校と一市のパイロット校にビッグデータ利活用を導入する動きがあった。

県教組は、はじめに導入の動きがあったA市の養護教員からすぐに詳しい情報を得て、実施における課題などをまとめた。他の市町村でも実施される可能性があることをふまえ、各地区の養護教員部に課題を伝えた。養護教員部だけではなく地区執行部とも課題を共有し、導入には反対であること、各市町村での動向を注視することを確認した。また、各地区での市町村教委との意見交換の際に、この事業についての情報提供をし、導入については慎重な対応をするよう申し入れをした。

B市では市長の意向が通ってしまい導入となったが、保護者宛ての文書については、学校健診情報センターからのものをそのまま使用するのではなく、保護者の同意の有無がはっきり取れる同意書の形式を市教委が作り、校長会に提示された。市教委が作ったことは、事前に教育委員会に申し入れた成果だともいえる。A市に導入された際に養護教員部全体でとりくみの確認をしておいたことで、B市では最大限できる対応の準備を迅速に行なうことができた。同意の有無をはっきりとることができた結果、同意した保護者は全体の七八%にとどまった。一方、学校健診情報センターからのものをそのまま使用したA市は、拒否する場合は保護者がセンターに電話をしなければならないこともあってか、拒否の申し出をした保護者はおらず、全保護者＝一〇〇％が同意した形となった。

C市では当初、パイロット校の実施状況をもとに次年度全中学校で行なうかどうかを検証する、ということだった。そのため、C市では何とか全校での実施を阻止しようと、まずは課題を共有するために未組合員を含む全養護教員で学習会を行なった。その後各分会で、日教組から出された職場討議資料をもとに、現在直面している学校保健にかかわる諸問題について、ビッグデータ利活用の問題点も含めて養護教員から話をし、分会レベルでも意識を高めた。さらに、未組合員を含む全養護教員が、学校長にビッグデータ利活用を導入する動きがあることの説明を行ない、何を課題としているかを伝え、同じ課題意識を学校長にももってもらえるように働きかけた。養護教員部だけではなく地区執行部とともにとりくみ、地区執行部の担当が校長会の代表者と話し合う機会においても話題に挙げた。これらのとりくみの結果、校長会の一部ではあるが、外部機関に安易に情報を提供することへの危機感が出てきた。

パイロット校では、事前には健康診断票の記入チェックを求められ、当日の立ち会いには二八九人分に三時間かかった。結果を個人に返す作業は、市教委の職員と三年生担当の教職員、学校長と養護教員、それぞれ二人一組で行ない、一クラス二〇～三〇分かかった。学校が担うべきではないことに多くの時間を割くことになり、多忙化につながった。

C市では、校長会から市教委へ「保護者への説明と同意の必要性」と「教職員の負担」について、文書での申し入れも行なわれた。結果として、一八年度以降は事務作業の膨大さ（教育委員会も含め）から、全中学校で導入されることもなく中断されたままである。B市でも、業務の煩雑さを教育委員会に伝え、中断となった。

一方A市では、結果を個人に返す作業は教育委員会が行なったのだが、他の生徒と結果の一部が入れ替わっていたり、名字が変わっている生徒の訂正部分がそのまま載っていたりして、そのような状態で生徒に返すことを教育委員会も当時は問題視していた。しかしA市では、ビッグデータ利活用の導入は継続されている。組合員数が少なく、中断にむけての様々なとりくみが十分に行なえていないことに起因していると思われる。

子どもたちにかかわる問題については、養護教員部だけの課題にせず、分会や地区執行部との共通の課題意識をもつこと、ともにアンテナを張ってもらうこと、さらに、市町村教育委員会にも積極的に情報提供などをしてこちらの懸念する点を理解してもらうことなど、子どもたちの人権や健康を守るとりくみをすすめていきたいと考えている。

四　新型コロナウイルス感染症

※本七〇年史を編纂している現在も状況は刻一刻と動いているため、本書では基本的に二〇二一年九月末までのことを記載する。

二〇一九年末に感染が確認され、今現在も大流行となっている新型コロナウイルス（COVID-19）は、日本国内はもとより全世界を未曾有の事態に陥れ、学校現場にも多くの混乱をもたらしている。

当初、中国武漢で原因不明の肺炎が相次いで発生し、その後、WHO（世界保健機関）により、患者から新型のコロナウイルスが検出されたことが発表された。その翌日の一月一五日、日本でも初めて感染が確認された。

ＷＨＯは、中国以外でも感染が拡大する恐れがあるとして、「国際的に懸念される公衆衛生上の緊急事態」と宣言。「新型コロナウイルス感染症」が指定感染症と定められた。

日本では、当初、学校保健安全法における第一種感染症の扱いであったが、文部科学省（以下、文科省）から二月一八日に「重要」として「学校における新型コロナウイルスに関連した感染症対策について」が通知され、「児童生徒等に発熱等の風邪の症状が見られるときは、無理をせずに自宅で休養するよう指導するとともに、教職員についても同様の対応を促す、自宅休養した場合の出欠の扱いについては、『学校保健安全法第一九条による出席停止』とする」として、次のようなめやすが示された。

- ・風邪の症状や三七・五度以上の発熱が四日以上続く場合
- ・強いだるさ（倦怠感）や息苦しさ（呼吸困難）がある場合
- ・医療機関において新型コロナウイルスに感染していると診断された場合

「出席停止」の対象者については、各学校に判断が任されたところもあり、学校現場では混乱が生じた。

「全国一斉臨時休業」要請（二〇年二月二八日）

学校における新型コロナウイルス感染症対策として、安倍首相（当時）による唐突な「全国一斉臨時休業要請」によって、ほとんどの小中学校・高等学校・特別支援学校が臨時休業の措置をとった。「学校の日常」が奪われ、保護者は子どもの対応に苦慮し、卒業式の準備や年度末業務を行なっていた学校現場は混乱を極めた。

文科省からは、「児童生徒等に新型コロナウイルス感染症が発生した場合の対応について」「新型コロナウイルス感染症対策のための小学校、中学校、高等学校及び特別支援学校等における一斉臨時休校に関するQ&A」などの文書が次々と下りてくるが、この時点では、何をもとに対応していけばよいかなど明確な指針がないまま、新年度にむけての対応に苦慮することとなった。マスクや消毒薬、ビニール手袋などが全国で品薄となり、入手困難な状況となった。

「新型コロナウイルス感染症の状況を踏まえた学校保健安全法に基づく児童生徒等及び職員の健康診断の実施等に係る対応について」（二〇年三月一九日）

文科省からその年の健康診断にたいする具体的な方向性として、「児童生徒等の定期健康診断は、毎学年、六月三〇日までに実施することとなっているが、新型コロナウイルス感染症の影響により実施体制が整わない等、やむを得ない事由によって当該期日までに健康診断を実施することができない場合には、当該年度末日までの間に、可能な限りすみやかに実施すること」と示された。

新型コロナウイルス感染症による臨時休業が長期におよび、先の見通しが立たないなかで、健康診断の日程調整を改めて行なうことは大変厳しく、延期された他の行事とともに二学期以降に行なうとなると過密スケジュールとなり、学校現場では混乱や労働過重が生じた。さらに、健康診断を実施する時期が全国で異なり、その統計的な意義が疑問視されるなかでも、学校保健統計調査等は例年通りに実施された。

「新型コロナウイルス感染症に対応した学校再開ガイドライン」（二〇年三月二四日）

文科省から示されたこのガイドラインには、保健管理に関することとして、感染症対策として①毎朝の検温、②症状がある場合の対応方法、③校内の消毒、などが具体的に示された。また、出席停止の扱いや医療的ケアが日常的に必要な児童生徒や基礎疾患等のある児童生徒の登校の判断についても触れられている。さらに、心のケア、感染者及び濃厚接触者等にたいする偏見や差別をなくすとりくみについても示された。学習指導に関すること、部活動に関することなどについても、初めて具体的な対応が示された。

「新型コロナウイルス感染症に対応した臨時休業の実施に関するガイドライン」（二〇年三月二四日）

「学校再開ガイドライン」と同日に示されている。今後の流行状況によってはそれぞれの地域で臨時休業が起こり得るとして、児童生徒または教職員の感染が判明した場合の学校の臨時休業や、それによって生じる学習指導面の対応法などについて示された。このガイドラインは後に改訂が重ねられ、感染者がいない学校も含めた地域一斉の臨時休業についても示された。

「緊急事態宣言」の発令（二〇年四月七日）

新型インフルエンザ等対策特別措置法に基づき、「新型コロナウイルス感染症緊急事態宣言」が、七都府県（東京、埼玉、千葉、神奈川、大阪、兵庫、福岡）を対象に発令された。同日、通知された「新型コロナウイルス感染症に対応した臨時休業の実施に関するガイドラインの改訂」のなかでは、対策本部長（知事、市町村長）からの要請により、学校保健安全法第二〇条に基づく「臨時休業」などを行なうことになる等が付加された。

四月一六日には、新型コロナウイルス感染拡大に伴い、全国にたいしても「緊急事態宣言」が発令され、春休み明けに一旦再開した学校のほとんどが、その後一週間ほどで再度休業の措置をとることとなった。

五月四日にすべての都道府県を対象として「緊急事態宣言」を五月三一日まで延長することが政府で決定された。休業期間がさらに延長され、長期化となったことから、とくに貧困状況にある子どもや特別な配慮を要する子どもなどの居場所や安全確保が危惧された。学校が、子どもたちに限らず社会にとっても重要な存在（セーフティーネット）であることが再確認された。

「新型コロナウイルス感染症の影響を踏まえた学校教育活動等の実施における『学びの保障』の方向性等について」（二〇年五月一五日）

通知では、感染症対策が長期に及ぶ認識を示し、感染防止対策の徹底と段階的な教育活動の開始と充実が必要とされた。具体的には、教育課程編成として「令和三年度又は令和四年度までの教育課程を見通して検討を行」なうことや「人的・物的体制の整備」にむけた二次補正予算での対応が示された。「学びの保障」の前提として、五月四日の新型コロナウイルス感染症対策専門家会議において提言された「新しい生活様式」をあげている。

「学校における新型コロナウイルス感染症に関する衛生管理マニュアル～『学校の新しい生活様式』」（二〇年五月二二日）

学校再開後の具体的な新型コロナウイルス感染症対策や、教育活動のすすめ方、家庭との連携のあり方など、学校の教育活動を再開していく指標として、文科省より「衛生管理マニュアル」が示された。「新しい生活様式」として、地域の感染状況（レベル一～三）ごとに、身体的距離の確保や、感染リスクの高い教科活動、部活動（自由意思の活動）についてそれぞれの行動基準が明示された。また、感染症対策についての学校の役割として、保健管理体制の構築や学校医、学校薬剤師との連携、朝の検温や共用物品の消毒などの実施、感染者が確認された場合の連絡体制の確認などが求められた。このマニュアルをもとに各学校において感染対策にとりくんだ結果、学校ではとくに校内の消毒作業、朝の検温確認作業等に追われ、教職員の負担が増える事態となった。

衛生管理マニュアルは、その後も、感染状況の変化に合わせて、随時改訂されている。改訂についてのポイントとその背景となるものを次にまとめる。

改訂時期	改訂のポイント	改訂の背景
二〇二〇年六月一六日（Version2）	◇有効な消毒方法について（消毒用エタノールや〇・〇五％の次亜塩素酸ナトリウム消毒液）・新型コロナウイルスにたいして効果が確認された界面活性剤を含む洗剤も利用可能 ◇基本的には「常時マスク着用が望ましい」が、十分な身体的距離が確保できる場合・熱中症などのリスクがある場合はマスクを外してよい	●新型コロナウイルス感染症の急激な感染拡大により、消毒用のアルコールや使い捨て手袋など、消毒に必要な物品が品薄で手に入らない状況で学校が混乱 ●感染症対策で、暑い日の教室や屋外（登下校中を含む）でも、マスクの着用を指導することで熱中症のリスクが高まる危険
八月六日（Version3）	◇マスク着用に関して、「常時マスクを着用することが望ましい」との記載から、「身体的距離が十分とれないときはマスクを着用するべき」へ変更 ◇通常の清掃活動の中にポイントを絞り、家庭用洗剤等を用いて、発達段階に応じて児童生徒が行なって差し支えない・清掃活動とは別に、消毒作業を行なうことは、感染者が発生した場合でなければ基本的に不要・清掃や消毒などについて外部人材やサポートスタッフ（支援員）に依頼してよい	●熱中症のリスクが高まる危険があっても、感染症にたいする不安感から自分の判断ではマスクを外せない子どもたちの存在 ●過剰な消毒、清掃作業を行なうことで、教職員の負担が高まり、学校現場が疲弊 ●教職員が消毒・清掃作業に時間を取られ、授業準備や子どもたちの心のケア等に時間を割くことが困難

九月三日（Version4）	◇部活動や寮生活における感染症対策として、特に、屋内において多数の生徒が集まり呼気が激しくなるような運動や大声を出すような活動等は絶対に避ける	●高校の運動部活動に参加する学生等の集団感染が相次ぎ、特に寮生活においてはクラスターが発生しやすいことが判明
一二月三日（Version5）	◇感染者が発生した場合の臨時休業の考え方を再整理し、小中学校の地域一斉臨時休校は避けるべきとの見解	●学校内での感染の拡大があった場合でも、地域での感染拡大につながった事例は確認されていない。小学校及び中学校については、家庭内感染が大部分であり、学校のみを休校とすることは、学びの保障や心身への影響の観点から問題
二〇二一年四月二八日（Version6）	◇変異株への対策としても、「3つの密」の回避、マスクの着用、手洗いなど基本的な感染症対策を推奨 ◇一時的な消毒の効果を期待するよりも、手洗いを徹底することの方が重要	●変異株の増加による感染拡大 ●手洗いの徹底は困難、通常の清掃活動ではやはり不安があるとして、教職員による消毒作業をやめることができない学校の実態

学校再開後の様子

二〇年六月五日に出された文科省通知「新型コロナウイルス感染症に対応した持続的な学校運営のためのガイドライン」に基づき、文科省では「学校における新型コロナウイルス感染症に関する衛生管理マニュアル」を作成した。再開した学校は、そのマニュアルをもとに、管理職の指示や地域の状況に合わせて、感染症対策を行なった。

学校が再開した当初は、多くの学校で消毒薬、マスク、体温計などが不足し、どのように感染症対策を行なえばいいのかが課題となっていた。学校で3密を避けることは困難である。教職員は朝の検温、健康観察の把握、授業、清掃活動、給食での対応だけでなく、休み時間の過ごし方に至るまで、あらゆる活動での感染症対策に追われ、過重労働の実態があがってきた。特に養護教員については、発熱者への対応をはじめ、保健室でのかかわりや学校行事での感染症対策でも判断を任せられることが多く、超過勤務や年休がとりにくいなどの実態が多く報告された。その後、補正予算がついたこと、物品が購入できるようになったこと、スクールサポートスタッフが配置されたこと、文科省の衛生管理マニュアルが、子どもや教職員の負担軽減の立場からも、バージョンを重ねるごとに改訂されたことなどから、消毒作業による教職員の負担はある程度は軽減した。しかし、感染者が出るかもしれないという不安や地域の状況などから、過剰とも思える消毒作業を続けている学校もある。

再開後しばらく経つと、地教委や管理職の考えによって行事や対策が左右されること、欠席と出席停止や、休校と学級閉鎖の措置の判断基準があいまいなこと、職員間で感染症対策について意識のばらつきがあること、学校が希望するものを自由に購入できないなど補正予算が有効に使えないといった課題も出てくるようになった。

集団フッ素洗口については、休校前から導入されているところは、学校再開後、再度実施された学校が多く、感染対策のため、負担が増えたという実態があがっている。

健康診断については、日程調整、医師による感染予防のための器具の使用や健診方法の違い及び変更による混乱、事後措置の結果、病院から来院者が増え、密になることへの不安が出されたり、医療券発行の期間に支障があったりなどの課題も出された。若い養護教員からは、健診ができず、子どもの健康状態がつかめないという不安の声が出たが、健康診断の方法や時期についての課題から、学校での健康診断の意味について考えさせられたという声も聞かれた。その後も、マスクによる熱中症の危険や冬場の換気による寒さへの対策など、多くの課題があがっている。これからも、国にたいして現場の声を届け、感染症対策での混乱が起きないよう、また、学校生活が安心・安全に送れるよう対応を求めていく必要がある。

新型コロナウイルス感染症ワクチン予防接種について

二〇年一二月二日

政府が予防接種法改正案を閣議決定し、新型コロナウイルスを「臨時接種」の特例に位置づけ、国が接種費用を負担するほか、健康被害が生じた場合にかかる製薬企業の損失も国が補償するとした。

二一年二月一日

文科省から「新型コロナウイルスのワクチン接種会場に教育委員会等の所管する施設等を活用することについて」が出された。この中では、接種会場として学校等の使用について「要望が示された場合には、積極的にご協力いただくようお願いする、また使用に際しては、児童生徒の教育活動に支障のないようにする」と記された。

二月一四日

ファイザー社のワクチンが認可される（一六才以上が対象）

五月二一日

モデルナ社のワクチンが認可される（一八才以上が対象）

六月一日

ファイザー社のワクチンの対象が一二才以上に引き下げられる

六月二二日

文科省から「新型コロナウイルス感染症に係る予防接種を児童生徒に対して集団で実施することについての考え方及び留意点等について」通知が出る。学校集団接種にたいする考え方として、「実施方法によっては、保護者への説明の機会が乏しくなる、接種への個々の意向が必ずしも尊重されず同調圧力を生みがちである、接種後にみられた体調不良に対するきめ細やかな対応が難しいといった制約があることから、現時点で推奨するものではありません」と明記されている。しかし、学校集団接種を行なう必要がある場合には、「生徒及び保護者に対する丁寧な情報提供」をすること、「保護者の同意を得ること」（一六才未満）、「保護者の同伴が必要」（小学生）であること、「学校運営に過度な負担が生じ、教育活動の実施に支障が生じるような業務の実施は、教職員に対して求めないこと」等が記された。

新型コロナウイルス感染症が確認されてから、二年が経過した。現在も収束が見通せない中、学校現場では予防対策を継続しなければならない状況が続いている。

この状況下で私たちの「うつる」病気にたいする考え方が大きく揺らぐ場面も多々あった。今後、養護教員部としてこの状況をまとめ、対応等について総括をしていく必要がある。

日教組のとりくみ　～二〇二一年九月末現在

日教組は、子ども一人ひとりへきめ細やかに対応するための環境づくり、教職員が教育に専念できる条件整備が重要であることを基本に、長期にわたる感染予防対策にむけて、継続的な衛生備品支援や人的支援、計画的な少人数学級実施、教職員の確保、柔軟な教育課程編成、「働き方改革」の推進を求め、次のようなとりくみを行なった。

（一）要請行動

日付	要請先	タイトル
二〇年 二月二七日	文科省	「新型コロナウイルス感染症」にかかわる要請
三月二日	文科省	新型コロナウイルス感染症対策のための一斉臨時休業にかかわる要請
三月一九日	文科省	学校再開及び学校行事の延期等にかかわる要請
四月三日	文科省、立憲民主党、国民民主党、社会民主党	学校における新型コロナウイルス感染症対策における緊急要請（二〇年度政府補正予算への財政措置）
四月三〇日	文科省	新型コロナウイルス感染症における、子ども、教職員のいのちと健康を守る、学校の安心・安全の確保にむけた要請
五月一九日、二〇日、二五日	立憲民主党、国民民主党、社民党	新型コロナウイルス感染症対策　二次補正予算における要請行動
九月三日	文科省	学校の新型コロナウイルス感染症対策における緊急要請（第二次補正予算での財政措置、消毒業務等の外部委託化 等）※1
二一年 一月二八日	文科省	緊急事態宣言をふまえた学校の新型コロナウイルス感染症の対応に関する緊急要請 ※2
六月一五日	文科省	新型コロナウイルス感染症に関する緊急要請（ワクチン優先接種、ＰＣＲ検査業務への教職員関与、学校の接種会場 等）※3
九月三日	文科省・ウェブ	新型コロナウイルス感染症の学校の対応に関する緊急要請（抗原簡易キットの学校での使用 等）※4

成果として、二〇年度全国学力・学習状況調査の中止、二〇・二一年度教員免許更新対象者の講習期間

の延長などの諸事業の中止・延期、教員をはじめ学習指導員、スクール・サポート・スタッフ（以下、SSS）等の増員、「学校再開支援経費」等を盛り込んだ補正予算が閣議決定されたことなどがあげられる。以後の日教組要請（表内※1～※4）は、日教組養護教員部にかかわる要請内容が増加し、政策局との連名による文書等を発出したものである。各要請の詳細内容を記す。

※1　学校の新型コロナウイルス感染症対策における緊急要請

○養護教員部にかかわる主な要請内容
・消毒業務の外部業務委託化、学校における感染予防対策等への「学校再開に伴う感染症対策・学習保障等に係る支援経費（以下、支援経費）」増額と追加予算化。
○主な回答〔蛯名大臣官房審議官（初等中等教育局担当）〕
・消毒業務について「衛生管理マニュアル」を改訂。業者委託やSSS活用の例もある。「支援経費」の再予算化は設置者や学校現場の声を聞き検討し、冬場も何が必要か対応したい。
○回答を受けた日教組からの要求
・教職員が日常的な消毒業務を行なっている実態がある。
・新型コロナウイルス感染症対応による教職員の業務負担を定量的に見た上で指導・助言すること。

※2　緊急事態宣言をふまえた学校の新型コロナウイルス感染症の対応に関する緊急要請

○養護教員部にかかわる主な要請内容
・新型コロナウイルス感染者が確認された学校への措置：①校舎・教室等の消毒の外部業者委託、②

ＰＣＲ検査希望者への即時無料実施、③ＰＣＲ検査業務に教職員を関わらせないこと。
・①希望する教職員の新型コロナウイルスワクチンの優先接種をはかる、②公務における感染は公務災害認定対象であることの周知、速やかな認定手続きの実施を教育委員会にたいし指導・助言。
○主な回答〔蛯名大臣官房審議官（初等中等教育局担当）〕
・衛生管理マニュアルでは、感染者が出た場合、保健所及び学校薬剤師と連携し範囲を特定して消毒を行なうことを示している。消毒を外部委託する場合は二次、三次補正予算を活用してほしい。
・ＰＣＲ検査業務への教職員の関与については、想定も把握もしていない。
・希望者へのワクチン優先接種について厚労省と課題を共有していく。公務災害対象については「教育活動の実施等に関するＱ＆Ａ」を更新（一月二五日）し周知している。

※3　新型コロナウイルス感染症に関する緊急要請

○養護教員部にかかわる主な要請内容
・新型コロナウイルスワクチン接種について、希望する教職員の優先接種を可能とすること。また接種時の服務は、総務省「医療従事者等に該当する地方公務員についての新型コロナワクチンの接種に係る考え方について（五月一二日事務連絡）」に準ずるものとすること。
・ＰＣＲ検査を実施する際、検査業務に教職員を関わらせないこと。沖縄県、徳島県をはじめ教職員がＰＣＲ検査業務に関わっている実態がある。こうした状況が放置されると全国に広がりかねない。
・文科省通知「新型コロナウイルスのワクチン接種会場に教育委員会等の所管する施設等を活用する

ことについて（二月一日）（以下、通知「学校等の接種会場活用」）」の周知をはかるとともに、学校が接種会場となった場合、教職員が動員されてしまう危惧から、文科省より各自治体に「関わらせないよう」徹底すること。

○主な回答（三木忠一初等中等教育局健康教育・食育課長）

・文部科学省として教職員への接種も重要視しており、自治体における高齢者接種にめどがついた段階で、大学の教職員・学生のみならず、近隣の高校以下の教職員への接種を拡大していくことを考えている。大学を活用したワクチン接種にむけて、関係省庁と調整をすすめている。

・学校においてＰＣＲ検査等が実施されるような場合にも、被検者自身による適切な採取を医療従事者が確認することが原則であり、検査業務に直接教職員を関わらせることは想定していないが、児童生徒等の誘導や検体の回収など、関連する補助業務に教職員が関わらざるを得ないこともあり得ると考える。また「病原体検査の指針第三・一版」をふまえた極めて例外的なケースについて、十分な説明を行なうとともに、感染症対策に万全を期した上で、被検者自身による採取に立ち会って確認することはあり得るものと考えている。

・通知「学校等の接種会場活用」は、文部科学省のホームページでも広く周知し、厚生労働省からも都道府県の衛生主管部局に周知されている。実施計画の確認や接種会場の責任者との打ち合わせ、消毒を含めた現状復帰の方法等を確認し、会場校の教職員に負担が生じないようにすることが大切である。

○回答を受けた日教組からの要求

・「ＰＣＲ検査は医療行為であり、教職員の業務として想定していない」という文部科学省メッセージの発信。

・新型コロナウイルスワクチン接種会場で、教職員が業務にかかわることがないよう再度周知してほしい。

・学校現場では日々突発的な事例に対応しており、よりよい職場環境の整備にむけ実態を伝えていく。

※4　新型コロナウイルス感染症の学校の対応に関する緊急要請

○養護教員部にかかわる主な要請内容

・「学校で児童生徒等や教職員の新型コロナウイルスの感染が確認された場合の対応ガイドライン（第一版）」（文科省事務連絡、令和三年八月二七日付）（以下、「ガイドライン」）は、「新型コロナウイルスに感染した教職員に対して、本来は治療に専念すべきところ、在宅で勤務を行なうよう対応を求める」旨の誤ったメッセージになってしまうのではないかと危惧し、対応を求める。

・新型コロナウイルス感染症デルタ株による新たな感染局面に対する実効性のある感染対策を早急に示すこと。

・抗原簡易キット（以下、抗原キット）の学校での活用について、抗原キットによる検査は医療行為であることから、教職員の業務とはならないことを周知し、学校で行なう場合には医療従事者を配置すること、保護者や医療機関へ引き渡すまでの待機場所の確保、衛生管理、消毒業務について「感染症対策等の学校教育活動継続支援事業」において引き続き支援することを求める。

○主な回答（高口文部科学戦略官）

・「ガイドライン」がそのように読み取れるのであれば、そうではない。
・厚労省や有識者の科学的知見によれば、「変異株であっても3密（密集、密接、密閉）や特にリスクの高い五つの場面の回避、マスクの適切な着用と手洗いなどが有効であること」とされており、事務連絡で周知している。令和二年度補正予算「感染症対策等の学校教育活動継続支援事業」について、一校当たりの補助上限額を引き上げ、現在、追加の申請を受け付けている。各学校の感染症対策を支援していく。
・学校教育法施行規則に定める標準授業時数を下回ったとしても、そのことのみをもって法令違反にはならないということ、児童・生徒や教職員の負担軽減にも配慮が必要であること、教育課程の柔軟な編成が可能であることについて、これまでの通知等で示すとともに、様々な会議においても周知をしている。
・抗原キットは教職員対象が基本であり、児童生徒は、体調不良時には医療機関を受診するよう指導の徹底を基本・前提とした上で、抗原キットは補完的なものとしている。各学校の体制や感染症対策に応じて、柔軟に対応いただくもの。抗原キットの使用に当たっては必ずしも医療従事者が立ち会う必要はない。事業の補助上限額の引き上げなど財政措置を行なっているところであり、今後とも必要な支援を検討していく。

（二）単組へのウェブ調査要請と結果提示

文科省や政党要請、日政連議員による国会質疑等の根拠となる現場実態調査を行なった。

(三)「新型コロナウイルス感染症対策カンパ」の指示

新型コロナウイルス感染症対策のために学生等を支援する団体・NPO法人も、街頭募金ができない状況があったことから、日教組は単組との連携のもと、新型コロナウイルス感染症に伴う子どもの支援等を目的に、二〇年五月一五日「新型コロナウイルス感染症対策カンパ」を立ち上げ、全単組・全組合員へ積極的にとりくむよう指示した。

日教組養護教員部のとりくみ　～二一年九月末現在（表は二一年一二月末現在）

新型コロナウイルス感染症は学校現場に大きな混乱をもたらしたが、特に養護教員の負担と不安は相当なものであった。日教組養護教員部は、現場からの声を集め全国で共有し、また、とりまとめた声は文科省や厚労省への要請行動、日政連議員と連携した国会対策に活用し、「衛生管理マニュアル」の随時改訂や、現場が必要とする衛生備品の支援・人的支援のための補正予算獲得といった形で実を結んできた。

具体的には、次のようなとりくみを行なってきた。

年月	とりくみ（●養護教員部会議等、★要請行動、◆国会対策等）	参考資料
二〇年四月	●日教組養護教員部副部長・常任委員からヒアリング、全国状況を確認（随時） ◆参議院文教科学委員会において、日政連水岡俊一参議院議員が「学校再開にむけた新型コロナウイルスへの集団感染リスク等について」大臣質疑を行なう	日教組連絡文書（二〇年四月二四日付 教発四四 整理五二）

六月	◆参議院文教科学委員会において、日政連水岡俊一参議院議員が「新型コロナウイルスへの感染リスクや課題等について」大臣質疑を行なう	日教組連絡文書（二〇年六月一一日付　教発一一八　整理一四二）
一一月	●日教組養護教員部第八四回総会（ウェブ併用） ●二〇年度日教組養護教員部学習会（ウェブ併用） ◆衆議院厚生労働委員会において、日政連川内博史衆議院議員が「今後の新型コロナウイルス感染症ワクチンの接種について」質問を行なう	養護教員部ニュースNo.一一〇 養護教員部ニュースNo.一一一
二一年 二月	◆日政連議員団会議に参加し、新型コロナウイルス感染症の予防接種について、経過と情勢および接種に学校がかかわることへの懸念点をまとめ、報告	
三月	●日教組養護教員部第一一九回委員会（ウェブ） ★◆八日、厚労省要請および日政連議員との意見交換を行なう ◆意見交換をうけ、衆議院厚生労働委員会において、新型コロナウイルス感染対策下の学校での集団フッ素洗口について立憲民主党の川内博史議員が国会質疑を行なう ★二二日、文科省要請を行なう	養護教員部ニュースNo.一一二 養護教員部ニュースNo.一一三 日教組連絡文書（二一年三月二三日付　教発五六一　整理七二八）
六月	●二一年度日教組養護教員部全国部長会議（ウェブ） ◆参議院決算委員会において、日政連水岡俊一参議院議員が学校における集団予防接種について、萩生田文科大臣に質疑を行なう ◆一一日午前、日政連議員団会議において「新型コロナウイルス感染症にかかわる学校の現状と課題」として、学校でのPCR検査や接種対象年齢の一二～一六歳への引き下げにともなう子どもたちへの学校での集団接種を含むワクチン接種の動きを報告し、課題を共有 ◆その後行なわれた衆議院厚労委員会において、日政連川内博史議員によって通知の早急な発出等、一定の答弁が引き出された	養護教員部ニュースNo.一一四 日教組連絡文書（二一年六月一一日付　教発一一八　整理一七二） 日教組連絡文書（二一年六月一六日付　教発一三〇　整理一八九） 日教組連絡文書（二一年六月二三日付　教発一三七　整理一九六）

八月	●抗原検査簡易キット（以下、抗原キット）が学校現場に配付される際に、だれがどのように使うのか、問題点を洗い出し、日教組による文科省への緊急要請（九月）で指摘	
九月	●第一二〇回日教組養護教員部委員会（ウェブ） ●日教組「新型コロナウイルス感染症の学校の対応に関する緊急要請（文科省・ウェブ）」（前述）を経て、九日、新型コロナウイルス感染症にかかわる抗原キットの「活用」について、文科省初等中等教育局健康教育・食育課担当者と協議を行なう	養護教員部ニュースNo.一一五 日教組連絡文書（二一年九月一四日付 教発二五四 整理三五三）
一一月	●第六〇回日教組養護教員部研究集会（ウェブ併用）	養護教員部ニュースNo.一一六
一二月	★文科省・厚労省へ要請行動 ◆養護教員部常任委員会は、文科・厚労省要請行動を行なった同日に日政連議員との懇談を行ない、文科省・厚労省要請の内容の報告と、より詳細な現場の状況について日政連議員に伝えた	養護教員部ニュースNo.一一七

日政連議員と連携した国会対策

二〇年四月七日、参議院文教科学委員会において、日政連水岡俊一参議院議員が学校再開にむけた新型コロナウイルスへの集団感染リスク等についての大臣質疑を行なった。非接触型体温計を購入する予算づけや、予算がついていても物がないということがないよう政府主導で現場に行き届くような配慮を求めるとともに、養護教員の複数配置や感染リスクのあるなかでのフッ素洗口の中止を求めた。

また二〇年六月四日には、参議院文教科学委員会において、日政連水岡俊一参議院議員が新型コロナウイルスへの感染リスクや課題等についての大臣質疑を行なった。感染リスクを下げることだけを目的にするという学校運営は、感染者が出たときのバッシングや感染者への差別につながることを指摘し、ゼロリスクを求めるという考え方をしっかり考え直し、今後の学校運営における文科省の大きな主導性を求めた。

二〇年一一月一三日衆議院厚生労働委員会において、日政連川内博史衆議院議員が、今後の新型コロナウイルス感染症ワクチンの接種について質問を行ない、「学校という同調圧力が働きやすい場所での集団接種は行わず、予防接種法の基本である個別接種を子どもたちにも行なうこと」と訴えた。

二一年二月、日政連議員団会議に参加し、新型コロナウイルス感染症の予防接種について、経過と情勢および接種に学校がかかわることへの懸念点をまとめ、報告した。

二一年三月八日には、日政連議員との意見交換会を行ない、日政連議員（那谷屋正義参議院議員、水岡俊一参議院議員、勝部賢志参議院議員、川内博史衆議院議員、道下大樹衆議院議員）と、事務局（菅谷日教組養護教員部長、三代政治部長、近藤書記）の参加のもと、同日行なわれた厚労省要請の報告と、学校現場の実態を伝えた。

二一年三月八日、日教組養護教員部が行なった日政連議員との意見交換をうけ、衆議院厚生労働委員会において、新型コロナウイルス感染対策下の学校での集団フッ素洗口について、日政連川内博史衆議院議員が国会質疑を行なった。子どもたちが集団で密になってうがいをして飛沫を飛ばすフッ化物洗口は、感染リスクを高めているのではないか、せめて厚労省が出しているフッ化物洗口についてのガイドラインに新型コロナウイルス対策の観点を加えるよう求めた。

二一年六日七日、参議院決算委員会において、日政連水岡俊一参議院議員が学校における集団予防接種について、萩生田光一文科大臣に質疑を行なった。各自治体の予防接種において、ファイザー社のワクチンの対象年齢が一二歳以上に引き下げられた（五月三一日）ことにより、子どもに対するワクチン接種の動きが出てきており、任意の接種を学校で集団的に行なうことには大きな危険が潜んでいると指摘した水岡議員に対し、大臣は「基本的に小中学生への集団接種を前提とすることは現段階でも私は考えていない」「一五歳以下については保護者の合意が必要」「学校での接種のあり方については文科省として専門家とも意見交換しており、改めて通知を出したい、各自治体は慌てず対応していただきたい」といった答弁を行なった。

二一年六月、日政連議員団会議において「新型コロナウイルス感染症にかかわる学校の現状と課題」として、学校でのPCR検査や接種対象年齢の引き下げにともなう子どもたちへの学校での集団接種を含むワクチン接種の動きを報告し、課題を共有した。六日一一日衆議院厚労委員会において、日政連川内博史衆議院議員が学校における集団予防接種について質疑を行なった。今回の質疑では、二月の文科大臣答弁をふまえ、一五歳以下の子どもが接種する場合の本人、保護者の同意の重要性、学校が接種会場になる場合の教育活動への支障や教職員の負担回避、同調圧力等による接種の強制回避、通知発出等の早急な対応等の答弁を引き出した。

第二節　日教組養護教員部研究集会（日養研）

日教組養護教員部研究集会（通称：日養研）は、一九六一年八月二三日から二日間、東京・新宿の三楽ホテルで第一回を開催し、本年度（二〇二一年一一月七日）開催で、第六〇回目を迎えた。この間、八〇年代後半に起きた労働組合の再編による路線問題が日教組にもその影響を与え、同時にその余波は後々の日教組運動にまで暗い影を落とした。

八七年に開催された第二七回日養研は、路線問題の余波を受け、単組によっては日養研への不参加体制をとるところもあり、参加人数は例年の半数以下となった。しかし、日教組養護教員部は「全国の養護教員が集い学習する場」としての日養研の継続は不可欠であるとして、翌年の日養研から元どおりの参加人数に戻すことができた。

第一回から第七回の研究集会までは、当初、養護教員の位置づけや職務内容の明確化、健康診断のあり方、環境衛生の改善などについて討議・研究されていたが、やがて予防接種の安全性とその責任所在、学校間兼務、教育予算、学校保健の各種制度のあり方などへ議題が発展し、教育労働者としての自主研究の質を高めていった。

六八年からは、教育課程・学習指導要領の改悪もあって、保健指導や健康教育、保健主事問題などにおける当時の文教政策の企図を見抜き、養護教員が本来果たすべき役割と養護教員の養成制度の確立などへとテーマを移していった。また公害から生命と健康を守る運動や厚生省の各種審議会が打ち出す政策についても積極的にとりくんだ。さらに、各単組の課題ととりくみの交流の場となり、年々参加者も増加した。

しかし、九四年、学校における「いじめ」問題をめぐり、国会での議論が深まるなか、「保健主事には教諭だけでなく養護教諭も充てる」ことが検討され、九五年には学校教育法施行規則が「保健主事は教諭又は養護教諭をもってこれに充てる」と「改正」された。この運動のすすめ方をめぐり日養研の分科会でも白熱した議論が続き、翌九六年の日養研には参加を控える単組もあり、運営のあり方が問われた。

九九年、第三九回日養研で、当時の養護教員部長は、開催あいさつの中で「日養研は学ぶ場だけではなく、学んだことを実践しその実践を持ち寄って議論し、その実践の良し悪しを確認する場としなければならない。職場の環境も、とりまく状況も、単位組合の運動の方法も違ってきたため、実践内容に大きな違いが出てきた。このことから、互いの実践にたいして批判的な言動が見られるようになった。一方で、批判されることに慣れていないこともあり、違う意見を素直に受けとれないなど、私たち自身の姿勢が問われる状況にある。日養研はそれぞれの地域や学校でとりくんできたことを、遠慮しないで出し合い、交流することによって、さらなる一歩を積み重ねていける場となるようにしなければならない」と述べ、なかまの輪を広げる日養研となるように参加者の協力を求めた。

二〇〇〇年、第四〇回日養研では日教組養護教員部結成五〇年を迎えるにあたり、歴代の日教組養護教員部長を招き日養研の意義や成果、思い出を語っていただき、改めて先輩たちの残した歴史とその足跡の大きさを知ることができ有意義な集会となった。このことが契機となり、組合員の日養研への再結集につながった。

日養研は、「養護教員の職務の確立にむけ、制度上の諸課題、権利、労働条件などの学習を深めるとともに、社会的背景の本質を明らかにし、平和・人権・環境を大切にした健康教育の自主編成の推進をはかる」ことを目的に、その後も共同研究者とともに学び合う場としての役割を果たし、大きな成果もあげてきた。

一一年七月に開催した第五一回日養研では、その年の三月に発生した東日本大震災と東電福島第一原発事故を受けて、被災地（県）である岩手県・宮城県・福島県の三県から、被災状況や子どもの様子、学校の現状等の報告を受けた。さらに例年実施している共同研究者による講座をすべて震災関連として実施し、参加者全員で課題を共有することができた。また、翌年の第五二回日養研を、岩手県花巻温泉で開催し、陸前高田、大船渡、釜石、大槌、南三陸などをめぐる現地研修のためのフィールドワークを実施した。その後も毎年日養研では、被災三県から現状報告を受け、復興予算の削減や賠償金の打ち切り、被災者間格差、子どもたちの健康問題やいじめの問題等、様々な報告を聞くことにより、年月を重ねても災害を忘れず、被災地に思いを寄せることを継続している。

二〇年一一月に開催を予定していた第六〇回日養研は、新型コロナウイルス感染症対策により参加者を東京に集めることが困難なこと、またウェブによる分科会等の討議は難しいと判断したことから開催を延期した。しかし、学校の現状を交流することは必要であると考え、日養研の代替措置として、単組代表による日教組養護教員部学習会を対面とウェブとの併用で開催した。

二一年一一月七日、昨年より延期となっていた第六〇回日養研を、参加者はウェブ、運営委員や講師・シンポジストは対面で実施した。世論の反対を押し切って開催された東京オリンピックの最中から感染者数が急増し、緊急事態宣言の拡大や期間延長が発表される中、日養研の開催準備をすすめることは困難を極めた。しかし、養護教員の学習となかまとのつながりを感じられる場が必要であること、また、一定程度ウェブを活用して集会を開催する経験を積み重ねてきたことから、開催を望む全国からの要望に応え、実施を決定した。集会日程を一日とし、講師による講演と共同研究者によるシンポジウムを行なった。参加者は六〇〇人を超え、一定の成果を得ることができた。しかし、分科会を設定できなかったことや参加者の発言を保障する十分な時間を確保できなかったことから、リアルな学校の現状や、目の前の子どもの姿を取り上げて語り合い、なかまの実践に学び合う本来の日養研とすることはできず、課題は残った。従来の日養研開催のためにも、新型コロナウイルス感染症の早い収束を願うばかりである。

日教組養護教員部研究集会　開催年表

回数	開催期日	開催地	参加人数	分科会(数)
第１回	1961.8.23~24	東京、三楽ホテル	86名	1
第２回	1962.8.9~10	箱根、早雲閣ホテル	119名	2
第３回	1963.8.10~12	〃	129名	3
第４回	1964.8.3~4	湯河原、大和館	148名	3
第５回	1965.7.26~28	茨城、筑波山、江戸屋	158名	3
第６回	1966.7.28~30	箱根、武蔵屋	202名	3
第７回	1967.8.1~3	〃	226名	3
第８回	1968.8.1~3	〃	285名	3
第９回	1969.8.3~5	〃　橋本屋	339名	3
第10回	1970.8.3~5	〃	353名	3
第11回	1971.8.4~6	湯河原、三翠楼	420名	4
第12回	1972.8.1~3	水上、ニュー松乃井ホテル	464名	4
第13回	1973.8.1~3	熱海、暖海荘	529名	4
第14回	1974.8.8~10	〃	513名	4
第15回	1975.7.29~31	〃	540名	4
第16回	1976.8.3~5	〃	550名	4
第17回	1977.8.3~5	〃	601名	4
第18回	1978.8.3~5	〃	706名	4
第19回	1979.8.2~4	〃	810名	4
第20回	1980.8.3~5	〃	711名	5
第21回	1981.8.2~4	栃木、鬼怒川グリーンパレス	727名	5
第22回	1982.8.2~4	熱海、暖海荘	713名	5
第23回	1983.8.2~4	〃	695名	5
第24回	1984.8.2~4	〃	702名	5
第25回	1985.8.2~4	〃	658名	5
第26回	1986.8.2~4	栃木、鬼怒川グリーンパレス	648名	5
第27回	1987.8.2~4	〃	288名	5
第28回	1988.8.2~4	〃	640名	5
第29回	1989.8.1~3	浜松、遠鉄ホテルエンパイヤ	623名	5
第30回	1990.8.1~3	岩手、花巻温泉ホテル千秋閣	695名	5
第31回	1991.7.30~8.1	滋賀、雄琴温泉琵琶湖グランドホテル	755名	5
第32回	1992.8.3~5	〃	758名	5
第33回	1993.8.3~5	栃木、鬼怒川ニューホテル岡部	596名	5
第34回	1994.8.3~5	〃	628名	5

第35回	1995.8.2~4	滋賀、雄琴温泉琵琶湖グランドホテル	716名	5
第36回	1996.7.31~8.1	熱海、ニューフジヤホテル	599名	5
第37回	1997.7.30~8.1	〃	570名	4
第38回	1998.7.29~31	浜松、遠鉄ホテルエンパイヤ	485名	4
第39回	1999.7.29~31	〃	460名	4
第40回	2000.7.27~29	越後湯沢、NASPAニューオオタニ	560名	5
第41回	2001.8.26~28	〃	550名	5
第42回	2002.7.28~30	〃	570名	5
第43回	2003.7.27~29	長野、信州松代ロイヤルホテル	600名	5
第44回	2004.7.25~27	越後湯沢、NASPAニューオオタニ	500名	5
第45回	2005.7.24~26	〃	510名	5
第46回	2006.7.29~31	〃	500名	5
第47回	2007.7.28~30	福島、郡山、ホテル華の湯	560名	5
第48回	2008.7.26~28	〃	520名	5
第49回	2009.7.25~27	群馬、ホテル磯部ガーデン	510名	5
第50回	2010.7.24~26	越後湯沢、NASPAニューオオタニ	502名	5
第51回	2011.7.23~25	愛知、ホテル日航豊橋	499名	5
第52回	2012.7.28~30	岩手、花巻温泉ホテル紅葉館	590名	5
第53回	2013.8.4~6	越後湯沢、NASPAニューオオタニ	453名	5
第54回	2014.7.26~28	〃	462名	5
第55回	2015.7.25~27	〃	461名	5
第56回	2016.7.29~31	〃	438名	5
第57回	2017.7.28~30	群馬、ホテル磯部ガーデン	407名	5
第58回	2018.7.28~30	越後湯沢、NASPAニューオオタニ	412名	5
第59回	2019.7.27~29	〃	401名	5
	2020	新型コロナウイルス感染症　感染防止のため延期		
第60回	2021.11.7	東京、フクラシア東京ステーション (ウェブ開催)	601名	記念シンポジウム

日教組養護教員部研究集会の内容

回（年）	全体会・分科会・学習内容	講師・助言者・報告者
第41回（2001年）	〈全体会〉	
	1　主催者あいさつ	上瀬　雅美（日教組書記次長）
	2　基調提案	馬場　町子（日教組養護教員部長）
	3　記念講演	
	「孤独な、なかよし・・・あいつぐ〝事件〟に思うこと」	青木　悦（ジャーナリスト）
	〈分科会〉	
	第一分科会　子どもの健康権保障のために	山田　真（八王子中央診療所）
	指定リポート「耳鼻科検診における鼻鏡レンタルを獲得するまでのたたかい」	母里　啓子（元保健所長）
		笠井　博徳（日教組組織部長）
	1　記念講演を受けて、少年法「改正」をどうみるか	岡　久子（広島）
	2　「保体審答申」「健康日本21」と学校保健のかかわり	
	3　健康診断を人権の視点に立って考える	
	4　うつる病気をどうとらえるか	
	第二分科会　健康教育の自主編成にむけて	
	指定リポート「養護教諭の専門性とは？～保健学習の授業を受け持つことについて、子どもを中心に据えて考える～」	大谷　尚子（茨城大学）
	1　記念講演を受けて、少年法「改正」をどうみるか	長尾　彰夫（大阪教育大学）
	2　「保健学習」（授業）の実態と問題点及び養護教員のかかわり方について	清水　秀行（日教組組織政策部長）
		小森　幸子（長崎）
	3　保健室運営及び保健学習・保健指導のすすめ方と問題点について	

4　「総合学習」のなかに、健康教育をどう位置づけていけばよいか
5　私たちの考える「健康観」とは
第三分科会　子どもの環境改善にむけて
指定リポート「小児生活習慣病検診、貧血検査の採血をめぐる問題」
1　記念講演を受けて、少年法「改正」をどうみるか
2　子どもをとりまく環境をめぐる問題の実態を交流し、課題を明らかにする
3　養護教員として、どこへどう働きかければよいか、また教育課題としての健康教育はどうあればいいのか
4　保護者、地域とともにどうとりくむか
第四分科会　子どもをめぐるもんだい
指定リポート「登校拒否と教育を考える会（もぐらの会）の活動をとおして」
1　記念講演を受けて、少年法「改正」をどうみるか
2　子どもをとりまく実態を交流し、課題を明らかにする
3　学校、教職員、養護教員がどのようにかかわっていくのか
4　学校、家庭、関連機関との連携をどう考えるのか
第五分科会　養護教員部運動を進めるために
1　少年法「改正」を考える―青木さんの講演を聞いて
2　学校保健に関するとりくみ―就学時健康診断・予防接種・「健康日本21」

里見　宏（健康情報センター）
天笠　啓祐（ジャーナリスト）
岩間　克宏（日教組賃金対策部長）
渡辺　泰子（茨城）
藤川　伸治（日教組教育文化部長）
西谷　嘉修（日教組教育財政部長）
河合都紀子（北海道）

回（年）	全体会・分科会・学習内容	講師・助言者・報告者
第41回	3　養護教員をめぐる問題―定数・複数配置・保健主事・労安体制など 4　組織強化	
第42回（2002年）	〈全体会〉 1　主催者あいさつ 2　基調提案 3　記念講演 「教育改革と『健康日本21』」 〈分科会〉 第一分科会　子どもの健康権保障のために 指定リポート「一人ひとりを大切にした健康権の保障とは～『ちがい』を学びあうことから～」 1　記念講演を受けての感想交流 2　「保体審答申」「健康日本21」と学校保健のかかわり 3　健康診断を人権の視点に立って考える ・プライバシーと健康診断、就学時健康診断 4　うつる病気をどう考えるか ・予防接種 第二分科会　健康教育の自主編成にむけて 指定リポート「教職員免許の一部改正する『兼職発令』についてとりくむ～養護教諭が保健の授業を持つことについて～」 1　記念講演を受けての感想交流	浅見　清秀（日教組副委員長） 馬場　町子（日教組養護教員部長） 斎藤　貴男（ジャーナリスト） 山田　真（八王子中央診療所） 母里　啓子（元保健所長） 衛藤　俊明（日教組組織局次長） 宮本　雅子（熊本） 大谷　尚子（茨城大学） 野村　一路（日本体育大学） 樋口けい子（日教組教育文化局長） 盛岡　清恵（石川）

2　私たちが考える「健康観・教育観」
3　健康教育の進め方と問題点について
・「総合学習」と健康教育とのかかわり

第三分科会　子どもの環境改善にむけて
指定リポート「子どもとインフルエンザ〜国策として予防と治療が叫ばれる中で〜」
1　記念講演を受けての感想交流
2　子どもをとりまく環境をめぐる問題の実態を交流し、課題を明らかにする
3　地域、保護者とともにどうとりくむか

第四分科会　子どもをめぐるもんだい
指定リポート「学校保健の中の個人情報の管理と子どもの人権」
1　記念講演を受けての感想交流
2　子どもの置かれている状況を交流し、課題を明らかにする
・いじめ、自死、不登校、保健室登校、虐待など
3　学校における子どもの情報の扱いを交流し、人権の視点に立って課題を明らかにする

第五分科会　養護教員部運動を進めるために
指定リポート「組織拡大・強化について」
1　記念講演を受けての感想交流
2　複数配置をどう考えていくか
3　新たな制度をどうとらえるか
・高齢再任用制度
・研修制度
・人事考課制度

里見　宏（健康情報センター）
天笠　啓祐（ジャーナリスト）
岩間　克宏（日教組賃金対策部長）
佐藤　ゑみ（宮城）

小沢　牧子（日本社会臨床学会理事）
藤川　伸治（日教組組織部広報部長）
高島支部（滋賀）

馬場　町子（日教組養護教員部長）
村上　厚子（岡山）

回（年）	全体会・分科会・学習内容	講師・助言者・報告者
第42回	4　組織拡大強化にむけて ・高齢再任用制度 ・研修制度 ・人事考課制度 ・その他―教職員の健康診断について　など	
第43回（2003年）	〈全体会〉 1　主催者あいさつ 2　とりまく情勢と課題 3　記念講演 「健康と病気と人生の関係」 〈分科会〉 第一分科会　子どもの健康権保障のために 指定リポート「一人ひとりの子どもたちの健康保障のために」 1　記念講演を受けての感想交流 2　健康増進法 3　健康診断 4　共生共学 第二分科会　健康教育の自主編成にむけて 指定リポート「養護教員『健康観』調査報告」 1　記念講演を受けての感想交流 2　私たちが考える「健康観・教育観」 3　健康教育のすすめ方と問題点	浅見　清秀（日教組副委員長） 馬場　町子（日教組養護教員部長） なだいなだ（精神科医・作家） 山田　真（八王子中央診療所） 母里　啓子（介護老人保健施設長） 長山　桂子（日教組生活局次長） 西田　清恵（静岡） 大谷　尚子（茨城大学） 野村　一路（日本体育大学） 藤川　伸治（日教組組織局次長） 安部　恭子（福島）

・健康教育と保健学習、総合学習、保健指導のかかわり

第三分科会　子どもの環境改善にむけて
指定リポート「奈良県におけるフッ素をめぐる状況」
1　記念講演を受けての感想交流
2　子どもをとりまく環境をめぐる問題の実態を交流し、課題を明らかにする
3　地域、保護者とともにどうとりくむか

第四分科会　子どもをめぐるもんだい
指定リポート「一人ひとりを大切にする教育の実現をめざす～みんなで支援する体制づくりを通して～」
1　記念講演を受けての感想交流
2　子どものおかれている状況を交流し、課題を明らかにする。学校における子ども、家庭における子ども、地域における子どもなど
3　子どもの健康情報の扱いを交流し、人権の視点にたって課題を明らかにする

第五分科会　養護教員部運動を進めるために
指定リポート「養護教員部運動をすすめるために」
1　記念講演を受けての感想交流
2　新たな制度をどうとらえ、運動をすすめるのか
・複数配置（加配、再任用）
・研修（新採用、十年研修、経験研修等）
・評価（人事考課制度）
・特別行政区
3　組織拡大強化にむけて

里見　宏（健康情報研究センター）
天笠　啓祐（ジャーナリスト）
宮城恵美子（日教組組織局次長）
佐野予至子（奈良）
内田　良子（子ども相談室「モモの部屋」主宰）
衛藤　俊明（日教組組織局次長）
染谷　幹夫（日教組生活局次長）
吉本　恭子（高知）
馬場　町子（日教組養護教員部長）
今村　弘子（宮崎）

回(年)	全体会・分科会・学習内容	講師・助言者・報告者
第44回（2004年）	〈全体会〉 1　主催者あいさつ 2　とりまく情勢と課題 3　記念講演 「すべてのいのちがいとおしい」 〈分科会〉 第一分科会　子どもの健康権保障のために 指定リポート「『健康観』を問い直す」 1　記念講演を受けての感想交流 2　「健康増進法」「健康日本21」のもんだい ・人権の視点からみた健康診断 ・うつる病気をどう考えるか 3　「医療的ケア」のもんだい 第二分科会　健康教育の自主編成にむけて 指定リポート「『性の教育』について考える」 1　記念講演を受けての意見交流 2　私たちが考える「健康観」「子ども観」「教育観」 3　健康教育の自主編成について ・それぞれが考える自主編成とは ・健康教育のすすめ方と問題点 第三分科会　子どもの環境改善にむけて 指定リポート「『小児生活習慣病』予防事業へのとりくみと経過」 1　記念講演の感想	山本　潤一（日教組副委員長） 馬場　町子（日教組養護教員部長） 李　政美（シンガーソングライター） 山田　真（八王子中央診療所） 母里　啓子 宮城恵美子（日教組財政部長） 山内太英子（北海道） 大谷　尚子（茨城大学） 西原　宣明（日教組教育文化局長） 鎌倉　美樹（三重） 里見　宏（健康情報研究センター） 天笠　啓祐（ジャーナリスト）

２　子どもをとりまく環境をめぐる問題の実態を交流し、課題を	岩間　克宏（日教組組織局次長）
明らかにする	三原地区支部　尾道地区（広島）
３　地域、保護者とともにどうとりくむか	
第四分科会　子どもをめぐるもんだい	
指定リポート『らしく』生きるためのサポートをめざす―個が	小沢　牧子（日本社会臨床学会運営委員）
尊重される支援のあり方を考える―」	高橋　睦子（日教組教育文化局次長）
１　記念講演を受けて感想交流	安西美千代（鹿児島）
２　子どものおかれている状況を交流し、課題を明らかにする	
第五分科会　養護教員部運動を進めるために	
指定リポート「フッ素洗口の実態と県教組のとりくみ」	馬場　町子（日教組養護教員部長）
１　記念講演を受けての感想交流	冨澤　千春（新潟）
２　現状をどう捉え、運動をすすめるのか	
３　組織拡大強化にむけて	

第45回（2005年）	
〈全体会〉	
１　主催者あいさつ	吉原喜久江（日教組副委員長）
２　基調提案	馬場　町子（日教組養護教員部長）
３　保健研究委員会からの報告	伊藤　優子（日教組養護教員部保健研究委員会）
実態調査「子ども虐待と養護教員の関わり」	
４　記念講演	辛　淑玉（人材育成コンサルタント）
「キーワードで読み解く人権」	
〈分科会〉	山田　真（八王子中央診療所）
第一分科会　子どもの健康権保障のために	内野　博行（ななえ歯科クリニック）
指定リポート「フッ素洗口と斑状歯問題」	宮城恵美子（日教組財政部長）
１　記念講演を受けての感想交流	森田千恵子（兵庫）
２　「健康増進法」のもんだい	

<table>
<tr><th>回（年）</th><th>全体会・分科会・学習内容</th><th>講師・助言者・報告者</th></tr>
<tr><td>第45回</td><td>3 健康診断・予防接種
第二分科会　わたしたちがつくる健康教育
指定リポート「学校教育における健康教育の果たす役割を考える」
1 記念講演を受けての意見交流
2 私たちが考える「健康観」
3 自主編成による健康教育のすすめ方
第三分科会　子どもの環境改善にむけて
指定リポート「紫外線予防のとりくみ」
1 記念講演の感想
2 子どもをとりまく環境をめぐる問題を交流し、課題を明らかにする
3 地域、保護者とともにどうとりくむか
第四分科会　子どもをめぐるもんだい
指定リポート「子どもたちを育む社会」
1 記念講演を受けての感想交流
2 子どものおかれている状況を交流し、課題を明らかにする
第五分科会　養護教員部運動をすすめるために
指定リポート「複数配置・兼務の状況と課題」
1 記念講演を受けての感想交流
2 現状をどうとらえ、運動をすすめるのか
3 組織拡大強化に向けて</td><td>大谷　尚子（茨城大学）
善元　幸夫（新宿・大久保小学校）
西原　宣明（日教組教育文化局長）
堀　享子（鳥取）
里見　宏（健康情報研究センター）
天笠　啓祐（ジャーナリスト）
岩間　克宏（日教組組織局次長）
竹田ヒロ子（福岡）
戸恒　香苗（東京大学病院小児科相談室）
澤　正人（日教組教育文化局次長）
金子由美子（埼玉）
馬場　町子（日教組養護教員部長）
小泉あさひ（宮城）</td></tr>
</table>

第46回（2006年）	
〈全体会〉	
1　主催者あいさつ	山本　潤一（日教組副委員長）
2　基調提案	山本　春枝（日教組養護教員部長）
3　保健研究委員会からの報告	北村　美佳（日教組養護教員部保健研究委員会）
実態調査「子ども虐待と養護教員のかかわり」	
4　記念講演	若桑みどり（千葉大学）
「子どもを暴力から守るために」	
〈分科会〉	
第一分科会　子どもの健康権保障のために	山田　真（八王子中央診療所）
指定リポート「『生活調査から生活点検』私たちはどう向き合うのか」	内野　博行（ななえ歯科クリニック） 丹野　政則（日教組財政部長）
1　記念講演を受けての感想交流	木村　佳子（岡山）
2　「健康増進法」のもんだい	
3　健康診断・予防接種・医療的ケア	
第二分科会　わたしたちがつくる健康教育	大谷　尚子（茨城大学）
指定リポート「私たちがつくる健康教育」	岡島真砂樹（日教組教育文化局次長）
1　記念講演を受けての意見交流	嘉陽あゆみ（沖縄）
2　私たちが考える「健康観」	
3　自主編成による健康教育のすすめ方	
第三分科会　子どもの環境改善にむけて	里見　宏（健康情報研究センター）
指定リポート「おしゃれと健康障害」	天笠　啓祐（ジャーナリスト）
1　記念講演を受けての感想交流	山下　陽子（石川）
2　子どもをとりまく環境をめぐる問題を交流し、課題を明らかにする	
3　保護者、地域との運動と連携のすすめ方	

回（年）	全体会・分科会・学習内容	講師・助言者・報告者
第46回	第四分科会　子どもをめぐるもんだい 指定リポート「危ういコミュニケーション力」 1　記念講演を受けての感想交流 2　子どものおかれている状況を交流し、課題を明らかにする 第五分科会　養護教員部運動をすすめるために 指定リポート「大阪府の評価・育成システム」 1　記念講演を受けての感想交流 2　現状を把握し、どう運動をすすめるか 3　組織拡大強化に向けて	三輪　壽二（茨城大学） 松島　裕子（日教組教育文化局次長） 小国　由美（山形） 馬場　町子（前日教組養護教員部長） 山本　潤一（日教組副委員長） 山本　春枝（日教組養護教員部長） 園田　壽子（大阪）
第47回（2007年）	〈全体会〉 1　主催者あいさつ 2　基調提案 3　保健研究委員会報告 実態調査「評価制度から養護教員の職務を問う」 中間報告 4　特別報告 「子どもの視点に立った不登校問題再検討研究委員会」報告 5　記念講演 「子どもの危機をどうみるか」 〈分科会〉 第一分科会　子どもの健康権保障のために 指定リポート「『誰の為、何の為?』の視点から　健康問題検討委員会の歩みをとおして」	山本　潤一（日教組副委員長） 山本　春枝（日教組養護教員部長） 村上　厚子（日教組養護教員部保健研究委員会） 高橋　洋子（国民教育文化総合研究所） 尾木　直樹（法政大学） 山田　真（八王子中央診療所） 内野　博行（ななえ歯科クリニック） 原　美紀（福岡）

第48回	
1　「健康日本21」「健康増進法」のもんだい 2　健康診断・予防接種・医療的ケア 第二分科会　わたしたちがつくる健康教育 　指定リポート「子どもたちとともにつくる健康教育」 1　「健康観」の問い直し 2　自主編成による健康教育のすすめ方 3　人権の視点に立った健康教育のすすめ方 第三分科会　子どもの環境改善にむけて 　指定リポート「岩手県におけるフッ素をめぐる状況」 1　子どもをとりまく環境をめぐる問題の実態を交流し、課題を明らかにする 2　保護者、地域との運動と連携のすすめ方 第四分科会　子どもをめぐるもんだい 　指定リポート「保健室で出会ってきた子どもたち」 1　子どものおかれている状況を交流し、課題を明らかにする 2　保護者、地域との連携のすすめ方 第五分科会　養護教員部運動をすすめるために 　指定リポート「保健主事制度と人事評価制度のなかで民主的な職場をめざして」 1　現状を把握し、どう運動をすすめるのか 2　組織拡大強化に向けて 〈全体会〉 1　主催者あいさつ 2　基調提案 3　保健研究委員会報告	大谷　尚子（茨城大学） 岩間　克宏（日教組組織局長） 古屋　友子（神奈川） 里見　　宏（健康情報研究センター） 天笠　啓祐（ジャーナリスト） 小林三重子（岩手） 三輪　壽二（茨城大学） 松島　裕子（日教組教育文化局次長） 浅田　知恵（愛知） 野川　孝三（日教組生活局次長） 山本　春枝（日教組養護教員部長） 松山　恭子（広島） 清水　秀行（日教組書記次長） 山本　春枝（日教組養護教員部長） 村上　厚子（日教組養護教員部保健研究委員会）

回（年）	全体会・分科会・学習内容	講師・助言者・報告者
第48回（2008年）	「評価制度から養護教員の職務を問う」	
	4　日教組から報告 「教員免許更新制をとりまく状況ととりくみ」	岡島真砂樹（日教組教育文化局長）
	5　記念講演 「保健室からの学校づくり」	野口　克海（大阪教育大学）
	〈分科会〉 第一分科会　子どもの健康権保障のために 指定リポート「健康診断に帯同看護師をつけるとりくみと麻疹の予防接種に関わる状況について」 1　「健康日本21」のもんだい 2　健康診断・予防接種・医療的ケア	山田　　真（八王子中央診療所） 内野　博行（ななえ歯科クリニック） 中村　洋子（新潟高）
	第二分科会　わたしたちがつくる健康診断 指定リポート「ライフスキルを育む健康教育の実践をめざして」 1　私たちの健康観とその支援の問い直し 2　自主編成による健康教育のすすめ方 3　人権的な視点に立った健康教育のすすめ方	大谷　尚子（聖母大学） 岡島真砂樹（日教組教育文化局長） 嵯峨　真弓（秋田）
	第三分科会　子どもの環境改善にむけて 指定リポート「学校でのフッ素洗口はパワーハラスメントだ！」 1　子どもをとりまく環境をめぐる問題の実態を交流し、課題を明らかにする 2　保護者、地域との運動と連携のすすめ方	里見　　宏（健康情報研究センター） 天笠　啓祐（ジャーナリスト） 井上　惠美、伊東　満明（滋賀）
	第四分科会　子どもをめぐるもんだい 指定リポート「教育相談・スクールカウンセラーを考える	三輪　壽二（茨城大学） 岩間　克宏（日教組組織局長）

～教研センター部門でのとりくみ～」	板垣　陽子（広島）
1　子どものおかれている状況を交流し、課題を明らかにする	
2　保護者、地域との連携のすすめ方	
第五分科会　養護教員部運動をすすめるために	
指定リポート「集団フッ化物洗口の実態と県教組のとりくみ」	山本　春枝（日教組養護教員部長）
1　現状を把握し、どう運動を進めるのか	吉田　孝子（佐賀）
2　組織拡大強化に向けて	

第49回（2009年）	
〈全体会〉	
1　主催者あいさつ	清水　秀行（日教組書記次長）
2　基調提案	山本　春枝（日教組養護教員部長）
3　保健研究委員会報告 「評価制度から養護教員の職務を問う　その2」	村上　厚子（保健研究委員会委員長）
4　日教組からの報告 「教員免許更新制の今後」	岡島真砂樹（日教組教育文化局長）
5　記念講演 「格差社会がもたらしたもの ～追い詰められるシングルマザー・子どもの貧困～」	赤石千衣子（しんぐるまざあず・ふぉーらむ）
〈分科会〉	
第一分科会　子どもの健康権保障のために	山田　真（八王子中央診療所）
指定リポート「フッ素洗口に対するとりくみ」	内野　博行（ななえ歯科クリニック）
1　「集団フッ素洗口・塗布」を中止に持ち込むための新たな発想や知恵を出し合おう	仙波　京子、舟城　敬子（福島）
2　「学校のアレルギー疾患に対する取り組みガイドライン」公表後の動きについて交流しよう	
3　新型インフルエンザなど「うつる病気と予防接種」について	

回(年)	全体会・分科会・学習内容	講師・助言者・報告者
第49回	現状を出し合い課題を明らかにしよう 第二分科会　わたしたちがつくる健康教育 指定リポート「先生がいてるから…」 1　養護教員として大切にしたいこと・失くしてはいけない視点を明らかにする 2　養護教員としての支援の問い直しと、子どもたちを中心とした自主編成による健康教育をどのようにすすめていくかを考える 第三分科会　子どもの環境改善にむけて 指定リポート「高知県でのとりくみ～保健指導を通して～」 1　子どもをとりまく環境をめぐる問題の実態を交流し、課題を明らかにする 2　保護者、地域との運動と連携のすすめ方 第四分科会　子どもをめぐるもんだい 指定リポート「保健室登校によりそって」 1　保健室登校・別室登校・不登校の現状を出し合い、養護教員としてどのように向き合っているか交流しよう 2　地域・保護者・関係機関・教職員とどう連携していくのか交流しよう 第五分科会　養護教員部運動をすすめるために 指定リポート「組織拡大のために何をしてきたのか。何ができたのか」 1　現状を把握し、どう運動を進めるのか 2　組織拡大強化に向けて	大谷　尚子（聖母大学） 中山　幸男（日教組教育文化局次長） 澤中裕美子（奈良） 里見　宏（健康情報研究センター） 天笠　啓祐（ジャーナリスト） 田中　敬、杉本　志乃（高知） 三輪　壽二（茨城大学） 岩間　克宏（日教組組織局長） 仲宗根明美（長崎） 岡島真砂樹（日教組教育文化局長） 山本　春枝（日教組養護教員部長） 杉山由民子（茨城）

第50回（2010年）

〈全体会〉
1　主催者あいさつ
2　基調提案
3　保健研究委員会報告
「評価制度から養護教員の職務を問う　その3」
4　記念シンポジウム
「子どもの健康権確立にむけて～これって本当にいいの?!～」

〈分科会〉
第一分科会　子どもの健康権保障のために
指定リポート「集団フッ素洗口と県教組のとりくみ」
1　集団フッ素洗口・塗布の現状と課題を明らかにし、新たなとりくみを交流しよう
2　新型インフルエンザ騒動での現状を出し合い、うつる病気と予防接種の課題を明らかにしよう
3　学校保健安全法施行後の学校保健の現状について意見交換しよう
第二分科会　わたしたちがつくる健康教育
指定リポート「『自分をだいじにして…』性に向き合う」
1　今、子どもたちのかかえる問題は何か

髙橋　睦子（日教組副委員長）
山本　春枝（日教組養護教員部長）
村上　厚子（保健研究委員会委員長）
コーディネーター
大谷　尚子（聖母大学）
シンポジスト
内野　博行（ななえ歯科クリニック）
天笠　啓祐（ジャーナリスト）
山田　真（八王子中央診療所）
三輪　壽二（茨城大学）
里見　宏（健康情報研究センター）
山田　真（八王子中央診療所）
内野　博行（ななえ歯科クリニック）
和田　明（日教組障害児教育部長）
飛田ゆみ子、平山　智子（三重）
大谷　尚子（聖母大学）
倉持　幸代（岡山）

回（年）	全体会・分科会・学習内容	講師・助言者・報告者
第50回	2　どのようなとりくみをしてきたか 3　子どもの側に立った健康教育 第三分科会　子どもの環境改善にむけて 指定リポート「ＥＭ発酵液を使ったプール清掃」 1　子どもをとりまく環境をめぐる問題の実態を交流し、課題を明らかにする 2　保護者、地域との運動と連携の進め方 第四分科会　子どもをめぐるもんだい 指定リポート「保健室でかかわってきた子どもたちの中から」 1　保健室登校・別室登校・不登校の現状を出し合い、養護教員としてどのように向き合っているか交流しよう 2　地域・保護者・関係機関・教職員とどう連携していくのか交流しよう 第五分科会　養護教員部運動をすすめるために 指定リポート「民主的な職場づくりをめざして」 1　現状を把握し、どう運動を進めるのか？ 2　組織拡大強化に向けて 〈記念講演〉 「人権としての学校安全を考える —学校保健安全法をどう活かすのか—」	里見　　宏（健康情報研究センター） 天笠　啓祐（ジャーナリスト） 岩間　克宏（日教組共闘部長） 村山　厚子（熊本） 三輪　壽二（茨城大学） 濱田真由美（日教組法制・社会担当部長） 土肥久美子（富山） 山本　春枝（日教組養護教員部長） 稲田　啓子（北海道） 喜多　明人（早稲田大学）
第51回	〈全体会〉 1　主催者あいさつ 2　基調提案	髙橋　睦子（日教組副委員長） 山本　春枝（日教組養護教員部長）

第51回（2011年）

3　保健研究委員会報告
『「うつる」病気と養護教員のかかわりについて』の中間報告
三苫　満江（保健研究委員会委員長）

4　記念講演
「命をつなぐ政治を」
福田衣里子（衆議院議員）

〈分科会〉

第一分科会　子どもの健康権保障のために
指定リポート「集団予防接種反対のとりくみ」
山田　真（八王子中央診療所）

1　インフルエンザなどうつる病気と予防接種についての課題を明らかにし、とりくみへつなげよう
内野　博行（ななえ歯科クリニック）

2　集団フッ素洗口・塗布にかかわり、各地の現状を出し合い、とりくみを交流し広げよう
石亀富美江（鳥取）

3　健康診断、アレルギー疾患などの問題点を出し合い、とりくみを交流しよう

4　原発の事故後や震災の現状から、私たちは何をすべきなのか学び合おう

第二分科会　わたしたちがつくる健康教育
指定リポート「子どもたちを中心とした健康教育とは」
大谷　尚子（聖母大学）
今村　弘子（宮崎）

1　子どもの実態ととりくんでいること〜ジレンマや失敗談を含めて

2　子どもを中心とした健康教育とは

第三分科会　子どもの環境改善にむけて
指定リポート「集団フッ素洗口導入阻止にとりくんで」
里見　宏（健康情報研究センター）
天笠　啓祐（ジャーナリスト）
岩間　克宏（日教組共闘部長）

1　子どもをとりまく環境をめぐる問題の実態を交流し、課題を明らかにする
遠藤　優子（山梨）

2　保護者、地域との運動と連携のすすめ方

第四分科会　子どもをめぐるもんだい
三輪　壽二（茨城大学）

回（年）	全体会・分科会・学習内容	講師・助言者・報告者
第51回	指定リポート「宮城県から～石巻の地での、保健室のあねさんの活動～」 1　子どもたちの心やからだに関わる現状を出し合い、養護教員としてどのように向き合っているか交流しよう 2　地域・保護者・教職員とどう連携していくか交流しよう 第五分科会　養護教員部運動をすすめるために 指定リポート「アレルギー対応の整備にむけてのとりくみ」 1　現状を把握し、運動をすすめるために交流しよう 2　組織拡大強化にむけて	佐藤　ゑみ（宮城） 山本　春枝（日教組養護教員部長） 関本　則子、伊藤　玲子（兵庫）
第52回（2012年）	〈全体会〉 1　主催者あいさつ 2　基調報告 3　保健研究委員会報告 「子どもの安心・安全を守るための養護教員のかかわり～3・11東日本大震災から学ぶ～」中間報告 4　記念講演 「発達障害といわれる子どもたちについて」 〈分科会〉 第一分科会　子どもの健康権保障のために 指定リポート「10・20　奄美豪雨災害を体験して」 1　災害や東電福島第一原発事故等による子どもへの影響を出し合い、私たちは何をすべきなのか学び合おう 2　集団フッ素洗口・塗布の各地の現状と課題を明らかにし、学	清水　秀行（日教組書記次長） 高縁　慶子（日教組養護教員部長） 森口由美子（保健研究委員長） 高岡　健（岐阜大学） 山田　真（八王子中央診療所） 内野　博行（ななえ歯科クリニック） 畠中ひとみ（鹿児島）

校における健康教育の進め方について交流しよう	
3　子どもの健康をめぐる問題（健康診断・うつる病気・予防接種・アレルギー等）について、意見を交流し、健康観を問い直そう	
第二分科会　わたしたちがつくる健康教育	大谷　尚子（聖母大学）
指定リポート「子どもの側に立った健康教育」	立井　涼子（福井）
1　子どもの実態ととりくんでいること～ジレンマや失敗談を含めて	
2　子どもを中心とした健康教育とは	
第三分科会　子どもの環境改善にむけて	
指定リポート「集団フッ素洗口を中止させるまで力を合わせて」	里見　宏（健康情報研究センター）
1　子どもをとりまく環境をめぐる問題の実態を交流し、とりくみにつなげよう	天笠　啓祐（ジャーナリスト） 伊藤千鶴子（山形）
2　保護者、地域との連携を交流し、とりくみにつなげよう	
第四分科会　子どもをめぐるもんだい	
問題提起　「保健室の気づき全体へ～大規模校での保健室のあり方～」	中島　浩籌（法政大学　YMCAオープンスペースLiby）
1　子どもたちの心やからだにかかわる現状を出し合い、養護教員としてどのように向き合っているか交流しよう	梅谷伊郁子（大阪）
2　地域・保護者・教職員とどう連携していくか交流しよう	
第五分科会　養護教員部運動をすすめるために	
指定リポート「民主的な職場づくりをめざして～保健主事制度と養護をつかさどる主幹教諭～」	髙縁　慶子（日教組養護教員部長） 水間　洋子（広島）
1　各県の現状を把握し運動をすすめるために交流しよう	
2　組織拡大強化に向けて話し合いをすすめましょう	

回（年）	全体会・分科会・学習内容	講師・助言者・報告者
第53回（2013年）	〈全体会〉	
	1 主催者あいさつ	清水　秀行（日教組書記次長）
	2 基調報告	高縁　慶子（日教組養護教員部長）
	3 保健研究委員会報告 「子どもの安心・安全を守るための養護教員のかかわり ～3・11東日本大震災から学ぶ～」 「『うつる』病気と養護教員のかかわりについて」最終報告	森口由美子（保健研究委員長）
	4 記念講演 「子ども達の真のパートナーを目指して～学校におけるソーシャルワーク～」	三苫　満江（11―12年度保健研究委員長） 山下英三郎（日本社会事業大学大学院）
	〈分科会〉	
	第一分科会　子どもの健康権保障のために 指定リポート「学校におけるアナフィラキシー対策について」 1 健康診断、医療的ケア、アレルギー対応等の現状と課題 2 うつる病気と予防接種、集団フッ素洗口・塗布についての課題 3 原発事故のその後の現状と、私たちにできること	山田　真（八王子中央診療所） 福田　梢（千葉）
	第二分科会　わたしたちがつくる健康教育 指定リポート「『養護教諭が行う健康教育』～学級経営としての保健指導と保健室経営としての保健指導・教諭と養護教諭の役割～」 1 子どもの実態ととりくんでいることを交流しよう ～ジレンマや失敗談を含めて～ 2 子どもを中心とした健康教育とは	大谷　尚子（聖母大学） 中川　裕子（聖母大学） 高橋　紀子（岩手）

第54回（2014年）	
第三分科会　子どもの環境改善にむけて 指定リポート「子どもの新たな健康課題にむけた学校現場での取り組み」 1　子どもをとりまく環境をめぐる問題の実態を交流し、とりくみにつなげよう 2　保護者、地域との連携を交流し、とりくみにつなげよう 第四分科会　子どもをめぐるもんだい 指定リポート「特別支援のあり方について〜A子との関わりから見える問題点」 1　子どもたちの心やからだにかかわる現状を出し合い、養護教員としてどのように向き合っているか交流しよう 2　地域・保護者・教職員との連携のあり方を交流しよう 第五分科会　養護教員部運動をすすめるために 指定リポート「組織拡大と養護教員の健康問題について」 1　各県の現状を把握し運動をすすめるために交流しましょう 2　組織拡大強化に向けて話し合いをすすめましょう	里見　宏（健康情報研究センター） 天笠　啓祐（ジャーナリスト） 寺本　豊子（愛知） 生越　達（茨城大学） 横田　東巳（鳥取） 髙縁　慶子（日教組養護教員部長） 朝木　孝枝（大分）
〈全体会〉 1　主催者あいさつ 2　基調報告 3　保健研究委員会報告 「子どもの安心・安全を守るための養護教員のかかわり〜3・11東日本大震災から学ぶ〜」 4　記念講演 「『子どもの最善の利益をはかる』とは〜オンブズパーソンと養護教員の共通点〜」	小西　清一（日教組副委員長） 原　美紀（日教組養護教員部長） 坂本由紀江（12−13年度保健研究副委員長） 桜井智恵子（大阪大谷大学）

回（年）	全体会・分科会・学習内容	講師・助言者・報告者
第54回	〈分科会〉 第一分科会　子どもの健康権保障のために 指定リポート「秋田県における集団フッ素洗口事業反対のとりくみについて」 1　集団フッ素洗口・塗布、アレルギー対応の現状と課題 2　うつる病気と予防接種、健康診断、医療的ケアなどの現状と課題 3　原発事故のその後の現状と、私たちにできること 第二分科会　わたしたちがつくる健康教育 指定リポート「心と体を知り、自分を大切にしようとする子どもを育てるために」 1　子どもの実態ととりくんでいることを交流しよう～ジレンマや失敗談を含めて～ 2　子どもを中心とした健康教育とは 第三分科会　子どもの環境改善にむけて 指定リポート「自分の体は自分で守る　児童の育成の為の養護教諭のかかわり」 1　子どもの安全や健康を守る環境づくりはどうあればよいか 2　保護者、地域との連携を交流し、とりくみにつなげよう 第四分科会　子どもをめぐるもんだい 指定リポート「特別支援における養護教員の役割～児童とのかかわりで見えたもの～」 1　子どもたちの心やからだにかかわる現状を出し合い、養護教	山田　真（八王子中央診療所） 畑山　昌子（秋田） 大谷　尚子（養護実践研究センター） 知海　和美（滋賀） 里見　宏（健康情報研究センター） 天笠　啓祐（ジャーナリスト） 豊内　晶子（徳島） 三輪　壽二（茨城大学） 棚原　絹子（沖縄）

員としてどのように向き合っているか交流しよう	
2　地域・保護者・教職員との連携のあり方を交流しよう	
第五分科会　養護教員部運動をすすめるために	原　美紀（日教組養護教員部長）
指定リポート「初任研指導者の業務改善にむけたとりくみ」	下出由希子（石川）
1　各県の現状を把握し運動をすすめるために交流しましょう	
2　組織拡大強化に向けて話し合いをすすめましょう	
第55回（2015年）	
〈全体会〉	
1　主催者あいさつ	清水　秀行（日教組書記次長）
2　基調報告	原　美紀（日教組養護教員部長）
3　保健研究委員会報告	赤木　涼子（保健研究委員会）
「養護教員と『健康施策』とのかかわり～学校での食物アレルギー対応と『くすり』を中心に考える～」	
4　記念講演	西野　博之（NPO法人フリースペースたまりば・川崎市子ども夢パーク）
「子どものいのちに寄り添う～学校の中に子どもの居場所をつくるということ～」	
〈分科会〉	
第一分科会　子どもの健康権保障のために	山田　真（八王子中央診療所）
指定リポート「HPVワクチン副反応被害者の子どもと保護者を支えたい」	由井薗利奈、牧野津恵子（奈良）
1　うつる病気と予防接種、集団フッ素洗口・塗布、健康診断などの現状と課題について意見を交流し、健康観を問い直そう	
2　原発事故のその後の現状と、私たちにできることを考えよう	
第二分科会　わたしたちがつくる健康教育	大谷　尚子（養護実践研究センター）
指定リポート「食物アレルギーを持つA児とのかかわり」	村上　厚子（岡山）
1　子どもの健康実態と、それにとりくんでいることを交流しよ	

回(年)	全体会・分科会・学習内容	講師・助言者・報告者
第55回	う～ジレンマや失敗談を含めて～ 2　子どもを中心とした健康教育にしていくためには、どうすればよいか考えよう 第三分科会　子どもの環境改善にむけて 指定リポート「原発のある町で、子どもの健康と安全を守るとは…養護教員としてできること」 1　子どもの安全や健康を守る環境づくりはどうあればよいか考えよう 2　保護者、地域との連携を交流し、とりくみにつなげよう 第四分科会　子どもをめぐるもんだい 指定リポート「自己存在感を高められるように～養護教員としての支援～」 1　子どもの心とからだにかかわる現状を出し合い、養護教員としてどう向き合っているか交流しよう 2　地域・保護者・教職員との連携のあり方を交流しよう 第五分科会　養護教員部運動をすすめるために 指定リポート「震災後の福島は今」 1　各県の現状を把握し運動をすすめるために交流しよう 2　組織拡大強化に向けて話し合いをすすめよう	里見　宏（健康情報研究センター） 天笠　啓祐（ジャーナリスト） 内田　誠子（佐賀） 三輪　壽二（茨城大学） 杉田利枝子（埼玉） 原　美紀（日教組養護教員部長） 小嶋　澄子（福島）

第56回（2016年）

〈全体会〉	
1　主催者あいさつ	則松　佳子（日教組書記次長）
2　基調報告	原　美紀（日教組養護教員部長）
3　保健研究委員会報告 「養護教員と『健康施策』とのかかわり～学校での食物アレルギー対応と『くすり』を中心に考える～」	赤木　涼子（14―15年度保健研究委員会）
4　記念講演 「障害者差別解消法とは～合理的配慮と養護教員～」	大谷　恭子（北千住パブリック法律事務所）
〈分科会〉	
第一分科会　子どもの健康権保障のために	
指定リポート「子どもの健康は守れるか?～『山・海・島』体験活動を通して～」	山田　真（八王子中央診療所） 濵田　秀子（広島）
1　うつる病気と予防接種、集団フッ素洗口・塗布、健康診断などの現状と課題について意見を交流し、健康観を問い直そう	
2　原発事故のその後の現状と、私たちにできることを考えよう	
第二分科会　わたしたちがつくる健康教育	
指定リポート「養護教諭として大切にしたいこと」	大谷　尚子（養護実践研究センター） 戸次　祐子（福岡）
1　子どもの健康実態と、それにとりくんでいることを交流しよう～ジレンマや失敗談を含めて～	
2　子どもを中心とした健康教育にしていくためには、どうすればよいか考えよう	
第三分科会　子どもの環境改善にむけて	
指定リポート「食物アレルギーに対するとりくみ」	里見　宏（健康情報研究センター） 天笠　啓祐（ジャーナリスト） 谷川　敬子（新潟）
1　子どもの安全や健康を守る環境づくりはどうあればよいか考えよう	

回（年）	全体会・分科会・学習内容	講師・助言者・報告者
第56回	2　保護者、地域との連携を交流し、とりくみにつなげよう 第四分科会　子どもをめぐるもんだい 指定リポート「子どもをめぐるもんだい～深刻化する子どもをめぐるもんだいに、どのように向き合い、とりくんだのか～」 1　子どもの心とからだにかかわる現状を出し合い、養護教員としてどう向き合っているか交流しよう 2　地域・保護者・関係機関・教職員との連携のあり方を交流しよう 第五分科会　養護教員部運動をすすめるために 指定リポート「三教組養護教員部活動を通して」 1　組織拡大強化に向けて話し合いをすすめましょう 2　各県の現状を把握し運動をすすめるために交流しましょう	伊藤　書佳（教育文化総合研究所） 佐藤　世子（北海道） 原　美紀（日教組養護教員部長） 平野　理恵（三重）
第57回（2017年）	〈全体会〉 1　主催者あいさつ 2　基調報告 3　保健研究委員会報告 「子どもの健康権を保障するための健康診断と養護教員～学校における色覚検査を中心に考える～」 4　記念講演 「ハンセン病の歴史と人権」 〈分科会〉 第一分科会　子どもの健康権保障のために 指定リポート「心と体の主人公になるために」	則松　佳子（日教組書記次長） 原　美紀（日教組養護教員部長） 鳥越　昭子（保健研究委員会委員長） 北原　誠（重監房資料館） 山田　真（八王子中央診療所） 鶴田　明美、仲宗根明美（長崎）

1　うつる病気と予防接種、集団フッ素洗口・塗布、健康診断などの現状と課題について意見を交流し、健康観を問い直そう

2　原発事故とその後の現状と、私たちにできることを考えよう

第二分科会　わたしたちがつくる健康教育　　大谷　尚子（養護実践研究センター）

指定リポート「色覚に配慮した教育環境へのとりくみ」　　松井　慈子（東京高）

1　子どもの健康実態と、それにとりくんでいることを交流しよう～ジレンマや失敗談を含めて～

2　子どもを中心とした健康教育にしていくためには、どうすればよいか考えよう

第三分科会　子どもの環境改善にむけて　　里見　宏（健康情報研究センター）

指定リポート「学校施設についてのとりくみ」　　天笠　啓祐（ジャーナリスト）

1　子どもの安全や健康を守る環境づくりはどうあればよいか考えよう　　近藤　裕美（宮城）

2　保護者、地域との連携を交流し、とりくみにつなげよう

第四分科会　子どもをめぐるもんだい　　三輪　壽二（茨城大学）

指定リポート「『感じる力』を研ぎ澄まし、発信することで校内の危機管理を見直そう～組体操の事例から～」　　倉内　典子（兵庫）

1　子どもの心とからだにかかわる現状を出し合い、養護教員としてどう向き合っているか交流しよう

2　地域・保護者・関係機関・教職員との連携のあり方を交流しよう

第五分科会　養護教員部運動をすすめるために　　原　美紀（日教組養護教員部長）

指定リポート「特別支援学校の適正規模と養護教員の配置について考える」　　新木　美枝、前藤万記子（広島高）

1　組織拡大強化に向けて話し合いをすすめよう

回（年）	全体会・分科会・学習内容	講師・助言者・報告者
第57回	2　インクルーシブな社会をめざすために、何ができるのか考えよう 3　各県の現状を把握し運動をすすめるために交流しましょう	
第58回（2018年）	〈全体会〉 1　主催者あいさつ 2　基調報告 3　保健研究委員会報告 「子どもの健康権を保障するための健康診断と養護教員～学校における色覚検査を中心に考える～」 4　記念講演 「知っていますか？LGBT&SOGI～子どもたちの困りごと～」 〈分科会〉 第一分科会　子どもの健康権保障のために 指定リポート「健康診断での生徒の健康権保障について」 1　健康診断の現状を交流し、今後のあり方を考えよう 2　様々な学校保健をめぐる課題について意見を交流し、自らの健康観を問い直そう 3　原発事故とその後の現状と、私たちにできることを考えよう 第二分科会　わたしたちがつくる健康教育 指定リポート「中学校区でとりくむメディアコントロール」 1　子どもの健康実態とそれにとりくんでいることを交流しよう～ジレンマや失敗談を含めて～	 瀧本　司（日教組書記次長） 原　美紀（日教組養護教員部長） 鳥越　昭子（16―17年度保健研究委員会委員長） 網島　茜（LGBT法連合会） 山田　真（八王子中央診療所） 松生　尚子（石川高） 大谷　尚子（養護実践研究センター） 井上　悌、川越ひろみ（山形）

第59回（2019年）	
2　子どもを中心とした健康教育にしていくためには、どうすればよいか考えよう	
第三分科会　子どもの環境改善にむけて	里見　宏（健康情報研究センター）
指定リポート「『四肢の状態』検査についての一考察」	天笠　啓祐（ジャーナリスト）
1　子どもの安全や健康を守る環境づくりの視点にたって	井上未来子（大阪）
2　子どもをとりまく生活環境や安全、健康課題等を交流しよう	
第四分科会　子どもをめぐるもんだい	三輪　壽二（茨城大学）
指定リポート「非常時の学校の対応で養護教員としてできること～鳥取県中部地震を通して考えたこと～」	寺谷　克恵、和泉　緑（鳥取）
1　子どもたちの心とからだにかかわる現状を出し合い、養護教員としてどう向き合っているか交流しよう	
2　地域・保護者・関係機関・教職員との連携のあり方を交流しよう	
第五分科会　養護教員部運動をすすめるために	原　美紀（日教組養護教員部長）
指定リポート「フッ化物洗口問題と熊教組養護教員部運動」	今村　邦予（熊本）
1　組織拡大強化に向けて話し合いをすすめよう	
2　各県の現状を把握し、運動をすすめるために交流しよう	
〈全体会〉	
1　主催者あいさつ	清水　秀行（日教組書記長）
2　基調報告	原　美紀（日教組養護教員部長）
3　保健研究委員会報告「養護教員の健康観を問う～健康教育と健康施策をどう考えるか～」	安村　美代（18―19年度保健研究委員会委員長）
4　記念講演「ルポ『保健室』から見えてきた子どもたちの実態」	秋山　千佳（ジャーナリスト）

回（年）	全体会・分科会・学習内容	講師・助言者・報告者
第59回	〜養護教員に期待すること〜」 〈分科会〉 第一分科会　子どもの健康権保障のために 指定リポート「フッ化物洗口が導入されようとしている現状と今後について」 1　様々な学校保健をめぐる課題について意見を交流し、自らの健康観を問い直そう 2　健康診断の現状を交流し、今後のあり方を考えよう 3　原発事故とその後の現状と、私たちにできることを考えよう 第二分科会　わたしたちがつくる健康教育 指定リポート「心の健康教育―レジリエンスを高める支援の取り組みを通して―」 1　子どもの健康実態とそれにとりくんでいることを交流しよう〜ジレンマや失敗談を含めて〜 2　子どもを中心とした健康教育にしていくためには、どうすればよいか考えよう 第三分科会　子どもの環境改善にむけて 指定リポート「てんかんの緊急対応における学校体制の整備について」 1　子どもの安全を守るための校内体制や学校の施設整備等の環境づくりはどうあればいいか交流しよう 2　子どもをとりまく生活環境や安全、健康課題等を交流しよう 第四分科会　子どもをめぐるもんだい	山田　真（八王子中央診療所） 熊谷真由美（岩手） 大谷　尚子（養護実践研究センター） 石田　陽子（愛知） 里見　宏（健康情報研究センター） 天笠　啓祐（ジャーナリスト） 志手　志乃（高知） 伊藤　書佳（教育文化総合研究所）

内容	講師・報告者
指定リポート「子どもたちとの出会いの中から」 1　子どもたちの心とからだにかかわる現状を出し合い、養護教員としてどう向き合っているか交流しよう 2　地域・保護者・関係機関・教職員との連携のあり方を交流しよう	堂園　裕子（宮崎）
第五分科会　養護教員部運動をすすめるために 指定リポート「養護教員部のこれから〜組織拡大・強化について〜」 1　組織拡大強化に向けて話し合いをすすめよう 2　各県の現状を把握し、運動をすすめるために交流しよう	原　美紀（日教組養護教員部長） 永尾　佳子（長野）

第60回（2021年）ウェブ開催

内容	講師・報告者
〈全体会〉 1　主催者あいさつ	西原　宣明（日教組書記次長）
2　基調報告	菅谷　宝子（日教組養護教員部長）
3　東日本大震災　被災三県報告	菅原　祐子（岩手） 近藤　裕美（宮城） 横田　美奈子、猪俣　美奈（福島）
4　記念講演 「『ありえない』と『あたりまえ』をひっくり返してみれば？」	アーサー・ビナード（ジャーナリスト）
〈シンポジウム〉 テーマ「健康権確立に向けて 〜養護教員として大切にしたいこと〜」	コーディネーター 大谷　尚子（養護実践研究センター）
1　感染症、ウイルスとの付き合い方について	山田　真（八王子中央診療所）

回（年）	全体会・分科会・学習内容	講師・助言者・報告者
第60回	2　教育のネット化、ビッグデータ利用と子どもの健康 3　新型コロナと養護教員 4　新型コロナ感染症から見えてきた差別の構造 5　新型コロナウイルス禍の中で養護教員として子どもたちに伝えたいこと	天笠　啓祐（ジャーナリスト） 里見　宏（健康情報研究センター） 三輪　壽二（茨城大学） 大谷　尚子（養護実践研究センター）

日教組養護教員部の七〇周年に寄せて

三輪　壽二（茨城大学）

正確には覚えていないのですが、研究協力者として日教組養護教員部研究集会（以下、日養研）に呼ばれるようになって、一〇年少しくらいだと思います。寄稿するほどの年輪ではないのですが、引き受けてしまいました。正直なところ、お呼びいただいた当初の私の存念は二年くらいで……というものでした。というのも、私は、日教組はいわゆる運動体みたいなものと思っていて、自分にはいささか距離感があったからです。私は一九六一年生まれですが、学生時代には、運動はすでにリアルなものとして眼前になかったのです。だから、運動が何なのかよくわからず、自分の役割がイメージしづらかったのです。

だから、今の人たちならばなおさら、と思ってしまうのです。また、その流れは同時に、雑で乱暴な言い方ですが、精神主義（自己の内面などに関心を寄せる）と機能主義（身体と目の前の無駄にたいする軽視の流れ）の重視と符合しているような気がします。心とか心理とかが持ち上げられて多くの人は関心を自己に強くむけ、効率とエビデンスばかりが求められてきた流れです。今後は「新型コロナウイルス感染症禍」により、オンライン化が学校の中で極限まですすんでいくと思います。それはおそらく、この流れとの相互依存の関係なのでしょう。

何となく距離があった運動を日養研に来て微妙に体験してみると、どうも運動というのは、「無駄と、なかまへの執着と、エビデンス」に裏打ちされているように思え、私にも多少理解できるようになりました。言葉は悪いかもしれませんが、批判や非難をしているのではありません。むしろ、人が生きていく中で割と大切なものだと思っているのです。ただ、これからしばらくの間、大局的には、無駄となかまへの執着は、受けが良くないでしょうから、運動も少しずつ変化を求められるのかもしれません。七〇年の営みの中にさまざまな諸先輩の智恵が蓄積されていると思います。その養護教員部の七〇年を今後のためにどういかすかを考えなくてはならないのだろうと思います。

第三節　組織拡大・強化のとりくみ

日教組は、結成五〇年を契機として「チャレンジ21＝九〇万教育複合産別・組織戦略プラン」に基づき、すべての教職員の組織化と九〇万日教組の実現、教育複合産別運動を推進し、組織拡大をはかることをめざして、一九九八～二〇〇二年度の五ヵ年計画を実施した。また〇三～〇七年度には学校現場に過半数組織をつくることをねらいとして、「五〇万日教組実現」を掲げ五ヵ年計画「チャレンジ21：第二次拡大計画」を実施し、組織拡大を最優先課題に一〇年間のとりくみ強化をはかった。日教組は〇八年に、一〇年間の組織拡大へのとりくみについて総括を行なうとともに、〇八年以降の「組織拡大ビジョン」を示した。その後、日教組「組織拡大・強化戦略基本方針」に基づき、新規採用者の早期組合加入や日教組に設置されている専門部・対策会議を各単組へ設置するなど、組織拡大にむけたとりくみを強力にすすめている。

組織拡大対策会議

日教組教育複合産別運動五ヵ年計画に基づく組織拡大推進「チャレンジ21」にあたって、日教組養護教員部は次のような目標を掲げた。

一、養護教員の要求実現をはかるため、養護教員の七〇％を組織することをめざす。また、全国各単組に養護教員部を設置する。

二、基本計画事項

（一）「五ヵ年計画」による組織拡大の実施に関する基本方針

①日教組養護教員部の推定組織率は五〇％であり、目標数値を七〇％とするため、五ヵ年で五千人の拡大をはかる。

養護教員部が設置されている単組は全国五二単組であるが、全単組に部を設置する。

②日教組養護教員部と各単組と連携・協力して組織拡大にとりくむ（要請によりオルグ活動を実施する）。

③各単組養護教員部は、それぞれの「五ヵ年計画」により具体的に組織拡大をすすめる。

（二）組織拡大の実施に関する課題について

①重点地区（支部・地域）を設定し、オルグ活動を強化する。

日教組養護教員部は、この目標を達成するため、九九年から、各単組に専門部として位置づいている代表者の出席を求め、年一回の組織拡大対策会議を実施した。九九年には日教組組織局長から「組織拡大のとりくみについて」の現状報告を受けた後、大分県教組・日教組青森の部長よりそれぞれの単組のとりくみ状況の報告を受けた。この時「日教組からの情報はできるだけ早く確実に」「『全養会』・『全養連』についてはこれまでの経過も含めて語り継ぐことが必要」といったことが確認された。〇〇年度は、日教組高知と福岡県教組の報告後、日養研の第五分科会で課題になった、「保健主事・労安法・教免法」について課題整理を行なった。また、〇〇年度は「チャレンジ21」五ヵ年計画の中間総括年度であり、全国四ヵ所でブロック会議が開催されたため、養護教員部の「研究会組織問題」について資料を作成し、日教組の組織問題としてとりくむよう働きかけを行なうことが確認された。〇一年度は大阪教組から「大阪における妊娠時の労働軽減のための代替措置実現までのとりくみ」、東京教組から「東京における人事考課制度の現状と問題点」についての報告を受けた。この報告については参加者の関心も強く、活発な議論が交わされた。○二年度はこの年から制度化された「高齢者再任用制度」について神奈川県教組より報告を受け議論した。また新潟高教組より「各単組の執行委員に積極的になることが運動をすすめる上で大切」との提起もされた。○三年度は長野県教組より「医療的ケアの現状と課題」について、福岡県教組から「県教組の組織拡大と強化のとりくみ」について報告があった。未加入者の加入へのとりくみが年々厳しくなっている状況や、分会のとりくみの重要性などが確認された。○四年度は岩手県教組から「部長の輪番制をやめるための規約改正等のとりくみ」について、大阪教組からは「大阪市における、評価制度が導入されるまでの経過と課題」について、資料をもとに報告があった。「教職員の評価制度」については、それぞれが各県の実態を把握するとともに、日教組がいう「五原則二要件」が確保されるよう意見反映につとめることが重要と確認された。○五年度は、組織の実態と新規採用者や臨時採用者にたいするとりくみと、教職員の賃金をめぐる動きなどを確認した。○六年度は財団法人労働科学研究所の健康調査委員会のまとめ「教職員の健康調査」において精神疾患の増加、慢性的な超過勤務の実態などが明らかにされたことから、学習を深めた。○七年度は、組織問題検討委員会の報告が行なわれた。これまでの日教組養護教員部の運動方針と検討委員会の経過について触れられ、子どもの視点に立った学校保健、民主的な職場づくりをすすめることが再確認された。○八年度は学校保健法の改正に至るまでの日教組のとりくみ、改正の特徴、課題等について参加者で確認を行なった。○九年度は組織拡大について、シンポジウム形式で群馬県、愛知県、大分県、石川県の各県養護教員部長と常任委員がとりくみについて報告を行なった。また全国から持ち寄ったパンフレットを活用するなど、具体的な組織拡大の交流となった。一〇年度、一一年度は各単組で退職者が増加しており、新規採用者の組合加入をいかにすすめるかが課題となっていることから、グループに分かれて具体的なとりくみ方法を交流した。新規採用者は教員、養護教員ともに増加しているが、それに見合う加入率となっていないことから、声かけの重要性を再確認するとともに、拡大計画と中途脱退の防止にむけたとりくみの見直しが提起された。

高校代表者会議

一方、日教組養護教員部総会の代議員枠が「各県一名」となっているため、高校の課題が養護教員部運動に反映されにくいとの指摘もあり、他の専門部とともに総会の代議員枠の拡大にとりくむとともに、当面高校組織の課題解決をはかるため、〇〇年九月一八日に第一回高校代表者会議を開催した。高校部をめぐる情勢と課題を確認するとともに、高校における養護教員の課題について、各県のとりくみの交流をはかった。〇六年三月、日教組専門部細則準則の一部改正が行なわれ、養護教員部総会の代議員枠が「各県一名」から「各単位組合一名」に変更されたが、高校代表者会議は一一年度まで継続された。なお、高校の課題でもある「養護教員の配置状況」「衛生管理者」「高校授業料無償制度の確立」「就労・雇用の現状」「献血問題」「労働教育の必要性」等については、共有認識をはかることが必要であり、現在も日養研や全国部長会議の際、高校交流会を実施している。

組織拡大会議と高校代表者会議を統合し全国部長会議へ

日教組養護教員部の組織拡大対策会議と高校代表者会議が再編され、一二年度より全国部長会議と名称を改め、組織拡大強化についての議論がすすめられることとなった。

一二年一一月の第一回全国部長会議及び、一三年の第二回部長会議では、東日本大震災にかかわって、「災害時の心のケア」「原発事故後の対応」など、子どもや教育をめぐる状況、健康診断の見直し、予防接種の動向など、学校保健をとりまく状況について情勢報告が行なわれた。各県の状況報告と意見交換の後、グループに分かれ「組織拡大」「高齢雇用」をテーマに、各単組の悩みや工夫などの交流をはかった。一四年度は「学校給食におけるアレルギー対応」「色覚検査」等について、意見交換を行なった。その後、山形県教組から二二年間に及ぶ「集団フッ素洗口導入阻止運動」の報告があった。一五年度は北海道教組より「組織拡大」へのとりくみ報告が行なわれた。大幅な世代交代にむけた様々なとりくみ報告を受け、若い養護教員への運動の継承の必要性が確認された。一六年度は高知教組から、部員数が少ない中で、未加入者だけでなく退職者も参加して定期的に運動の継承をはかっていること等が報告され、なかまとつながる大切さが確認された。一七年度は岡山県教組より幼稚園・保育所、保健師の方々、未加入者の養護教員への働きかけや連携による「集団フッ素洗口導入阻止」のとりくみ報告があった。また、大分県教組から「新採や臨採の仲間への声かけや組合の歴史や重要性を語るとりくみ」が報告された。組織拡大には、交流会や歓迎会、学習会等を開催し、次世代への継承や継続したとりくみを行なう必要性が確認された。

一八年度は部長の情勢報告後、子どもの健康問題対策委員会より、「医療にかかわる、学校における様々な検査などについてのアンケート」(ピロリ菌検査・健康診断票のビッグデータ利活用・集団フッ素洗口実施の有無)についての調査研究報告があり、総合考察として明確となった課題が提起された。改めて「学校という場が使われること」「子どもの個人情報をどう守るか」を確認するとともに、養護教員の立ち位置と「養護をつかさどる」ことの意味を考える必要性が明らかにされた。

一九年度は神奈川県教組から「健康診断票のビッグデータ利活用について」の報告を受け、養護教員だけの問題とせず、教育委員会、校長会、教職員等との連携、課題の共有の必要性が提起された。また日教組青年部長から「魅力ある組織とは」「オルグのポイント」など、組織拡大強化のとりくみについて提起があった。これを受け、グループ討議では、組合の必要性や勝ち取った権利を次世代に引き継ぐためのとりくみが報告された。また、働き方改革を軸に交渉を行なった事例なども紹介された。

日教組養護教員部は、日教組の「組織拡大・強化のとりくみ方針Ⅱ」に基づき、各単組とともに「全国声かけ総アクション」キャンペーン等の組織拡大にとりくんでいる。キャンペーンは、「会うこと」を基本として、すべての組合員が、すべての未加入者にたいして「組合加入にむけて」声かけを行なうとしている。これらのとりくみ等により、組合加入者数は年々増加している。しかし、退職組合員数が多いため新規組合員数が追いつかず、組織人数は減少している。また、多忙化をはじめ、教職員の孤立やつながりの希薄化、精神疾患による休職や定年前退職など、学校現場の課題は深刻である。運動の原点は職場であることを確認し、組織拡大・強化をすすめることが重要である。子どものゆたかな学びを保障し、平和と民主主義を守るためにも組織拡大にとりくむ必要がある。

〈日教組専門部細則準則一部改正〉

＊日教組専門部総会代議員枠拡大までの経過

日教組専門部総会の代議員枠は「各県一名」であったが、養護教員部ではこの間、高校の課題が運動に反映されにくいとの指摘があり、長年の課題となっていた。このことから養護教員部は他の専門部とともに代議員枠の拡大にむけてとりくみを続けた結果、〇六年三月、日教組一四五回中央委員会に専門部細則準則の一部の改正が提案されることになった。これにより「各県一名」の代議員から「各単位組合一名」の代議員に変更されることとなった。しかし、「構成員数一〇名未満の単位組合については議決権を持たない」という但し書きがされたため、課題が残された。それ以降、特に専門部については組合員数にかかわらず、それぞれの単組の意見を反映させることが大切であり、議決権は代議員全員に保障するべきだとの意見が相次いだ。その後「組織対象が四五名以下の場合、第五条の四の規定に関わらず当面の間、二割以上を組織していれば議決権を有する」と、専門部細則準則が改正され、第一四六回中央委員会で決定し、〇七年八月三〇日から施行されることとなった。しかし、その後も代議員全員の議決権を求める意見が続いた。日教組はこの間、中央執行委員会等で検討し、専門部細則準則第五条四については削除するとともに、組合員数に準じて代議員数を二人とすることを決定した。第一〇〇回臨時大会において専門部細則準則の一部改正、その後の専門部総会で細則準則の一部改正が行なわれた。これにより各単位組合に位置づく専門部の代議員には全員議決権が与えられることとなった。また、これを機に各単組は組織拡大のとりくみ強化をはかることが確認された。

資料（1）　日教組養護教員部役員一覧（2002～2021年度）

年度	部長	副部長	常任委員
2002年度	馬場　町子（大分）	佐藤　世子（北海道） 山本　春枝（兵庫）	関口　康子（新潟高）、倉持　幸代（岡山）、鳥井　万理子（三重）、太田　真由美（福岡）
2003年度	〃	〃	〃
2004年度	〃	渡邊　泰子（茨城） 山本　春枝（兵庫）	阿曽　道子（秋田）、中嶋　正子（富山）、井本　典子（愛知）、倉持　幸代（岡山）、藤本　久美子（福岡）
2005年度	〃	〃	高橋　繁子（山形）、中嶋　正子（富山）、倉持　幸代（岡山）、星野　佳子（愛知）、藤本　久美子（福岡）
2006年度	山本　春枝（兵庫）	渡邊　泰子（茨城） 須田　多美江（福岡）	高橋　繁子（山形）、諸井　珠江（石川）、稲葉　千里（三重）、芳田　香織（大阪）、瀧口　眞由美（広島）
2007年度	〃	〃	〃
2008年度	〃	千葉　房子（神奈川） 須田　多美江（福岡）	廣野　清子（岩手）、諸井　珠江（石川）、稲葉　千里（三重）、植野　幸子（奈良）、水岡　智恵（広島）
2009年度	〃	〃	〃
2010年度	〃	髙縁　慶子（神奈川） 原　美紀（福岡）	前田　文子（福島）、大平　愛（新潟）、川西　せつ子（愛知）、芳田　香織（大阪）、金尾　由美子（岡山）
2011年度	〃	〃	前田　文子（福島）、大平　愛（新潟）、森　佳世子（愛知）、芳田　香織（大阪）、金尾　由美子（岡山）

2012年度	髙緑　慶子（神奈川）	土肥　久美子（富山） 原　美紀（福岡）	高橋　惠美子（北海道）、古屋　美礼（静岡）、一木　美奈子（三重）、西村　眞佐乃（兵庫）、金尾　由美子（岡山）
2013年度	〃	〃	〃
2014年度	原　美紀（福岡）	高橋　惠美子（北海道） 植野　幸子（奈良）	塩野　優子（神奈川）、西村　かおる（石川）、伊藤　恭子（愛知）、鎰廣　喜代美（広島）、朝木　孝枝（大分）
2015年度	〃	〃	塩野　優子（神奈川）、西村　かおる（石川）、新美　ゆう子（愛知）、鎰廣　喜代美（広島）、朝木　孝枝（大分）
2016年度	〃	倉井　浩美（北海道） 臼井　千浪（神奈川）	安藤　真由美（福井）、中西　真由美（三重）、吉田　志津代（滋賀）、鎰廣　喜代美（広島）、朝木　孝枝（大分）
2017年度	〃	〃	〃
2018年度	〃	菅谷　宝子（北海道） 内田　恵理（岡山）	渡部　有紀（神奈川）、田村　香代子（新潟高）、山城　愛（愛知）、和田　千代（大阪）、朝木　孝枝（大分）
2019年度	〃	〃	渡部　有紀（神奈川）、田村　香代子（新潟高）、川村　真智子（愛知）、和田　千代（大阪）、朝木　孝枝（大分）
2020年度	菅谷　宝子（北海道）	渡部　有紀（神奈川） 内田　恵理（岡山）	帶谷　美穂子（山形）、田村　香代子（新潟高）、木村　美佳（三重）、地海　和美（滋賀）、朝木　孝枝（大分）
2021年度	〃	〃	〃

資料（2） 日教組保健研究委員一覧（2000〜2021年度）

年度	名前（単組） ★委員長 ☆副委員長
2000年度	★前田　文子（福島）、☆北村　美佳（都高教）、永田　晴美（北海道）、渡辺　康子（新潟）、服部　恵子（三重）、伊藤　裕美（滋賀）、石賀　智子（鳥取）、藤重　有利子（徳島）、村山　真弓（佐賀）
2001年度	〃
2002年度	★北村　美佳（都高教）、☆花田　千恵（広島）、渡邊　さとみ（北海道）、椚岡　満智子（山形）、新家　素子（東京）、高澤　登志子（富山）、井本　典子（愛知）、四方　いづみ（大阪）、寺橋　三子（徳島）、村山　真弓（佐賀）
2003年度	★北村　美佳（都高教）、☆花田　千恵（広島）、渡邊　さとみ（北海道）、椚岡　満智子（山形）、新家　素子（東京）、高澤　登志子（富山）、鈴木　敏子（愛知）、四方　いづみ（大阪）、寺橋　三子（徳島）、村山　真弓（佐賀）
2004年度	★北村　美佳（都高教）、☆伊藤　優子（宮城）、西田　由起子（北海道）、千葉　房子（神奈川）、高橋　徳美（石川）、川北　清美（三重）、乾　滋子（奈良）、村上　紀子（広島高）、寺橋　三子（徳島）、迎　絹子（佐賀）
2005年度	〃
2006年度	★村上　厚子（岡山）、☆杉田　幸子（山梨）、佐藤　涼子（北海道）、高橋　美智子（岩手）、立井　涼子（福井）、古川　友美（愛知）、西村　眞佐乃（兵庫）、鴻本　秀子（徳島）、三苫　満江（大分）
2007年度	★村上　厚子（岡山）、☆杉田　幸子（山梨）、佐藤　涼子（北海道）、高橋　美智子（岩手）、立井　涼子（福井）、長坂　恵美子（愛知）、西村　眞佐乃（兵庫）、鴻本　秀子（徳島）、三苫　満江（大分）
2008年度	★村上　厚子（岡山）、☆杉田　幸子（山梨）、佐藤　涼子（北海道）、高橋　美智子（岩手）、立井　涼子（福井）、渡辺　律子（愛知）、西村　眞佐乃（兵庫）、田口　徳（徳島）、三苫　満江（大分）
2009年度	★村上　厚子（岡山）、☆杉田　幸子（山梨）、佐藤　涼子（北海道）、高橋　美智子（岩手）、立井　涼子（福井）、寺本　豊子（愛知）、西村　眞佐乃（兵庫）、田口　徳（徳島）、三苫　満江（大分）
2010年度	★三苫　満江（大分）、☆鷲野　るみ子（三重）、近江　栄子（北海道）、橘　百合子（秋田）、狩野　清美（群馬）、寺島　直美（富山）、村井　文（滋賀）、磯見　弘美（鳥取）、杉本　志乃（高知）

2011年度　★三苫　満江（大分）、☆鷲野　るみ子（三重）、近江　栄子（北海道）、橘　百合子（秋田）、狩野　清美（群馬）、寺島　直美（富山）、村井　文（滋賀）、磯見　弘美（鳥取）、田中　牧（高知）

2012年度　★森口　由美子（大阪）、☆坂本　由紀江（神奈川）、小林　敦子（北海道）、渡邊　富美子（岩手）、高力　左和（山形）、直江　明子（石川）、吉田 環（愛知）、仁井　智恵子（広島）、杉本　志乃（高知）、赤木　涼子（熊本）

2013年度　★森口　由美子（大阪）、☆坂本　由紀江（神奈川）、小林　敦子（北海道）、高力　左和（山形）、直江　明子（石川）、蒲野　由紀（愛知）、仁井　智恵子（広島）、杉本　志乃（高知）、赤木　涼子（熊本）

2014年度　★赤木　涼子（熊本）、☆田中　牧（高知）、大石　照美（北海道）、大槻　由美子（福島）、小林　節子（山梨）、安藤　真由美（福井）、小崎　明子（三重）、川本　美砂子（兵庫）、内田　恵理（岡山）

2015年度　〃

2016年度　★鳥越　昭子（岡山）、☆伊藤　早百合（北海道）、☆伊藤　順子（茨城）、日下　幸子（宮城）、吉田　玲子（新潟）、三ツ矢　由香（愛知）、橋爪　茉利子（奈良）、中本　有美（徳島）、安村　美代（鹿児島）

2017年度　★鳥越　昭子（岡山）、☆伊藤　早百合（北海道）、☆伊藤　順子（茨城）、日下　幸子（宮城）、吉田　玲子（新潟）、村松　悦子（愛知）、橋爪　茉利子（奈良）、中本　有美（徳島）、安村　美代（鹿児島）

2018年度　★安村　美代（鹿児島）、☆中本　有美（徳島）、小林　早苗（北海道）、齋藤　亜美（秋田）、齋藤　房子（千葉）、嶌越　雅子（富山）、平野　理恵（三重）、武田　美代子（滋賀）、益井　富美枝（広島高）

2019年度　〃

2020年度　★田村　典子（北海道）、☆和田　暁子（大阪）、山田　真紀（愛知）、岩崎　紀子（岩手）、福田　敬子（静岡）、北原　絵里穂（石川）、川上　真理子（広島）、普天間　桂（沖縄高）

2021年度　★和田　暁子（大阪）、☆北原　絵里穂（石川）、☆川上　真理子（広島）、佐々木　浩美（北海道）、岩崎　紀子（岩手）、福田　敬子（静岡）、野田　裕子（愛知）、普天間　桂（沖縄高）

○年表　養護教員をめぐる動きと日教組養護教員部運動

＊冒頭数字は月を示す（養護教員部運動の項目については末尾の（　）内数字が月を示す）

年	社会の動き	教育をめぐる動き	養護教員部をめぐる動きと日教組養護教員部運動
2001	1　中央省庁の再編（文部省と科学技術庁が文部科学省、厚生省と労働省が厚生労働省 他） 3　タリバンによるバーミヤン大仏破壊 3　日銀、初めての「量的金融緩和政策」開始 6　「クローン規制法」施行 9　新宿 歌舞伎町雑居ビル火災 四四人死亡 9　米同時多発テロ 10　「テロ特措法」成立 自衛隊の後方支援可能に	4　「新しい歴史教科書をつくる会」中学校教科書の検定合格 5　ハンセン病患者の国家賠償請求訴訟で熊本地裁が違憲判決、国は控訴を断念 6　大阪池田小学校で男が乱入、児童八人死亡、教諭を含む一五人が重軽傷 11　予防接種法「改正」 ・第7次定数改善計画で養護教諭複数配置拡充（小学校八五一人以上、中学校八〇一人以上） ※二〇〇五年までの五カ年計画で実施	・改正予防接種法案の廃案を求め、小泉総理大臣へ要請文を提出。附則や附帯決議をつけさせ、一定の歯止めをかけた ・「日教組養護教員部五〇年史」発行（10） ・日教組が一六団体と共催「飲料水の安全性と集団フッ素応用の危険性を問う全国集会」開催（10） ・学習シリーズ⑨「いま、なぜフッ素なのか～その現状と問題点をさぐる～」発行（11） ・学習シリーズ⑩「『健康日本21』を問う」発行（12） ・「学校保健法施行規則の一部を改正するためのパブリックコメント（色覚検査の廃止）」について障害児教育部と連携し、パブリックコメントや文科省協議にとりくんだ
2002	1　通貨ユーロ流通開始 2　ソルトレイクシティ冬季五輪開幕 4　高齢再任用制度 開始 5　経団連と日経連が統合し「日本経団連」へ	1　文科省「確かな学力の向上のための2002アピール『学びのすすめ』」公開 4　学校保健法施行規則 一部改正 施行。健康診断 必須項目から「色覚検査」削除	・日教組子どもの健康問題検討委員会「子どもの健康観」調査報告発行 ・参議院の文教科学委員会で、神本美恵子 参議院議員が学校保健法における医療費補助に関する質問を行なった。文科省は〇三年度に学校保健に関する事項全般の見直しをはかることを明確にした（7）

年	社会の動き	教育をめぐる動き	養護教員部をめぐる動きと日教組養護教員部運動
2002	8 住民基本台帳ネットワーク開始 9 小泉首相が首相として初めての訪朝、「日朝平壌宣言」署名 10 拉致被害者のうち五人が二四年ぶり帰国 12 インド洋にイージス艦派遣	4 学校週休五日制完全実施 5 薬害オンブズパースン会議「水道水へのフッ素添加についての意見書」厚労省提出 8 「健康増進法」公布、二〇〇三年五月に施行 9 厚労省「『フッ化物洗口法の集団応用に関する実態調査』へのお願い」 9 学校教育法施行令の一部改正施行 ※「障害」のある子の就学手続きについて 9 文科省事務連絡「学校における今後の結核対策について（最終報告）」	・「学校保健法施行規則の一部を改正するためのパブリックコメント（ツ反の中止）」について、①小・中学校で行なわれてきたツ反検査の中止は当然である、②小・中学生全員を対象とする問診は必要ない、③接触者健診に重点を置くべきである、といったパブリックコメントを提出し、各単組とともにとりくんだ（12）
2003	1 北朝鮮、核拡散防止条約から脱退を宣言 1 二〇〇二年平均の完全失業率五・四%、過去最悪 3 イラク戦争が始まる 5 小惑星探査機「はやぶさ」打上げ 6 有事関連三法 成立	1 厚労省「フッ化物洗口ガイドライン」※文科省もガイドライン周知の通知を発出 3 WHOが新型肺炎（SARS）への「注意喚起」発表 3 今後の特別支援教育のあり方に関する調査研究協力者会議「今後の特別支援教育のあり方	・「結核検診マニュアル」について文科省へ問題点の指摘を行ない、各単組のとりくみ強化にとりくんだ（1） ・特別支援教育からインクルーシブ教育への転換にむけ、文科省協議やパブリックコメントにとりくんだ ・神本美恵子 参議院議員が「結核診断に関する質問主意書」を参議院議長あてに提出

	2004
7 宮城県北部で震度六以上が一日三回観測 7 イラク復興支援特別措置法の成立 非戦闘地域への自衛隊派遣が可能に 9 新「民主党」結成 12 イラク復興支援で航空自衛隊が出発	2 オウム真理教 松本被告に死刑判決 5 改正DV防止法成立 離婚後も対象に 7 新潟・福島・福井豪雨 8 アテネ五輪開幕 10 新潟県中越地震 11 お札デザイン一新 12 犯罪被害者等基本法成立 12 インドネシア スマトラ沖地震・インド洋大津波 12 新潟県中越地震
について（最終報告）」 4 健康教育に関する研修に養護教諭と栄養教諭の「経験一〇年研修」導入 5 「健康増進法」施行 5 文科省、教職員むけ「色覚に関する指導資料」発行 11 結核予防法の一部改正施行 「問診票」による結核健康診断実施	1 文科省「小・中学校におけるLD、ADHD高機能自閉症の児童生徒への教育支援体制の整備のためのガイドライン（試案）」 1 国連子どもの権利委員会 27の項目について勧告 4 国立大学の法人化 4 就学援助費補助金の大幅削減 準要保護児童生徒の国による医療費補助の廃止 6 「結核予防法の一部を改正す
・参議院文教科学委員会において神本美恵子 参議院議員が医療費補助について、関係法規の改正を求めた。日教組養護教員部のとりくみもあり、〇四年度からう歯の治療について政令改正が行なわれた ・学習シリーズ⑪「色覚検査廃止から何を学ぶのか」発行（7） ・学習シリーズ⑫「『健康増進法』のねらいを考える～『健康日本21』の法制化～」発行（7） ・結核健康診断の実態調査を行ない、学校における結核の有無の検査廃止を求め文科省交渉を行なった（12）	・上記「試案」に対する分析検討資料を作成 ・これまでの保健主事制度の流れや保健主事制度にたいする考え方の流れについての資料を作成 ・保健研究委員会報告「『医療的ケア』養護教員から問いかけること」発行（5） ・「結核予防法施行令の一部を改正する政令案へのパブリックコメント」へ、各単組とともに意見反映につとめた（8） ・「船舶職員及び小型船舶操縦者法施行規則の一部を改正する省令案に関するパブリックコメント」へ、早急な改正をもとめ意見の集中を行なった（9）

年	社会の動き	教育をめぐる動き	養護教員部をめぐる動きと日教組養護教員部運動
2004		る法律」成立、ツ半検査廃止等 10 改正児童虐待防止法 施行 市民に通報義務 10 厚労省「盲・聾・養護学校における痰の吸引等の取り扱いについて（協力依頼）」 12 発達障害者支援法 成立 12 PISAの〇三年度実施結果の公表	・養護教員部中央行動で文科省・厚労省へ結核検診の廃止を求めた（10） ・日教組指示一〇八号「職場討議資料：いらない学校での結核検診」をもとに全分会員による学習、また「学校保健法施行規則の一部改正」を求め、文科大臣へジャンボはがき投函のとりくみを指示 ・「心の目で見る子ども虐待」と題した学習会を開催（11） ・養護教員の保健学習担当にともなう兼職発令について、現場の状況をもとに文科省との協議を行なった
2005	3 「愛・地球博」開幕 4 個人情報保護法 全面施行 4 JR福知山線脱線事故 6 「クールビズ」開始 7 野口宇宙飛行士 宇宙へ 10 郵政民営化関連法 成立 10 障害者自立支援法 成立 10 パキスタン地震	3 日本学校歯科医会「学校における学校歯科医のためのフッ化物応用ガイドブック」発行 5 厚労省通知「定期の予防接種における日本脳炎ワクチン接種の積極的勧奨の差し控えについて（勧告）」事実上の日本脳炎の予防接種中止 7 「食育基本法」施行 9 「健康日本21」中間報告 10 中教審「新しい時代の義務教育を創造する」答申	・日教組指示八号「予定されている小中学生の日本脳炎予防接種を即時中止するよう」とりくみの提起を行なった（5） ・学習シリーズ⑬「いま、なぜフッ素なのかパート2」発行（7） ・学習シリーズ⑭「健康診断を見つめなおす」発行（7） ・学習シリーズ⑮「『うつる』病気をどう考えるのか―結核健康診断をとおして―」発行（7）

年	社会	教育・保健	運動
		10 文科省「情動の科学的解明と教育等への応用に関する検討会」 11 文科省が「学校における男女の扱い等」に関して各学校の状況調査を行なう 12 中教審「特別支援教育を推進するための制度の在り方について」	
2006	2 トリノ冬季五輪開幕 4 高齢者虐待防止法施行 5 日米両政府 普天間基地移設の合意 9 オウム真理教 松本被告の死刑判決確定 最高裁 9 第一次安倍内閣発足	3 日本学校保健会「児童生徒の健康診断マニュアル」改訂 6 学校保健法施行規則の一部改正 新型インフルエンザ（H5N1）第一種伝染病へ 6 「認定こども園」導入のための法律 成立 10 県立高校の未履修問題発覚 12 「改正」教育基本法 成立	・秋田県教職員組合、秋田市職員労働組合、市民団体で構成された実行委員会によって「集団フッ素洗口を考える公開討論会」が秋田市で開催される（1） ・保健研究委員会報告「子ども虐待と養護教員のかかわり」発行（6）
2007	1 「防衛省」発足 2 インフルエンザ治療薬「タミフル」服用の中学生が転落死 3 北海道 夕張市が財政再建団体に 5 国民投票法 成立	1 給食費の未払い 全国で二二億円超 文科省初調査 4 結核予防法廃止、感染症法に統合 4 全国学力テスト 四三年ぶり実施	・「児童生徒の健康診断マニュアル」について、一定の見解を示すとともに、批判検討資料を作成（3） ・学習シリーズ⑯「学校での採血はいらない—生活習慣予防検診の実態から—」発行（7） ・フッ素洗口ガイドラインの撤回の署名運動（指示

年	社会の動き	教育をめぐる動き	養護教員部をめぐる動きと日教組養護教員部運動
2007	5 改正児童虐待防止法 成立 7 改正DV防止法 成立 7 新潟県中越沖地震 10 郵政事業 民営化 11 改正少年法施行 少年院収容を「一二歳以上」に引下げ	4 文科省「アレルギー疾患に関する調査研究報告書」 5 東京を中心に大学生の間で麻しんが流行、大学が相次いで休校へ ※東京都教育委員会は集団感染防止のため、麻しんの罹患歴のない者、予防接種未接種の高校生を対象に学校で集団接種を行なう措置をとった 6 学校教育法の一部改正 公布、新職の導入	七〇号)、四一万筆。文科省、厚労省へ要請行動（10） ・関連団体とともに日本弁護士連合会へ「むし歯予防へのフッ素応用による人権侵害に対する救済」申し立て（10） ・中教審「子どもの心身の健康を守り、安全・安心を確保するために学校全体としての取組を進めるための方策について」パブリックコメント募集を開始し、日教組は条件整備について各単組へパブコメを指示するとともに中教審へ意見書を提出（11）
2008	4 「後期高齢者医療制度」開始 6 秋葉原通り魔事件 7 iPhone 日本発売 8 北京五輪 開幕 9 米の大手証券会社リーマン・ブラザーズ経営破綻 リーマン・ショック 10 障害者自立支援法の廃止求めて提訴 12 「年越し派遣村」東京 日比谷公園	1 中教審「子どもの心身の健康を守り、安全・安心を確保するために学校全体としての取組を進めるための方策について」答申 3 日本学校保健会「学校のアレルギー疾患に対する取り組みガイドライン」公表 4 学校欠席者情報収集システムを学校に向けて運用開始 4 文科省・厚労省「学校におけ	・学校・幼稚園・保育所 集団フッ素洗口等に関する実態調査 ・学校保健安全法の改正に際し、財政・人的配置や責任の明確化等の条件整備を求め、文科省との交渉・協議を強化した。また日政連議員と連携し、問題点を追及した結果、法案の修正と附帯決議が盛り込まれた ・指示九九号で予防接種実施規則改正のパブリックコメントのとりくみを行なった（1） ・中教審「子どもの心身の健康を守り、安全・安心を確保するために学校全体としての取組を進める

	2009
	1 オバマ米大統領誕生 5 裁判員制度 開始 6 改正薬事法　施行 7 改正出入国管理法成立「在留カード」携帯義務 8 自民党から民主党に政権交代 9 消費者庁 発足 9 鳩山由紀夫内閣 発足 10 オバマ大統領ノーベル平和賞
る麻しん対策ガイドライン」公表（中学一年生、高校三年生相当年齢が定期予防接種の対象者となる） 6 学校保健安全法 公布 6 学校給食法一部改正 6 教員免許更新制の〇九年度導入に向け、免許更新制講習の施行を開始 7 文科省通知「児童生徒が利用する携帯電話をめぐる問題への取組の徹底について」	3 特別支援学校学習指導要領改訂の告示 4 学校保健安全法・学校保健安全法施行令・学校保健安全法施行規則の施行 4 教員免許更新制 導入 5 新型インフルエンザ（A／H1N1）国内で流行
ための方策について」答申（1） ・議員立法「歯の健康の保持の推進に関する法律案」を作成（5） ・「学校のアレルギー疾患に対する取り組みガイドライン」について、職場討議資料「まずは条件整備から!!」を全組合員に配布（6） ・保健研究委員会報告「評価制度から養護教員の職務を問う」発行（7） ・学習シリーズ⑰「むし歯を学ぶ・むし歯で学ぶ－『今、なぜフッ素なの?』パート3－」発行（7） ・職場討議資料「学校現場の実態に即したものとなるよう予算措置と教育行政の責任ある対応を求める」を全組合員に配布（10）	・指示九七号で施行規則改正案について全単組へ健康診断の検査項目等のパブリックコメントを指示（2） ・保健研究委員会報告「評価制度から養護教員の職務を問う　その2」発行（4） ・新型インフルエンザ流行により、大阪府・兵庫県へ全国単組からのマスク送付を呼びかけ（5） ・学習シリーズ⑱「学校保健法の一部を改正する法律～子どもたちが安心・安全な学校生活を送るために～」発行（7） ・文科省へ新型インフルエンザでの学校現場の混乱

年	社会の動き	教育をめぐる動き	養護教員部をめぐる動きと日教組養護教員部運動
2009			を伝え、ワクチン接種について任意で個別接種にすること、副反応の救済措置を行なうこと等を強く求めた
2010	1 日本年金機構 発足 1 日本航空 会社更正法適用申請 2 EU、財政危機のギリシャへの金融支援へ 2 バンクーバー冬季五輪 開幕 4 刑事訴訟法等 改正 6 菅直人内閣 発足 6 小惑星探査機「はやぶさ」帰還 7 「ねじれ国会」化 12 児童相談所にランドセルの贈り物「タイガーマスク運動」	2 厚生科学審議会感染症分科会予防接種部会「予防接種制度の見直しについて（第一次提言）」 4 子ども手当支給 4 高校授業料無償化 6 厚労省が新型インフルエンザへの対策総括を行ない、提言をとりまとめた 11 「子宮頸がん等予防ワクチン接種緊急促進臨時特例交付金」成立（一〇八五億円の補正予算）。中学一年～高校一年女子がHPVワクチン接種対象となる	・「きれいな水といのちを護る合成洗剤追放第31回大会」分科会において、「学校等で行われている集団フッ素洗口・塗布の実態を知ってください―からだと環境を汚染するフッ素―」と題し、報告を行なった（3） ・「予防接種制度の見直しについて（第一次提言）」にたいするパブリックコメントにとりくんだ（4） ・学習シリーズ⑲「『うつる』病気をどう考えるのか―新型インフルエンザをとおして―」発行（4） ・保健研究委員会報告「評価制度から養護教員の職務を問う　その3」発行（7） ・学習資料「いっしょに考えてみませんか！―子宮頸がんとHPVワクチンのこと―」発行 ・第五〇回養護教員部研究集会
2011	2 大相撲八百長問題　春場所の中止 3 一一日、マグニチュード9の地震、津波により関東・東北の	2 日弁連が「集団フッ素洗口・塗布の中止を求める意見書」をとりまとめ、文科省・厚労省・環境省に提出	・「集団フッ素洗口・塗布の中止を求める意見書」を厚労省・文科省・環境省に提出（2） ・「東日本大震災」に係る、子どもの健康・安全確保と教育復興のための要請書を文科省に提出

各県に甚大な被害
「東日本大震災」
※東京電力福島第一原子力発電所が地震・津波の影響により、原子炉冷却機能を失い、1、2、3号機が水素爆発。4号機は使用済み燃料プールが冷却機能を失い水素爆発
4　福島第一原発　汚染水を海に放出
5　国際テロ組織アルカイダのウサマ・ビン・ラディンを殺害、米オバマ大統領表明
5　布川事件　再審無罪
6　東日本大震災復興基本法成立
7　サッカー女子W杯　日本初優勝
7　地上デジタル放送へ
7　新潟県・福島県会津で記録的な大雨
9　野田佳彦内閣　発足
12　北朝鮮　金正日総書記　急死
12　避難区域三区分に見直し　正式決定　原子力発電所事故対策本部

4　文科省「福島県内の学校の校舎・校庭等の利用判断における暫定的考え方について」通知
4　小学校の英語必修化
4　登校中の小学生の列にクレーン車　六人死亡　栃木
4　改正義務教育標準法　成立
小学校一年生における三五人以下学級の実現
5　文科省「福島県内における児童生徒等が学校等において受ける線量低減に向けた当面の対応について」通知
7　「障害者基本法の一部を改正する法律案」成立
普通学級で障害のある子どもとともに学ぶことを基本的な考えとする
8　歯科口腔保健の推進に関する法律　成立
9　文科省「学校における結核検診に関する検討会」報告書のとりまとめ
10　大津で中二生徒の自殺
いじめ防止対策推進法のきっか

・三月三一日、連合の「被災地支援ボランティア」に日教組も組織をあげて参加
・日政連議員等へ働きかけ、民主党文部科学部門会議で「学校の校庭等の利用判断における暫定的な考え方について緊急提言」を決議
・日政連議員と連携し、民主党要請（政策コンテストのパブコメのとりくみ）

年	社会の動き	教育をめぐる動き	養護教員部をめぐる動きと日教組養護教員部運動
2011		けの一つ 12 「医療的ケア」についての制度改正	
2012	2 復興庁 発足 5 国内の五〇基ある全原発が停止 5 「東京スカイツリー」オープン 6 福井 大飯原子力発電所3、4号機が再稼働 6 東京電力の実質的な国有化が正式決定 7 「レバ刺し」などの牛の生レバーの提供禁止 7 九州北部豪雨 7 ロンドン五輪 開幕 9 政府 尖閣諸島国有化 10 新型輸送機オスプレイの普天間基地への配備 12 中央道笹子トンネル天井板崩落事故 12 民主党から自民党へ政権交代（第二次安倍内閣 発足）	3 福島復興再生特別法 施行 3 文科省「学校防災マニュアル（地震・津波災害）作成の手引き」 3 「全国子宮頸がんワクチン被害者連絡会」発足 4 放射線教育、くすり教育導入、武道必修化 4 新型インフルエンザ等対策特別措置法 成立 4 学校保健安全法施行規則の一部改正（結核検診、出席停止期間等） 5 文科省が教職員や医療関係者向けの指導参考資料として「学校において予防すべき感染症の解説」を出す 5 「予防接種制度の見直しについて—二次提言」	・保健研究委員会報告『「うつる」病気と養護教員のかかわりについて』発行（3） ・麻しんに関する予防指針の一部改正についてパブコメのとりくみ ・連合の福祉・社会保障政策小委員会、労働安全衛生部会で予防接種の課題や現場実態について意見反映を行なった ・栄養教職員部と連携し、アレルギー疾患を有する子どもが安心して学校生活を送れることができるよう、条件整備等を求め文科省と協議を行なう

	2013
	1 教育再生実行会議発足 3 黒田日銀新総裁 誕生 4 障害者総合支援法 施行 4 日銀 大規模な金融緩和へ 6 子どもの貧困対策推進法成立 6 いじめ防止対策推進法 成立 6 改正DV防止法成立 配偶者以外も対象に 6 障害者差別解消法の成立 10 伊豆大島で大規模な土砂災害
6 がん対策推進基本計画の見直し 6 原発事故子ども・被災者支援法成立 7 健康日本21―第2次― 7 文科省「非常災害時の子どもの心のケアに関する調査報告書」 8 高齢者雇用安定改正法成立 12 麻しんに関する特定感染症予防指針の一部改正 12 調布市給食食物アレルギー死亡事故	3 教職員のメンタルヘルス対策最終報告 4 予防接種法の一部改正 HPV、ヒブ、小児肺炎球菌ワクチン定期接種化 6 HPVワクチン―積極的勧奨を一時控える決定 8 日本学校保健会「学校において予防すべき感染症の解説」発行
	・学習シリーズ⑳「わたしたちがめざす歯科口腔保健―『今、なぜフッ素なの?』パート4―」発行(2) ・「原発事故子ども・被災者支援法」基本方針案に反対し撤回を求める観点から、パブリックコメント(9)や請願書署名(二二万四四四筆)にとりくんだ

年	社会の動き	教育をめぐる動き	養護教員部をめぐる動きと日教組養護教員部運動
2013	11　小笠原諸島西之島付近で噴火新島出現 12　改正生活保護法・生活困窮者自立支援法 成立 12　特定秘密保護法 成立	12　今後の健康診断の在り方に関する検討会による意見書のとりまとめ	
2014	1　障害者権利条約 批准 2　ソチ冬季五輪 開幕 4　消費税増（五％から八％へ） 4　岩手の三陸鉄道が全線で運行再開 4　韓国で旅客船セウォル号が沈没 6　過激派組織ＩＳ　国家樹立を宣言 7　ベネッセから子どもや保護者の個人情報が流出 8　八月豪雨（広島） 9　デング熱で代々木公園を立ち入り禁止 9　御嶽山噴火 12　はやぶさ2　打上げ 12　特定秘密保護法 施行	3　文科省通知「今後の学校給食における食物アレルギー対応について」 3　風しんに関する特定感染症予防指針 策定 4　学校保健安全法施行規則の一部改正 座高、寄生虫卵の有無の検査廃止、「四肢の状態」追加、保健調査等全員実施 6　文科省事務連絡「学校における色覚検査について」 7　安倍政権による集団的自衛権行使容認閣議決定 7　文科省「学校給食における食物アレルギー対策実施状況調査について」（依頼） 10　予防接種法の一部改正	・保健研究委員会報告「子どもの安心・安全を守るための養護教員のかかわり～3・11東日本大震災から学ぶ～」発行（3） ・学習資料「予防接種について」発行 ・風しんに関する予防指針の一部改正についてパブコメのとりくみ ・養護教員の配置等に関する実態調査（7）

	2015	2016
	3 北陸新幹線 長野～金沢間開業 5 鹿児島 口永良部島で爆発的噴火 6 日本年金機構 大量の個人情報が流出 7 児童相談所全国共通ダイヤル「189」運用開始 7 米とキューバ 五四年ぶり国交回復 8 鹿児島 川内原発1号機再稼働 8 戦後七〇年 終戦の日 8 女性活躍推進法成立 9 安保関連法案 強行可決 10 マイナンバー法施行 11 パリ同時多発テロ 12 「労働安全衛生法一部改正」従業員五〇人以上の事業所「ストレスチェック」義務化	1 スキーツアーバス事故 一五人死亡 長野
水痘、成人用肺炎球菌ワクチン定期接種化	4 文科省通知「性同一性障害に係る児童生徒に対するきめ細かな対応の実施等について」 5 文科省周知依頼「感染症の予防及び感染症の患者に対する医療に関する法律施行規則の一部を改正する省令」 9 文科省事務連絡「児童、生徒、学生、幼児及び職員の健康診断の方法及び技術的基準の補足的事項及び健康診断票の様式例の取扱いについて」 9 日本学校保健会「健康診断マニュアル」 9 HPVワクチン「積極的勧奨は一部控える」継続 12 文科省「色覚の検査に関する相談支援体制の充実等要望等への対応について」	4 学校保健安全法施行規則施行 5 文科省「児童生徒の健康診断
	・学習シリーズ㉑「健康診断を見つめなおす!!―パート2―」発行（3） ・日本眼科医会が作成したポスター「色覚検査のすすめ」が一部の小中学校に直送され、現場の混乱を招いたことから、文科省へ実態を伝え、文科省「色覚の検査に関する要望等への対応について」が発出された（12）	・保健研究委員会報告「養護教員と『健康施策』とのかかわり～学校での食物アレルギー対応と『く

年	社会の動き	教育をめぐる動き	養護教員部をめぐる動きと日教組養護教員部運動
2016	1 日銀マイナス金利導入決定 1 福井 高浜原発3号機 再稼働 2 TPP参加一二カ国が署名 3 福井 高浜原発運転差し止め仮処分決定 大津地裁 3 北海道新幹線 開業 4 電力自由化スタート 4 障害者差別解消法 施行 4 「熊本地震」発生 5 「パナマ文書」公表 5 ヘイトスピーチ解消法成立 5 オバマ大統領 広島訪問 6 改正公職選挙法 施行 7 相模原障害者施設殺傷事件 8 リオデジャネイロ五輪 開幕 8 「山の日」祝日新設 8 愛媛 伊方原発3号機 再稼働 9 電通新入社員の自殺 労災認定判明 12 政府 高速増殖炉「もんじゅ」の廃炉決定	の実態状況調査への協力依頼」 7 子宮頸がんワクチン副反応訴え集団提訴 10 横浜 登校中の小学生の列に軽トラック 11 教育公務員特例法改正 12 義務教育の段階における普通教育に相当する教育の機会の確保等に関する法律	すり』を中心に考える〜」発行（3） ・「児童生徒等の健康診断の実施状況調査」を全単組に要請（7） ・神本美恵子参議院議員が文教科学委員会で学校における色覚検査に関する質疑を行なった（11） ・色覚検査の全国状況調査を全単組に要請（11）
2017	1 トランプ米大統領 就任 1 米TPP離脱へ署名	2 文科省「児童生徒等の健康診断の『四肢の検査のポイント』」	・学習シリーズ㉒「健康施策と養護教員〜今こそ『養護』を考える〜」発行（3）

	2 加計学園問題で安倍首相答弁 7 「核兵器禁止条約」採択 7 九州北部豪雨災害 11 外国人技能実習 適正化法 施行 12 愛媛 伊方原発3号機 運転停止命じる仮処分決定 12 夫婦別姓認めない民法規定「憲法に違反しない」最高裁 12 女性の再婚禁止「一〇〇日超の部分は違憲」最高裁	について」 3 文科省「現代的健康課題を抱える子供たちへの支援～養護教諭の役割を中心として～」発行 6 改正組織犯罪処罰法（共謀罪等）成立	・日教組「教職員の長時間労働是正キャンペーン」 ・「医療にかかわる、学校における様々な検査等についてアンケート」を要請し、全国状況調査を行なう（9） ・職場討議資料「法に基づかない学校での検査やすりを使った病気の予防等について考えよう」作成（12）
2018	1 「はれのひ」突如休業 2 福井県を中心に大雪 2 平昌冬季五輪 開幕 3 国税庁の佐川長官辞任 3 佐賀 玄海原発3号機 再稼働 4 「子ども食堂」急増 全国で二千カ所超 6 非正規社員の賃金格差で最高裁が初判断 6 改正生活保護法 成立 6 史上初の米朝首脳会談 6 成人年齢 一八歳に引下げる改正民法 成立	3 がん対策推進基本計画（第3期）成立 3 日本学校保健会「就学時の健康診断マニュアル」改訂 4 学校環境衛生基準の一部改正 7 厚生労働省「データヘルス時代の母子保健情報の利活用に関する検討会（中間報告）」 11 日本小児栄養消化器肝臓学会「小児期ヘリコバクター・ピロリ感染症の診療と管理ガイドライン2018（改訂2版）」	・学習シリーズ㉓「守ろう！子どもの個人情報～健康診断結果のビッグデータ化って⁉～」発行（3） ・保健研究委員会報告「子どもの健康権を保障するための健康診断と養護教員～学校における色覚検査を中心に考える～」発行（3） ・子どもの健康問題対策委員会「医療にかかわる、学校における様々な検査などについてのアンケート」調査結果報告

年	社会の動き	教育をめぐる動き	養護教員部をめぐる動きと日教組養護教員部運動
2018	6 西日本豪雨 7 オウム真理教事件 死刑囚ら死刑執行 8 沖縄県 辺野古沿岸部の埋め立て承認撤回 10 いじめ認知件数四一万超 過去最多 10 愛媛 伊方原発3号機 再稼働 12 辺野古の埋め立て予定地に土砂投入		
2019	1 仏ルノー ゴーン会長「退任」 2 「同性婚認めないのは憲法違反」初の集団訴訟 2 はやぶさ2「りゅうぐう」着陸成功 2 県民投票 辺野古埋め立て「反対」が七割に 3 エチオピア機墜落、一五七人死亡 4 新元号「令和」発表（天皇の生前退位） 4 強制不妊救済法 成立 4 ノートルダム大聖堂で大火災	1 中教審答申「新しい時代の教育に向けた持続可能な学校指導・運営体制の構築のための学校における働き方改革に関する総合的な方策について」 2 予防接種法施行規則一部改正（風しん） 3 文科省通知「学校における医療的ケアの今後の対応について」 4 麻しんに関する特定感染症予防指針の一部改正 5 文科省「医療分野の研究開発	・学習シリーズ㉔「人権の視点から学校での『色覚検査』を問い直す」発行（3） ・立憲民主党の大河原雅子衆議院議員が消費者問題に関する特別委員会において、フッ素と香害に関わる質疑を行なう（11）

	5 川崎で小学生ら一九人刺される 6 米大統領、初の北朝鮮入り 7 京都アニメーション放火殺人事件 8 政府、韓国のホワイト国除外決定 9 香港で反政府抗議デモ 10 消費税八％から一〇％へ 10 首里城火災 10 ＩＳ最高指導者「殺害」 12 ＮＡＴＯ創設七〇年	に資するための匿名加工医療情報に関する法律等の施行に伴う学校における取扱いについて」発出 10 文科省「データ時代における学校健康診断情報の利活用検討会」設置 11 「子供の貧困対策に関する大綱」改訂 12 新型コロナウイルス感染症発生 12 ＧＩＧＡスクール構想の実現へ（一人一台端末）	
2020	1 千葉の地層「チバニアン」正式決定 1 中国・武漢で新型肺炎発生 2 政府、二週間のイベント自粛要請＝ＣＯＶＩＤ-19 2 トランプ氏、インド初訪問 2 米とタリバンが和平合意 3 常磐線、九年ぶり全線再開 3 イタリア死者一万人に＝ＣＯＶＩＤ-19 4 緊急事態宣言の発出	1 予防接種法の一部改正 ロタウイルスワクチン定期接種化 2 新型コロナウイルス感染症が世界的規模で流行 2 日本学校保健会「『生きる力』を育む学校での歯・口の健康づくり」改訂 3 全国一斉臨時休校の要請 3 「学校健康診断情報のマイナポータル等を通じたＰＨＲの実	・学習シリーズ㉕「『うつる』病気をどう考えるのか～養護教員として大切にしたいこと～」発行（3） ・保健研究委員会報告「養護教員の健康観を問う～健康教育と健康施策をどう考えるか～」発行（3） ・日教組養護教員部副部長・常任委員からヒアリング、全国状況を確認（随時） ・参議院文教科学委員会において、日政連 水岡俊一参議院議員が「学校再開にむけた新型コロナウイルスへの集団感染リスク等について」大臣質疑

年	社会の動き	教育をめぐる動き	養護教員部をめぐる動きと日教組養護教員部運動
2020	4 第一次補正予算成立、国民に一律一〇万円 4 ＣＯＶＩＤ-19、世界の感染者二〇〇万人超える 5 緊急事態宣言の全面解除 5 黒人暴行死、デモ全米に拡大 6 第二次補正予算成立 6 陸上イージス配備を撤回 7 「ＧｏＴｏトラベル」開始（東京は除外、一〇月～全国） 7 ロシア改憲成立＝プーチン氏続投へ道 8 終戦七五年 9 菅内閣 発足 11 都構想、反対多数＝住民投票、大阪市は存続 12 アメリカでファイザー社のワクチン接種開始 12 ＧｏＴｏ、全国停止	現可能性に関する調査研究」 4 新型コロナウイルス感染症対策として緊急事態宣言が発出され、全国一斉臨時休業（～五月） 6 「個人情報の保護に関する法律等の一部を改正する法律」国会可決 ※二二年四月改正法全面施行 9 文科省「児童生徒等の脊柱側わん症の早期発見について」事務連絡 10 厚労省「ヒトパピローマウイルス感染症の定期接種の対応について（勧告）」一部改正 個別通知へ 10 厚労省「ＨＰＶワクチン接種の対象年齢のお子様及びその保護者の方向けリーフレット」の改訂 12 「予防接種法」改正 12 厚労省「新型コロナウイルス感染症に係る予防接種の実施に関する手引き」	を行なう（4） ・参議院文教科学委員会において、日政連 水岡俊一参議院議員が「新型コロナウイルスへの感染リスクや課題等について」の大臣質疑を行なう（6） ・衆議院厚生労働委員会において、日政連 川内博史衆議院議員が「今後の新型コロナウイルス感染症ワクチンの接種について」質問を行なう（11）

2021	1　一都三県へ緊急事態宣言発出 ※以降、対象地域拡大 1　第三次補正予算成立 2　ワクチン国内初の正式承認 3　一都三県の緊急事態宣言解除 4　まん延防止等重点措置、三県へ適用 4　緊急事態宣言発出（東京 京都 大阪 兵庫） 5　ファイザー社ワクチン接種対象を一二～一五歳以上に引下げ 5　沖縄へ緊急事態宣言 ※「学校ＰＣＲ支援チーム」立上げ 6　文科省事務連絡「新型コロナウイルス感染症に係る予防接種を生徒に対して集団で実施することについての考え方及び留意点等について」 7　東京へ緊急事態宣言発出 ※沖縄は延長 7　東京五輪の無観客開催決定 7　日本医師会等「新型コロナウイルス感染症の爆発的拡大への緊急声明」	1　厚労省「ヒトパピローマウイルス感染症に係る定期接種の対象者等への周知について（再依頼）」 2　新型コロナウイルス感染症対策のため、「特別措置法」・「感染症法」・「検疫法」の改正 3　「公立義務教育諸学校の学級編制及び教職員定数の標準に関する法律の一部を改正する法律案」成立 小学校における三五人学級の実現	・日政連議員団会議に参加し、新型コロナウイルス感染症の予防接種について、経過と情勢および接種に学校がかかわることへの懸念点をまとめ報告（２） ・厚労省要請および日政連議員との意見交換を行なう（３）。意見交換をうけ、衆議院厚生労働委員会において、新型コロナウイルス感染対策下の学校での集団フッ素洗口について立憲民主党の川内博史衆議院議員が国会質疑を行なう（３） ・文科省要請を行なう（３） ・参議院決算委員会において、日政連 水岡俊一参議院議員が学校における集団予防接種について、萩生田文科大臣に質疑を行なう（６） ・日政連議員団会議において「新型コロナウイルス感染症にかかわる学校の現状と課題」として、学校でのＰＣＲ検査や接種対象年齢の一二～一六歳への引下げにともなう子どもたちへの学校での集団接種を含むワクチン接種の動きを報告し、課題を共有（６）。その後行なわれた衆議院厚労委員会において、日政連 川内博史衆議院議員によって通知の早急な発出等、一定の答弁が引き出された（６） ・抗原検査簡易キットが学校現場に配布される際に、だれがどのように使うのか、問題点を洗い出した（８）。日教組による文科省への緊急要請で

年	社会の動き	教育をめぐる動き	養護教員部をめぐる動きと日教組養護教員部運動
2021	8　文科省事務連絡「学校で児童生徒等や教職員の新型コロナウイルスの感染が確認された場合の対応ガイドラインの送付について」（随時更新） 9　緊急事態宣言、まん延防止措置を全解除		指摘（9）

おわりに

二〇一九年度の最後の常任委員会において、『日教組養護教員部七〇年史』を作成するという方向性が確認され、二〇～二一年度保健研究委員会に原稿作成などの作業にあたっていただきました。新型コロナウイルス感染症が日本でも猛威をふるい、保健研究委員会として、東京に集まって会議を開催し、学習や論議を行なうことは一度もできませんでした。そのような中、原稿作成は委員や単組の養護教員部担当執行委員の皆さまなどのお力をお借りすることになりました。過去の資料の掘り起こしや確認作業などは、単組の歴代の部長さんなどにも助けていただいたと思います。この場をお借りして、感謝申し上げます。

多くの方々に多大なご協力をいただきましたが、それでも『日教組養護教員部五〇年史』作成後の二〇年間を振り返ることはとても大変な作業だったと思います。原稿作成にあたっては、章ごとにグループを作り、グループ内で意見を伝えながら作成しました。その原稿を原々案として委員会にデータで送り、メールで意見を送り合うという地道な作業を何度も何度も繰り返しながら推敲作業をすすめてきました。

新型コロナウイルス感染症の収束が見通せず、二年間の会議はすべてオンラインとなりました。本来であれば、初めて出会う保健研究委員がコミュニケーションをはかりながら、論議を深め、学習をし、日教組や日教組養護教員部の運動をたどる作業となるはずでした。大変な作業であっても委員が協力しあい、作業をすすめる中でなかまとのつながりを感じながら、自分たちで『日教組養護教員部七〇年史』を作り上げたという充実感を得ることができたはずです。また、その学習や作業の経過そのものが、日教組・日教組養護教員部運動の継承につながるものとなるはずでした。しかし、結果として、委員の皆さんにそのことを十分に実感してもらうことができず、大変な思いだけをさせてしまったのではないかと思うと残念でなりません。

この『日教組養護教員部七〇年史』を作成するにあたり、『日教組養護教員部三〇年史』『日教組養護教員部五〇年史』を何度も読み返しました。私たち養護教諭の職務の確立のために多くの先輩たちが日々の実践を深め、とりくみをはかる中で勝ち取ってきたことの大きさに、改めて、「おかしい」と声をあげることの必要性と、日教組養護教員部として多くのなかまがいることの大切さを感じています。

『日教組養護教員部五〇年史』を作成した二〇年前とは情勢も日教組の組織も大きく変わりました。「健康日本21」により、健康は「権利」から「責務」へと変えられ、学校保健にかかわる課題は解決するどころか、ますます大きく多岐にわたるようになりました。子どもたちの置かれている現状もより深刻なものとなっています。養護教諭に求められるものも時代とともに変化していますが、私たち養護教員が「子どもに寄り添う立場」であることは七〇年前から何も変わっていません。

今回、『日教組養護教員部七〇年史』を作成するにあたり、馬場町子元部長の全面的なご協力のもと作業をすすめました。また、山本春枝・髙縁慶子・原美紀歴代部長にも当時の様子をお聞きしながら原稿作成を行なってきました。どうか、この年史を、日教組・日教組養護教員部運動を継承しさらに発展させるものとしてご活用いただき、各単組での学習につなげていただければと切に願います。

最後になりましたが、この年史の作成作業にあたられた保健研究委員長の和田暁子さん（大阪）、前保健研究委員長の田村典子さん（北海道）をはじめとした保健研究委員の皆さん、その作業を支えた常任委員会の皆さん、そして、編集において多大なご協力をいただいたアドバンテージサーバーの皆さんに感謝申し上げます。

二〇二二年三月

日教組養護教員部長　菅谷　宝子

日教組養護教員部七〇年史編集委員会委員

馬場町子（研究協力者・元養護教員部長）、山本春枝（元養護教員部長）、髙縁慶子（元養護教員部長）、原美紀（前養護教員部長）、菅谷宝子（現養護教員部長）、内田恵理（養護教員部副部長）、渡部有紀（養護教員部副部長）、田村典子（北海道）、佐々木浩美（北海道）、岩崎紀子（岩手県）、福田敬子（静岡県）、北原絵里穂（石川県）、山田真紀（愛知県）、野田裕子（愛知県）、和田暁子（大阪府）、川上真理子（広島県）、普天間桂（沖縄高）、帯谷美穂子（山形県）、田村香代子（新潟高）、木村美佳（三重県）、地海和美（滋賀県）、朝木孝枝（大分県）、則松佳子（日教組副委員長）、西原宣明（日教組書記次長）、安村美代（22 年度養護教員部長）、近藤有理子（日教組書記）

日教組養護教員部七〇年史執筆者

序　章　原美紀（前養護教員部長）

第一章　田村典子（北海道）、佐々木浩美（北海道）、川上真理子（広島県）

第二章　岩崎紀子（岩手県）、北原絵里穂（石川県）、和田暁子（大阪府）、川上真理子（広島県）、普天間桂（沖縄高）、馬場町子（研究協力者・元養護教員部長）

第三章　田村典子（北海道）、佐々木浩美（北海道）、福田敬子（静岡県）、北原絵里穂（石川県）、山田真紀（愛知県）、野田裕子（愛知県）、和田暁子（大阪府）、普天間桂（沖縄高）、菅谷宝子（現養護教員部長）、内田恵理（養護教員部副部長）、渡部有紀（養護教員部副部長）、馬場町子（研究協力者・元養護教員部長）

コラム　山田真（研究協力者）、大谷尚子（研究協力者）、里見宏（研究協力者）、天笠啓祐（研究協力者）、三輪壽二（研究協力者）、馬場町子（研究協力者・元養護教員部長）、山本春枝（元養護教員部長）、髙縁慶子（元養護教員部長）、原美紀（前養護教員部長）、菅谷宝子（現養護教員部長）

（敬称略・順不同）

日教組養護教員部七〇年史

2022 年 10 月 20 日

編　集　日本教職員組合養護教員部

発行者　梶原　貴

発　行　㈱アドバンテージサーバー

〒 101－0003　東京都千代田区一ツ橋 2－6－2　日本教育会館

TEL：03－5210－9171　FAX：03－5210－9173

URL：https://www.adosava.co.jp

印刷・製本　モリモト印刷(株)

定　価　2,500 円＋税

Printed in Japan　ISBN978-4-86446-080-4　C3037　¥2500E